ベルギー大使の見た戦前日本

バッソンピエール回想録

アルベール・ド・バッソンピエール
磯見辰典 訳

講談社学術文庫

目次

学術文庫化にあたって

・本書は『在日十八年――バッソンピエール大使回想録』（鹿島研究所出版会、一九七二年／原著はLe Baron de Bassompierre, *Dix-huit ans d'Ambassade au Japon*, Collection Armentor Libris, Bruxelles, 1945）を底本とし、再編集のうえ改題、文庫化したものである。再編集にあたり『日本・ベルギー関係史』（磯見辰典・桜井良樹・黒沢文貴著、白水社、一九八九年）、『昭和天皇実録』（第一～第七、宮内庁編、東京書籍、二〇一五～一六年）ほか各種事典類と当時の報道を適宜参照した。

・底本の「日本語版刊行に寄せて」および「著者略伝」は割愛した。

・文庫化にあたり、講談社の規準を準用して本文の表記をあらためている（表記をできるだけ統一し、送りがなや句読点をおぎなった。また、漢字をかなにしたところ、かなを漢字にしたところ、改行したところがある）。ただし、内容に変化はない。

・新たに適宜、小見出しを付し、目次を変更した。また、ルビを大幅に増やした。

・本文中で訳注と明記したもの、および〔　〕内の注は底本における訳者の注である。

・適宜、編集部で説明を補足した。おぎなった説明的箇所は［　］で示している。

・年齢は数えと満が混在していると思われるが、そのままにしている。

・明らかな誤植はこれを正した。また著者による思いちがいや事実誤認も散見されるが、それについては［　］で補注を加えた。人名や書名、日時や引用についてはできるだけ原典や他の典拠にあたり、これを正した。東京からの距離など地誌については明らかな事実誤認でないかぎり著者の記述そのままとしている。外国の人名、地名についてはできるだけ現地音を採用し、今日の通例から遠い表記がなされている場合は通称にしたがった。なお、「アントワープ」「アンヴェルス」「アントウェルペン」についてはアントワープで統一した。

・あらたに写真図版を適宜加えた。

ベルギー大使の見た戦前日本

プロローグ

以下のさまざまな思い出を読むとき、それが、日本とアングロ・サクソン系の列強との間に戦争が勃発する以前に書かれていたということを念頭においていただきたい。いくつかの注釈だけが一九四一年十二月八日以後につけ加えられたにすぎないのである。

現在の諸状況下にあっては、筆者が内容を逸話的な領域にきびしく限定したことを、読者は了解されるであろう。第一章でこの著作の扱う範囲がつぎのようなことばであらわされている。「一九二一年から一九三九年の間に、東アジアでおこったもろもろの大事件の話と、これと同時期にたまたま出会った主要な人物たちの忘れがたい印象」。

黙過しえない多くの大事件は疑いもなく政治的性格をもっている。たとえば日本議会の首相の暗殺、中国との紛争、ワシントンおよびロンドンにおける軍艦トン数制限の会議、国際連盟の干渉等々、筆者はこれらの事件を物語るだけにかぎり、あらゆる論評、考察、批判を自発的に差し控えた。そうした論評は、別な時期だったら、惜しげもなくこれらの事件にたいして与えたであろうし、またもし、現在のような慎みぶかさが必ずしも必要でなくなった時期に、この著作の新版が日の目をみるようなことがあれば、きっとそうするであろう。

一九四二［昭和十七］年一月にベルギーと日本の間におこった外交関係の破綻［一九四一

年十二月に国交断絶」は、筆者にとって、ある辛い衝撃であった。そのさまざまな原因についてとやかく言いたくはないし、そのうえ、それは必ずしも明確ではないのである。しかし、一時中断された仕事が未来のベルギー外交官たちによって再開されるのを見たいという筆者の熱烈な希望をここにあえて表明しても、だれも驚くことはないであろうし、おそらく気を悪くするものもないであろう。筆者はその仕事に二十年近く全力を尽くして協力したのである。その仕事とはベルギーと日出づる国日本との間に、つねに伝統として存在してきたすばらしい諸関係を維持し、改善することである。

長い日本滞在中、皇族方やこの美しい国の多くの住民が筆者とその家族に示した数えきれないほどの好意と、忠実な友情のしるしを家族のだれひとりとして忘れることはできないであろう。彼らはこの国をついには第二の祖国と考えるようになったのである……。

第一章　航海、東京到着（一九二一年）

「日出づる国」へ

「日出づる国」、「静けき朝の国」、「中つ国」、それらは私の少年時代、詩的で幻惑的な魅力をもつ名前だった。私は、日本、朝鮮、中華民国を、そうした名前を通じて夢みていた。当時、まさか私の運命が、生涯の大部分を極東においてすごすことになり、およそ二十年にわたり、日本にあって私の王と私の国の代表者となる光栄を担おうとは思ってもいなかった。

東亜において私の眼前でおこったいくつかの大事件の話や、この長い期間に接した重要な人物について私の抱いた印象は、おそらく同郷の人びとや外国の友人たちの幾人かの興味をそそることができるだろう。

アルベール王がヤスパール氏の推薦によって私を東京のベルギー公使に任命する文書に署名したのは、一九二〇［大正九］年のクリスマスの翌日、十二月二十六日のことであった。そして私が家族とともに日本郵船会社の〈熱田《あつた》丸《まる》〉に乗船し、輝かしい朝のマルセイユをあとにしたのは翌年の三月二十七日の日曜日、すなわち一九二一年の復活祭の日であった。こうして「日出づる国」をめざした私は、六ヵ月間の休暇を四回ヨーロッパでとっただけで、その生涯のもっともすばらしい歳月のうち十八年間をすごすことになったのである。

私たちは、妻と私、十六歳、十二歳、十歳、六歳の四人の子どもたち、それにイギリス人の家庭教師ミス・カウルベック、息子たちの先生ギスレン・ヴァルラヴェンス神父を加えた総勢八人のグループだった。神父は一九一四年の戦争前、「R・C・リックマース」、「アヴニール」という商船学校付司祭を数年間務め、世界中を——日本を除いては——知っていたが、神父以外のすべてのものにとっては、長い航海ははじめての経験であった。

皇太子と洋上ですれ違う

マルセイユから横浜までの航海は、私の信ずるところ、あらゆる航海中もっとも興味ぶかく、もっとも変化に富んだものである。そこには、すばらしい東洋が、まるで教育映画をみるように、しだいしだいにその姿をあらわしてくる。驚きの眼を見張っているうちに、コート・ダジュール、コルシカ、サルデーニャの岸辺、いつも煙か、さもなければ火焰に頂をおおわれているストロンボリ火山のあるリパリ諸島がつぎつぎに去っていく。さらに、夜昼かわらず、たとえようもなく美しいメッシーナ海峡［シチリア島とイタリア本土のあいだにある海峡］、エトナ山とカラブリアの明るい岸、クレタ島の雪をいただいた山々、ベルギーの海岸よりさらになだらかなエジプトの海岸が通りすぎる。最初の寄港地ポートサイドでは、アラブ世界の生き生きとした音と色彩を知ることができる。

ついでスエズ運河の両岸と光輝く砂漠、らくだの隊商、アメル湖に浮かぶエジプトの帆船、水面の反射で紺青《こんじょう》に染まったかもめの飛翔、モーゼの坑道を底に秘めたスエズ湾、エホヴァの思い出になお浸かっているシナイ山、土肌をむき出した島々が浮かぶ紅海、白一色のモカの港町、バベル・マンデブ海峡とそのそばをすり抜けるペレンの灯台、燃えたつような古代の都市アデン、太陽に輝いて目もくらむようなグアルダフィの岬、二つのこぶをもったソコトラ島、インド洋のはてしなく（季節風の吹かないときは）なめらかな藍色の広がり、ミニコイ島とその椰子の木、それらがつぎつぎにあらわれては去っていく。

私たちの船がソコトラ島の南を通過していたとき、島の北には日本の皇太子［裕仁《ひろひと》。のちの昭和天皇］を乗せてヨーロッパに向かう艦隊が航行中であった。私たちは無電でその艦隊に挨拶を送った。

インド洋から香港へ

おだやかなインド洋の真っただ中を太陽に照りつけられながら進んでいた私たちは、はるかかなたに遭難信号を送っているアラブの小型船二隻を発見した。〈熱田丸〉が近づくと、彼らはボートを一隻おろし、それを青銅色ともいえる肌の色をした十人ほどの裸に近い漕ぎ手が漕いで私たちのほうにやってきた。彼らは聞いたこともないことばで叫んだが、それは私たちの船に二等船客として乗船していた上海のあるユダヤ人によってやっと理解することができた。彼の話によると、そのアラブ人たちは二週間も前に故障をおこし、食料も飲みものもなしにただよっていたのである。私たちは彼らに数袋の小麦粉と幾樽かの水を渡した。彼らは歌いながら去っていった。一匹の大きな鮫が彼らを追ってきて、碇泊中ずっと、つまり三十分以上も、ボートから離れずにじっとしていた。〈熱田丸〉の甲板の手すりから、船の下の青く静かな水のなかに、鮫をえさのあるところまで案内するというポワッソン＝プロット〔鯖の一種〕にとりまかれたその姿をはっきりと見ることができた。

ヴァルラヴェンス神父は鉄の鉤《はり》をみつけると、コックさんから分けてもらったくず肉のかたまりでまき餌をしてから、つぎに綱の端にそれをつけて鮫にさし出した。しかし、神父がその巨大な怪物の鼻先一、二メートルのところまで誘惑の鉤をもっていったのに、彼はその存在に気づくようすもなく、追ってきたボートが出発するまで微動だにしなかったのである。

コロンボ、強烈な匂いのする赤や緋色の花々、重苦しい暑さ、諸民族のさまざまな衣裳、こぶ牛や象をもったこの地に一日とどまると、ヨーロッパがもう遠いことを感じるであろう。セイロン島を一巡して三日後、オランダ領東インド〔現在のインドネシア〕の北西のはずれにあるアチェの先端を通過し、マラッカ海峡に入る。そこは十六世紀の偉大なポルトガルの航海者たちと聖フランシスコ・ザビエルの思い出に満ち満ちている。

小島の迷路を縫ってのシンガポール到着は夢のようだ。この寄港地は旅行者を極東の世界へと導く。ここはすでに、ほとんどシナなのである。

五日後香港《ホンコン》に入ると、これはもう完全にシナである。しかしここでは、通りも庭も家も交通も、すべてがみごとにイギリス風に整っている。香港の港は、全世界で最高に美しい景観のひとつであると私には思われる。そして山々の傾斜面に段々状のお花畑のある香港の町は、私の知るかぎりもっとも魅力に富む都会のひとつである。

香港から上海までは、厦門《アモイ》や汕頭《スワトウ》その他の沿岸の港々から出漁してきた無数の絵のような漁船のあいだを縫いながら三日間、シナの海岸をはるかに眺めつつ進むのである。上海はコロンボ、シンガポール、あるいは香港ほどアジア的ではない。じっさい、外国人租界地《そかいち》の大通りに、もしシナ人の通行人が白人より少なかったら、きっと自分がヨーロッパにいると思うだろう。

瀬戸内、そして神戸

大航海の最後の段階はおそらくもっとも美しい航程である。朝鮮最南端、済州島《さいしゅうとう》の山のせまった海岸に沿って進んだあと、到るところから湧きあがってくるような日本の緑の島々が迫ってくるのがみえる。

下関《しものせき》海峡［関門《かんもん》海峡］はメッシーナ海峡を思い出させる。そこを通ると、本州と四国という大きな島を二分する、世界でもっとも絵画的な場所のひとつである［瀬戸］内海を、なお二十四時間航海する。そこには何百という山の多い島や岩ばった小島がちりばめられている。到るところ、湾の奥には長く伸びた漁村がみられる。漁船の列があらゆる方向に走っている。太陽が輝いていれば、それはまさにおとぎの国と見まがうばかりである。そのおとぎの国は、はじめてやってきた旅行者に、日本にたいしてほとんど美しすぎるほどの考えを抱かせるだろう！

神戸は山脈の南に数キロにわたって広がる広大な港である。私たちがそこに到着したのは五月五日で、まずびっくりしたのは風をはらんだ彩りもあざやかな布製の鯉であった。到るところで竹竿の上の鯉が、たった一匹で、あるいは二匹、三匹、四匹、またはそれ以上のグループをつくって風にひるがえっていた。私たちは五月五日が男の子の祝い日であること、ひとりでも数人でも息子をもつすべての家庭が、家族のなかの男の子の数だけ鯉をつけて鯉のぼりを立てるということをきいた。それは都会にも村にも、人里離れた家々にも、とりわけて楽しい祝いの日のようすを示していた。

神戸は東京から六百キロ離れている。船なら二十時間、汽車なら九、十時間のところである。陸路の旅はまことに美しい。汽車は東京に着く前に、鉄道と平行する海から一気に海抜四千メートルまで伸びているすばらしい円錐形の山、富士山の裾野をまわる。その山頂は、真夏を除いてはつねに雪でおおわれているのである。

私たちは荷物を先に東京へ送らないですむように海路のほうを選んだ。そこで〈熱田丸〉が碇泊した三日間を神戸ですごすことになった。私たちはベルギー総領事ヴァトゥー氏のところで厚いもてなしを受けた。彼は夫人といっしょに私たちを神戸の近郊に案内してくれた。とくに、八世紀の日本の首都奈良に、私たちは最初のごくあっさりした訪問をした。そこは数々の神社によっても、すばらしい公園や市内の通りをさえ自由に走りまわる何千という神聖な鹿によっても名高い町である。

横浜到着、大使館に入る

私たちは五月十一日の午後、ついに横浜に上陸した。そこには、一年以上も前から公使館を管理していたレオン・ルメール・ド・ヴァルゼ・デルマール氏[*1]が夫人と、それに通訳事務官の飯高《いいだか》氏[*2]をともなって私たちを待っていた。日暮れころ、私たちは首都に着いた。けっしてぜいたくではないベルギー公使館は私たちには魅力的で住み心地がよさそうに思えた。飯高氏はさっそく、私たちのために雇っておいてくれた家の使用人を紹介してくれたが、そのうちの数人はやがて十八年間も私たちに仕えてくれることになったのである。たとえば司厨《しちゅう》長《ちょう》あるいは給仕長である、皇室侍従の風格と品位をもっていた吉田さんの場合がそうであり、東京一とは言えないまでも最高のコックのひとり斎藤さん、ベルギー政府の公務員で「植木屋さん」とも呼ばれていた上原さんの場合がそうである。上原さんは私たちが日本に滞在中、家のなかというよりむしろ庭のなかで勤めた二十五年の記念のお祝いをした。彼は現在九十歳（！）になるはずだ。他の奉公人たちはそれより短期であった。第二給仕だった加藤さんは数年間で英国大使館に移り、そこで一九三九年に司厨長になった。日本人の奉公人たちは一般に誠実で真面目である。彼らはわかりにくい英語を話すが、しかし命令がわからなかったとはけっして白状しない。到着して二、三日たったある日の夕方、私はのどが渇いたので呼鈴を鳴らすと加藤さんがやってきた。私は「タンサンをもってきてください」と言った。タンサンとは炭酸水のことで極東ではきわめてよく知られている。たぶん私の発音が悪かったのだろうが、加藤さんはちょっとためらってから部屋を去り、それから数分たって戻ってきて、うやうやしく十銭玉をお盆にのせてさし出したのである。私は面くらって彼の顔をまじまじとみた。「あなたは十銭玉《テンセン》をお頼みになったのではありませんか？」彼は呆然としたようすで私に聞きかえしたのである。

吉田さんの奥さんの「マツさん」は私の妻の最初の小間使だったが、健康上の理由でほんの数年で仕事をやめなければならなくなった。彼女に代わって別の婦人がきたが、この婦人は私たちのところで十五年間働き、その間、私たちが三度帰国したときにもいっしょにヨーロッパへ行った。その最後は一九三九年のはじめで、その秋には私の後継者フォルトンム夫妻に同伴して東京に戻った。この二番目の小間使の名は、マツさんではなくマスさんといった。いつも日本女性の名前を翻訳していたピエール・ロティなら、さしずめ最初の婦人を「マダム・デュ・パン（松）」、二番目を「マダム・ラ・トリュイット（鱒）」とよんだことだろう。マスさんのほうはベルギーでも私の近親の使用人たちのあいだでおおいに人気があった。彼らは彼女の名をもっと簡単に「マ・スザンヌ〔私のスザンヌ〕」と変えてしまった。

他のほとんどすべての大使館でもそうだが、われわれのところで働いている人びとも常におそろいの日本の着物を着ていた。それはヨーロッパの制服よりもはるかに美しかった。それに日本の勤務者たちが洋服を着ると、なおさら「くつろが」なくなってしまうのである。

私は「ムッシュー」吉田がヨーロッパの服——しかも、ひどくきちんとした——を着たのを見たのは、彼が私たちについて朝鮮やシナに行ったり、休暇で田舎に行くために汽車で旅行するとき以外一度だってなかった！

友好人士

東京に着いた翌日、川村《かわむら》［大寺《おおてら》］純蔵《じゅんぞう》氏の訪問をうけた。川村氏は私の前任者デラ・ファイユ伯によって数年前に創立されていた白耳義《ベルギー》協会［現・日本・ベルギー協会］の副会長である。彼は私の来日を歓迎し、同時に皇族の東伏見宮《ひがしふしみのみや》［依仁《よりひと》］殿下が最近協会の後援を引き受けられたこと、また妃殿下ともどもに、私が信任状を出す前でもいいからできるだけ早く新しいベルギー公使館のメンバーと知りあうことを望んでおられることを知らせてくれた。二日後、殿下ご夫妻は私たちを、白耳義協会の理事の諸氏とともにお茶に招待してくださった。私は協会の名誉会長になることになった。会長はもと全権公使鍋島《なべしま》［直大《なおひろ》］侯爵だったが侯爵は当時重病の床に臥せっておられた。理事会のメンバーには数人の日本の有力者、皇室の式部官、大実業家、ベルギー人を夫人にもつ佐藤《さとう》［忠義《ただよし》］将軍［少将］、ブロックホイス教授が含まれていた。教授についてはまたあとで述べよう。

東伏見宮殿下ご夫妻は私たちを、ヨーロッパ風の調度品をそなえた日本邸宅で、にこやかに迎えてくださった。この邸宅は東京倶楽部の正面にあったが、やがて一九二三［大正十二］年の大震災でほとんど全壊し、すべてとり払われてしまった。殿下は、大戦の終わりころ、英国で任務をはたされ、ついでフランスおよびベルギーの前線におもむかれ、そこで終戦の前日の一九一八年十一月十日、レフェムのベルギー軍総司令部で昼食をとられたときの話をしてくださった。私たちの王はガン近くの最前線を訪問されたのち飛行機で帰ってこられたが、それがたいへん遅れたため、服を着換えるひまもなかったので、許しを得て塹壕《ざんごう》の泥にまみれた長靴のまま昼食をとられたそうである。私たちはその日、殿下が撮られた王家の部隊の写真を見せていただいた。殿下はそのうえ、同じくヨーロッパでみずから写された写真の複製がのっている本を私たちにくださったが、そのなかにはこのレフェムの部隊ののがひとつあった。

殿下と妃殿下も、そのすべての随員たちも、フランス語か英語をかなり流暢《りゆうちよう》に話した。そのうえ私たちはすぐに、外交団とたえず接触している日本人がすべてそうであることを認めることになった。

前任公使たちとラゲ神父

ベルギーと日本の外交関係が開かれた一八六六［慶応《けいおう》二］年から、私が着任するまでにすでに五十五年の歳月が流れていた。この半世紀間、わが国は東京に五人の公使しか送らなかった。つまりキント氏、ド・グローテ男爵、ネイト氏、アルベール・ダネタン男爵、デラ・ファイユ伯爵の五人である。

この全公使、とりわけ最後のふたりは日本人によい思い出を残した。ダネタン男爵は十七年間公使職にあり、日露戦争前の数年間は外交団の首席をつとめていた。ポーツマス条約の締結後、ヨーロッパの列強およびアメリカ合衆国は東京の公使職を大使に引きあげたので、ダネタン男爵は首席の座を英国大使に譲らざるをえなくなった。彼は数年後、公使のまま亡くなった。その墓は東京の大きな墓地〔雑司ケ谷霊園〕にある。同じく職についたまま亡くなったド・グローテ男爵の墓は、湾を見下ろし、訪れるものにけっして悲しい思いをおこさせない美しい横浜の墓地にある。この墓地は一九二三年の大震災でめちゃくちゃになったが、ド・グローテ男爵の墓は建てなおされた。この墓の再建はドイツ大使の書記官であったシェーン青年の配慮によるものだった。彼の母はド・グローテ男爵の娘で、父はパリ駐在ドイツ大使、さらにドイツ帝国終焉の数年間は外務大臣の職にあった。シェーン「青年」自身、現在チリのドイツ大使である。

前任者たちの努力のおかげで、また両国がなんら紛争の種をもたなかったという事実のおかげで、ベルギーと日本の関係は私が東京に着いたころ、きわめて順調であった。一九一四年のできごと〔第一次世界大戦〕によってわが国は、日本人の眼には一種の栄光の輝きを帯びて映じたのである。日本人は騎士道の精神を固く守っていた。その作法は彼らのあいだでは「武士道」とよばれている。

日本にたいしてベルギーの威光を高めるのに寄与していたもうひとつの要素は、私が到着した当時、数こそ少ない在日ベルギー人のなかに、日本人とヨーロッパ人のあいだできわめて重要な役割をはたしていた数人の人物がいたという事実である。

まず私は、日本語に関するヨーロッパ最高の権威とみなされているパリ外国宣教会のラゲ神父の名をあげよう。彼は五十年来日本にあり、一九〇二年にはフランスおよびベルギー政府の援助によって仏和大辞典を発行したが、これは今日なお東洋学者の世界で高く評価されている貴重な学問的業績である。ラゲ神父は晩年、その大著の再版の準備に没頭した。この仕事の完成は、一九二九年の彼の死によってはたされなかった。そこでこれは、同じベルギー人であるティリー福岡司教によってふたたび始められた。しかしティリー司教はラゲ神父の死後いくらもたたないうちに亡くなってしまった。彼らの仕事がついに完成したのは一九三七年、パリ外国宣教会のフランス人の同僚のひとりマルタン神父[*3]によってであった。

私は退官するとき、フランスの大使といっしょに、日本、フランス、ベルギーの各政府から辞典の新しい版の出版に必要な資金援助を得るために努力した。しかし数ヵ月後に勃発した戦争が、おそらくそれに関する交渉を宙に浮かしてしまったのだろう。というのは、その後私は交渉が成功したということを聞かなかったし、学者たちは、なおラゲ辞典の第二版を待ちつづけているからである。

ブロックホイス教授

一九二一年に在日していたベルギー人のなかで、もうひとり傑出した人物がいた。それは、高等商業学校［現・一橋大学］の教授ブロックホイス氏であった。この学校は一八八五年にアントワープの商業学校をモデルに東京に創立されたが、たんにモデルとしただけでなく、その援助のもとにあったといえる。その創立以来アントワープの学校からひとりかふたり、教授がその東京の学校に来ていたからである。ブロックホイス氏はこれらのベルギー人教授の三人目であった。教授は三十年以上も東京にとどまっていたので、外国人教授のあいだでは破格の位置を占めていた。彼が一九三〇〔昭和五〕年に停年退職したときには、その少し前に東京商科大学に昇格したこの学校で商業学を教えてからすでに四十年近くを経過していた。彼は東京帝国大学でも講義をしていた。天皇は彼に勲二等瑞宝章を授与されたが、これは彼以前には日本人、外国人を問わず、いかなる教授にも授けられたことのない勲章である。この機会に、商科大学の同窓生を中心に組織されている「如水会」という大きなクラブが、ブロックホイス氏のために祝宴を開いた。私はクラブの名誉会員に選ばれ、およそ百五十人ほどの出席者があったその祝宴の司会をするように招かれた。日本の財界、商業界、産業界のあらゆるエリートたちがそこに出席していた。三井、三菱、大倉その他の会社の指導者たちはすべて、少なくともなんらかのかたちでブロックホイス氏に教えを受けた人たちである。彼の生徒だった政治家や大使も幾人かいた。永年在職者にたいして述べられた多くの祝辞のなかで私は、有力者たちが、もし日本がひとり立ちできる経済大国になったとしたら、それはブロックホイス氏によって商工業界のエリートが養成されたことによると断言するのを聞いておおいに喜ぶとともに、感動さえおぼえたのである。おそらくこうしたことばのなかには、この私たちの国の教授を明らかに包んでいる深い親愛の情から発する少し誇張した讃辞があったかもしれない。しかしその夜私は、ブロックホイス教授がかくも長く、かくもりっぱにはたしてきた仕事が、わが国にとってどんなに重大なものであったかを、いままでよりはっきりと理解したのである。私は彼の意見に共鳴し、彼の去った教壇に新しいベルギー人教師を送って、この影響力をさらに持続する可能性をベルギーのためにとっておこうと、ブリュッセルにたいして、このうえなく熱心に働きかけた。たしかにベルギーにはそのポストにふさわしい資格をもった人が幾人かいたが、しかし残念なことに、だれひとりとしてブロックホイス氏や彼のふたりの前任者のように、英語で講義すること——それは絶対に不可欠なことだったが——それができなかったのである。遺憾ながら、その地位は英国人に与えられ、ベルギーは日本に威信を示す重要な要素を失ってしまった。ブロックホイス氏は退職後一年で亡くなった。商科大学は彼のためにりっぱな葬儀をおこない、その長い勤務を記念する碑を、東京の新しい墓地［多磨霊園］にある彼の墓の上に建てたのである。

佐藤夫人ほか

東京でこのうえなく尊敬を受けていた三番目のベルギー人は退役した日本の将軍の夫人である。佐藤夫人［ソフィ］はユイの高等学校教師の娘である。父は退職後ブリュッセルに落ち着いたが、一八八五年ころ、ベルギーの士官学校で勉学するために来ていたふたりの日本人士官を下宿させた。そのひとり佐藤忠義は、そこの娘と結婚した。そして年を経て帝国陸軍の将軍［少将］となった。佐藤夫人は日本の風習や生活に驚くほど順応していった。しかし、彼女にはベルギー人の心が強く残っていた。私たちが一九二一年に東京に着いたとき、彼はすでに宮中のいろいろなサークルのなかでりっぱな地位を得ていた。夫人はかつて明治天皇の内親王方にフランス語を教えていたことがあった。姫君方からは、いや皇后陛下からさえ友だち扱いされていた。日本赤十字社はその皇后陛下の手厚い後援をうけていた。佐藤夫人はそこで積極的に活動した。皇族の妃殿下や内親王殿下のどなたとも親交のあった佐藤夫人は、私たちの日本滞在中、ずっと妻にとっても、私自身にとっても、前任者にたいしてそうであったように、いっさいのベルギー関係の事業、企画への献身的な協力者であり、皇室のしきたりに完全に通じていたことから大事なときの貴重な助言者でもあったのである。

佐藤将軍は白耳義協会の幹事のひとりだった。彼は私たちが最後に日本を離れてすぐに亡くなった「一九四〇年九月没」。将軍はブリュッセルに滞在したことから、ベルギーにたいし非常な好感をもっていた。私は彼をみると、子どもの時分よく父の家を訪れてきていたベルギーの老将校たちの面影を思い浮かべたものである。

佐藤夫妻の子息は「戦火の」日々、公使館の事務にいろいろと助力を与えてくれた。令嬢「須美」は京都の旧い公家《クゲ》である五辻《いつつじ》「隆仲《たかなか》」子爵と結婚した。ほんの数年後、彼女は幾人かの子どもとともに、未亡人として残された。そこで彼女は、明治天皇の内親王のひとり北白川宮《きたしらかわのみや》「房子《ふさこ》」内親王の女官となった。その内親王殿下のもとに一九三九「昭和十四」年一月、私たちが最後の暇乞いにうかがったとき、殿下は五辻子爵夫人と佐藤夫人に付き添われておられた。このお茶の席には、内親王殿下の子息、若く美しい北白川宮「永久《ながひさ》王《おう》」殿下が若い夫人をともなって出席されていた。航空隊士官であられた殿下は不幸にも、私たちがヨーロッパに帰国してほんの数ヵ月後「一九四〇年九月」、大陸で戦死をとげられたのである。

ラゲ神父やティリー司教の他にも一九二一年当時日本には、幾人かのベルギー人宣教師や修道女がいたが、そのうち三人は東京の聖心会の修道女であった。この修道院の院長は、かつて北京のベルギー公使であったノワダン・カルフ伯爵の令嬢であった。彼女は北京生まれである。十九世紀も残り十日というころ、修道会に入会したが、私はそれ以前から彼女をベルギーの社交界でよく知っていた。私たちが最後に彼女のニュースを聞いたのは、彼女が上海の聖心会修道院にいるということだった。

終わりになお、在日ベルギー人のなかには尊敬すべき二、三の実業家のいたことを指摘しておこう。そのなかの誰ひとりとして、自分の国の外交団の存在をなんらかの点で毒し脅かすような、あの「黒い羊たち」[厄介者]はいなかった。正直に言って、私が在任中の十八年間には、この「黒い羊たち」がやってきたこともある。しかしまったく幸いなことに、彼らはたちまちわれわれの前から姿を消してしまったのである。

信任状捧呈と貞明皇后に拝謁

東京に到着して数日後、私が信任状を提出したのは、当時外務大臣であった内田《うちだ》〔康哉《こうさい》〕伯爵のもとにであった。これは略式でおこなわれた。というのは明治《めいじ》大帝《たいてい》のご子息である嘉仁《よしひと》天皇(大正天皇《たいしょうてんのう》)の病状がすぐれず、外国の使節を迎えることがおできにならなかったからである。皇后陛下[節子《さだこ》、貞明皇后《ていめいこうごう》]にはその少し後で謁見を賜《たまわ》った。最初に皇后陛下にお会いしたときから、私たちは、たちまちこの偉大な女性を、尊敬と親愛をこめて愛するようになった。皇后陛下はその前日か前々日、ローマ、パリ、ロンドンを訪問ののち、当時

大正天皇

貞明皇后

皇太子裕仁親王（昭和天皇）

ブリュッセルにご逗留の皇太子から電報を受けとられていた。皇太子は王宮に泊まっておられ、そこでさながら「家族同然の」もてなしをわが国の王から受けていると母后に打電されてきたのである。皇后陛下は明らかに感動され、われわれの君主に心をこめた讃辞を呈せられた。そこに私たちは母親としての感謝がこめられているのを感じた。じっさい、陛下はこの一九二一年に皇太子がアルベール王、エリザベット王妃から受けたもてなしをけっしてお忘れになることがなかった。皇后陛下は幾度となくこのことを私たちに思い出させになった。一九三九年二月、暇乞いに伺候したときでさえそうだった。一九二六［昭和元］年に天皇になられた皇太子もまた、私にアルベール王と王家のことをつねに愛情と感謝のこもったことばでお話しになった。

皇后陛下との最初の謁見でも最後の謁見でも、またその間の別の機会でも多くの場合、通訳を引き受けていた女官は山中夫人であった。彼女は一九一四年当時、アントワープの日本総領事の夫人であった。山中総領事は［亡命した］ベルギー政府についてル・アーヴルに移った。そこで私たちは大戦中、夫妻とよく知りあうことができたのである。世界は狭い……。山中家の人たちは私たちのもっともよい日本人の友であったし、いまもそうである。

白耳義協会

内田伯爵の加わっていた内閣の総理大臣秘書官は、一九二一年五月当時、岸《きし》［倉松《くらまつ》］氏であった。彼はその年のはじめまでアントワープの日本総領事であった。私は一月に私たちの乗った〈熱田丸〉が寄港したとき、そこですでに彼と知りあいになっていた。岸氏は何年ものあいだ、内閣で同じ職責をはたしていた。最近、彼は三井の会社の経営陣に加わった。

式部官のひとりである西村氏の夫人とともに岸夫人も、またもと女官であった萩原、宮岡両夫人、さらに宮中の幾人かの夫人たちも、英語かフランス語をよく話し、多くの外国の外交官夫人と接し、日本滞在が誰にとっても快いものになるように、また新来の夫人たちに宮中の儀礼や日本の社会のしきたりを教えようと工夫をこらしていた。

白耳義協会の理事会のメンバーは、私の同僚や宮中の人びとは論外として、私が東京ではじめて関係をもった人たちである。私はすでにそのうちの数人の名をあげた。副会長の川村純蔵氏はかつてブリュッセルで勉学を修め、一九〇〇年のパリ万国博覧会では日本セクションの監督の任にあたった。彼は私たちが到着して二年、まさに断絶寸前だったある家の養子に入った［男爵大寺千代田郎（薩摩出身の陸軍少将大寺安純の嗣子）に後嗣がなかったため］。こうして彼は大寺男爵となった。これからはこの名前で語ることにしよう。彼は鍋島侯爵が亡くなったのち、協会の会長に任命された。

理事会のメンバーのなかには宮中の式部官がふたりいた。彼らは外国の外交官ともっともよく接触した。そのひとりは幹事長で渡辺直達《わたなべなおたつ》という名だった。もうひとりは吉田要作といった。ふたりとも日本のよい教育の模範ともいえる人たちで、それぞれわが家の常連客のひとりであった。かなり高齢な吉田氏はすばらしい人物だったが、不幸にも私たちが到着して数年後に世を去られた。

鍋島侯爵家の美しき姫君

白耳義協会会長鍋島侯爵についていえば、彼は長いあいだ病気で、一九二一年の六月に逝去されたので、私はついに知りあうことができなかった。九州における鍋島一族の最後の大《ダイ》[*4]名《ミョー》であり、その名をもった世界的に著名な磁器工場の所有者でもある鍋島侯爵は、かつて駐ローマの日本公使であった。私が非常な関心をもって参列した盛大な葬儀は、ベルギー公使館のすぐ近くにある彼の邸宅[*5]でおこなわれた。

京都の古い貴族である広橋《ひろはし》［胤保《たねやす》］伯爵の令嬢だった鍋島侯爵夫人［栄子《ながこ》］は、その娘時代美人の誉れが高かった。のちに彼女は私たちの友人のひとりになった。数年後『秋の日本』Japonerie d’automne と題するピエール・ロティの本を読みなおしていたとき私は、一八八六年の宮中の花見の宴を描いた『春の后』L’Impératrice Printemps の章で作者が、その宴に出席したもっとも美しい女性のひとりとして鍋島侯爵夫人とおぼしき女性をたたえているのを発見した。確かめてみた結果、それが私たちの旧い友だちのことだとわかった。私はその章を日本語に訳してもらい、それを鍋島侯爵夫人に送った。彼女は知らないうちに自分がずっと以前から有名な小説のヒロインになっていたことを知って、たいへんな喜びようであった。夫人は一九四〇［昭和十五］年十一月、八十七歳で亡くなった。彼女は晩年までその美貌のおもかげを残していた。彼女にはたくさんの子や孫がいた。その娘のひとり［伊都子《いつこ》］は梨本宮《なしもとのみや》［守正王《もりまさおう》］殿下の妃殿下となり、その娘は朝鮮の皇太子［李垠《りぎん》］と結婚した。これについてはあとで述べる機会があるだろう。ふたりとも祖母や母親の美しさを継いでいた。

鍋島侯爵夫人のもうひとりの娘［信子《のぶこ》］は［会津《あいづ》］松平《まつだいら》家に嫁いだ。その娘で現天皇［昭和天皇］の皇弟秩父宮《ちちぶのみや》［雍仁親王《やすひとしんのう》］殿下の妃殿下になられたほうについては、少しあとで述べることにしようと思う。

鍋島侯爵夫人の子息、すなわち現在の鍋島［直映《なおみつ》］侯爵は長いあいだ白耳義協会の副会長であった。その令息［直泰《なおやす》］は皇室で式部官をしているが、一九三四年にはタイス使節団［後出二二九ページ］に加えられた。彼は一九三一［昭和六］年に天皇の叔父にあたられる朝香宮《あさかのみや》［鳩彦王《やすひこおう》］殿下の息女［紀久子《きくこ》］と結婚した［正確には朝香宮妃允子《のぶこ》内親王が明治天皇の皇女であり、昭和天皇の叔母にあたる］。

したがって鍋島老侯爵夫人は晩年には、日本の皇族妃殿下になった娘と孫娘、それに朝鮮の王妃になった孫娘をもっていたわけである。

彼女の婿のひとり松平恒雄《まつだいらつねお》氏は一九二〇年には外務省の政務局長であったが、このポストは私がブリュッセルで直前まで務めていたポストに照応するものである。のちに松平氏は駐英および駐米大使を経て、現在（一九四一年）東京で宮内大臣の任にある。一九二一年当時、彼は宮内省に所属するしっとりしたヨーロッパ風の家に住んでいたが、この家とベルギー公使館の庭とはほとんど隣接していた。私たちと松平夫妻とは、しょっちゅう往き来する仲であった。彼らには節子《せつこ》という小さな娘がいた。この少女は一度ならず公使館の庭へ来て私たちの子どもたちと遊んだ。節子〔ご結婚後は勢津子《せつこ》〔皇后節子と同字であるのを避けた〕〕は一九二八〔昭和三〕年来、天皇の弟君にあたる秩父宮殿下の妃殿下となっている。秩父宮殿下は一九三三〔昭和八〕年十二月に皇太子〔現天皇〕が誕生されるまでは推定皇位相続人であられた。

旧ベルギー公使館と大久保内務卿の遭難

私はベルギー公使館とその庭のことにふれた。一九二一年に公使館は一八九三年来の同じ建物におかれていた。この建物には興味ある話が残っている。これは一八七五年、ときの内務卿大久保《おおくぼ》〔利通《としみち》〕侯爵により、ヨーロッパ風な設計をもとに建てられた。したがってこの建物は東京に建築された最初の洋館のひとつである。明治天皇はここを訪問したいという希望をもらされた。それは一八七六年四月九日に実現したが、このことは天皇が内務卿にたいし前例のない好意を示されたことになる。この天皇のご訪問は、当時のもっとも偉大な文人のひとり重野《しげの》安繹《やすつぐ》によって永久に伝えられた。彼は漢文で一種の頌歌《オード》をつくり、そこでこのできごとの詳細をえがいている。天皇はこの建物を見てまわられたのち、庭にお出でになり、そこにいつまでもとどまっておられた。陛下はそこで、当時も、そして一九二一年に私たちが到着したときも変わりはなかったが、湾ばかりでなく湾を東方でさえぎる房総半島の山々まで開けている展望を、長いあいだ賞《め》でておられたのである。その展望は今日では、市内にそそりたつ建物によって塞がれてしまっている。

重野は庭の中央に一本の古い松があったと語っている。「その曲がった幹、長くのびた枝はほとんど空にとどくばかりだった。それは陛下の幸福と長寿を願って、威厳にみちた君主の前にひざまずくひとりの老人のようであった……。その古い松の傍の、低くなったテラスの上に、すばらしい桜が、幾束もの花をひろげていた。天皇はその一枝を手折られ、それを馬車のなかにもちこまれた。日が沈むころ、天皇の儀装馬車は皇居に向かった」。

これが重野の話である〔訳注＝曙戒軒蔵版、成斎文初集巻二所載「霞関臨幸記」に原文がある。「……庭前有古松樹。幹屈而条垂。如老人跪伏上寿状。其下桜花爛発。豊艶可愛。乃折一枝。挿之御輿中。及日晡。六馬始回。参議君惶恐俯伏。不知所措。賦和歌三首以見意。遂名其松日御幸松。……」〕。

その古い松は三十年ほど前に枯れてしまった。しかし天皇訪問の目撃者であるその根の根本と、地面にはっている根とは、ベルギー大使館が他の場所に移転してしまったのち、一九二九年に家がとり壊され、土地が掘り返されたときまで残っていた。その美しさで天皇を魅了した桜のほうは、まだ春ごとに花を咲かせているが、しかしそれは一八七六年の内務卿の子どもの現大久保侯爵〔利和《としなか》あるいは利武《としたけ》〕が東京の南、品川にもっている屋敷に植えかえられているのである。

一八七七年、薩摩の暴動の名で知られる反乱がおこった。これは一八六八年につくられた新しい体制にたいする封建体制の最後のあがきであった。この反乱は一八七七年九月二十四日、九州の鹿児島の近くで反乱軍を包囲した官軍の完全な勝利によって終わった。暴動の指導者である西郷隆盛《さいごうたかもり》と四百人のさむらいは、降伏よりも割腹をえらんだ。大久保は川村《かわむら》［純《すみ》義《よし》］司令官[*6]とともにその鎮圧にあたった。八ヵ月後の一八七八年五月十三日の夕刻、大久保は帰宅するために、オープンカーにのって内務省を出たところを、西郷の復讐をねらっていた一団のさむらいによって暗殺された［実際は五月十四日の朝八時半ころ、天皇に拝謁のため裏霞ケ関の自邸から赤坂《あかさか》仮皇居に二頭立て馬車で向かったところを石川県士族らに襲われた］。この悲劇のあと数年間、彼が建てた家は空屋になったままだった。その家をダネタン男爵が借りたのは、彼が東京のベルギー公使となった一八九三［明治二十六］年のことだった。十年後の一九〇三［明治三十六］年、この貸与はそのときの不動産価格にふさわしい値段で二千年間の長期賃貸借に変わった。これには、外国人にたいし日本国内の土地所有を許す法律が制定された場合、その家も庭も自動的にベルギー政府の所有になるという規約条項がつけられていた。この法律は一九二五［大正十四］年に可決された。しかしほどなく、国会議事堂周辺地区を近代化しようという広大な計画によって土地の買収を望んだ日本帝国政府は、一九二七［昭和二］年、ベルギー政府からこの土地を買いもどしたのである。その代わり私たちは現在大使館のある土地を簡単に手に入れることができた。この現大使館についてはもっとあとで述べたいと思う。

東京近郊あれこれ

私が同僚や在日ベルギー人、日本政府関係機関と接触しているうちに一九二一年の五月、六月がすぎた。三週間続いて七月初旬に終わる雨の季節「梅雨《ツユ》」ののち、私たちは首都とその近郊の探索をはじめた。私たちはまた週末を海岸や山のなかのホテルですごすこともあった。それは、これから毎年、休日をおくるのにぴったりそうな家をさがすためだった。私はフランス大使バスト氏が五月のはじめに帰国したとき、彼から買っておいた大きな「フップモビル」で家族ぐるみで出かけた。大使はこれを取るにたりない価格で譲ってくれた。というのは、自分の退職は時期尚早であるというのが彼の意見で、どんな口実をつけてでも自分の後任者に自動車を残したくなかったのである！

この車は運転手の他になんと八人がらくらく乗れるというものだった！

私の考えでは日本は世界でもっとも美しい国である。もとより誇張は避けねばならない。ほかにも美しい国はある。カリフォルニア、オランダ領東インド、ニュージーランド、ハワイ、あげるまでもないがスイス、イタリア、スペイン、それにわが国にもっと近いフランスも美しい。しかし私は、どんな国でも日本ほど完全に美しくはないと思う。日本は島のすみからすみまで美しいということができるのだ。もっとも例外は一、二ある。雨の日に横浜に上陸し、自動車か汽車で東京に着いた旅行者が、すっかり落胆させられるということはよくある。なんだ、これが日本か？　こうと知ったら別なところに行くんだった……。日本にはこれ以上醜いところはないのである。面積で世界最大、人口は六百万で世界第三位の東京と、百万余の市民をかかえる横浜をへだてる、というか、あるいは結んでいる平坦で灰色で無性格な地帯以上に醜い場所はほとんど他にないのである。

道のりからすれば、横浜の波止場から東京のベルギー大使館まで三十五キロである。これはブリュッセル、ルーヴァン間の距離よりやや長い。日本でもどこでも、この道程ほど単調なものはないと私も思う。しかし、ブラフとよばれる、湾と港を擁する高台［bluffは「断崖、絶壁」の意だが、横浜では山手の高台の居留地のことを指す］から美しい太陽を通じて眺めれば、横浜は魅力的な土地だし、東京も、その三分の二を一掃してしまった大震災以来、はるかに美しく近代的な首都となった。その破壊された地帯では、細かい道路の迷路を貫いてすばらしい幹線道路の地取りをすることができた。被害のなかった地域は、昔の半田園的できわめて日本的な面影をのこした。

大きな民間の庭園と国公立の公園がたくさんある。リエージュを流れるミューズ川の二倍の広さをもつ隅田川が町の真ん中を横切っている。その両岸を十あまりのすばらしい橋がつないでいる。一言で言えば、東京はきわめて個性的で、きわめて感じのいい都会である。その主要な通りである銀《ギン》の通りの色彩に富んだ生き生きとしたにぎわいと、商店の種類の多様なことは世界に類をみない。吹きさらしの日本的な露天の店、ロンドンやパリのそれに匹敵《ひってき》するぜいたくな店、眼を奪うショー・ウィンドウをもったアメリカ風の「ストアー」などが、このうえない風情をもって立ち並んでいる。そこには電車がほとんど絶え間なく走り、自動車の交通もはげしく、ある時刻の通行人は信じられないほど密である。太陽が道路を照りつける。スピーカーは日本やアメリカの流行歌を歌い、最新のニュースをがなりたてる。新聞売りが小さな鈴をふっている。地下鉄が歩道の下で幸せそうな人びとをどなりつける。

夕方、色とりどりのネオンの照明や動く広告が銀座通りに幻想的な趣きをあたえる。私は銀座ほど人の心をひきつけ、独特な雰囲気をもった通りを他に知らない……。

わかりにくい日本の番地

そのうえ銀座は、名前をもっているという意味においても珍しいのである。ごく稀な例外を除いて日本の町の通りには名前がない。ヨーロッパのようにその家々には番号がつけられておらず、ただ区画によって、しかも明確な秩序もなしに区別されているにすぎない。したがって、わかっている住所を探すのにもひどく時間がかかったり、むずかしかったりすることがよくある。

日本に着いたばかりの外国人は東京の広漠たる迷路のなかで自分のいる場所を知るのにひどく苦労する。ヨーロッパの都会におけるたくさんの教会の塔のような便利な目印がないのである。

東京は大きな区にわかれている。麻布《あざぶ》、麴町《こうじまち》、赤坂、日本橋《にほんばし》という具合である。これらの区はそれぞれ「町《チョウ》」にわかれる。この語は「家々のブロック」と訳すことができるのだが、困ったことにこの「町」には多くのブロックが含まれているのだ……。家はこの「町」のなかに番地をもっている。しかしその番地は連続していないのである。それは建物の古いもの順につけられている。そこでいくつかの家が同じ番地をもっていることがよくある。つまりひとつの家がいくつかに分かれた場合、その一軒一軒がもとの番地をもったままなのである。逆にひとつの家がいくつかの番地をもつ場合もある。かつて、分かれていたいくつかの家を併せてひとつの家ができたときである。ベルギーの最初の大使館は麴町区三年町《さんねんちょう》三番地という住所だった。二番地は東京倶楽部でそこから一キロメートル離れたところにあり、しかもその間には裏霞ケ関という別の「町」の番地がいくつもあるという始末だ！

一九二七［昭和二］年に手に入った新しい大使館はいくつかの番地をもっていた。しかし、主官邸の位置が昔の麴町区下二番町五番地の一部にあったので、私が教わったのは麴町区下二番町五ノ三番地という住所だった。私は、それはあまりに複雑だ、ベルギーで五ノ三番地などといってもけっして理解してもらえないとおおいに抗議した。そこでありがたいことに、けっきょくは短くただ五番地でいいということになった。しかし私は、大使館が少なくとも二、三の日本人の隣人と同じ住所を共有していた、いやおそらく今でも共有しているだろうと確信している［現在のベルギー王国大使館の表示は東京都千代田区二番町五ノ四］。

「和製」外国語にびっくり

商店街と「住宅」街が東京では、ひどく勝手気ままに並んでいる。

商店街では、それぞれの家が店になっていて、新来のヨーロッパ人にはまったくちんぷんかんぷんな、ひどく凝った漢字の看板がかかげられている。この漢字を前にすると、それまで住みなれていた惑星とは違った別な星に迷いこんでしまったのではないかという印象をおぼえる。東京で暮らしはじめたころはヨーロッパ人にはびっくりすること、私のいいたいことをもっとよく表現できる英語の言いかたをつかえば「bewilderment」（うろたえること）ばかりおこる。すれちがう群衆のなかで、男であれ女であれ、外国人をみかけることは、きわめて稀である。ヨーロッパのことばで書かれた看板が目に入るのはさらにずっと稀である。日本人はLとRの音を同じに発音する。彼らにとってはどちらもいっしょなのである。数年前から大部分の外交官夫人をお得意のなかにもつようになっていた東京のある美容院は、その主人がフランス人を母とするマリー・ルイーズ Marie Louise というインド人だった。この美容院の玄関のうえには大文字でつぎのように書いてあった。「MALIE ROUISE 美容院」。

横浜のほうが東京よりも英語の看板にはしばしばお目にかかる。そのひとつで一九二三年の大震災で建物といっしょに姿を消してしまった看板には、名前は忘れたがその主人の名のあとに TAILOR とあり、その次の行にこう書いてあった。〈LADIES HAVE FITS UPSTAIRS〉！〔訳注＝ご婦人がたは二階に似あう服があるというつもりらしいが、これでは二階で発作がおきるの意味になる〕。

東京のベルギー大使館の近くにあった小さな日本風の喫茶店ではいろいろな漢字の下や、茶わんや受皿の模様の横に SILOAM という表示があった。幾年も私は、とくに注意もせずにその字を見すごしていた。ある日私は急にそれに気づいて、なんとか意味を知ろうと思って考えたがわからなかった。私は大使館の通訳にたずねた。するとそれがティー・ルーム Tea Room と同じであると教えてくれたのである。

＊1　レオン・ルメール・ド・ヴァルゼ・デルマール氏は当時公使館付参事官であったが、のちに北京駐在ベルギー公使となり、一九二七年に私たちを迎えてくれた。

＊2　徳川の武士だった飯高氏の父は一八六八年の革命のときは徳川家の旗の下で戦った。一八七五年ベルギー公使館に勤務するようになり、生涯そこで働いた。子息の飯高氏は一八九五年ころその後を継いだ。彼は一九〇四年ダネタン男爵とともにヨーロッパにおもむいた。彼は模範的な勤務者で、献身が人になったような人柄であった。彼はベルギー大使館と、郵政、鉄道、税務、電報、電話、警察その他あらゆる日本の行政官公庁との関係業務、それに加えて事務室における無数の翻訳の仕事、文書の保管を引き受けていた。さらに飯高家の三代目が、私が日本を去るとき、父祖の伝統を受け継ぐべく準備中であった。

＊3　日本における国家的宗教である神道に関するりっぱな著作（二巻）の著者。

＊4　その起源において「一族」とは同一の家族のメンバーを指した。この名称はしだいにその意味が広がり、旧制度の終わりころには同一の主君、あるいは大名の家臣すべてを含むようになった。

＊5　一九二三年九月一日の大震災のとき完全に倒壊した。

＊6　白耳義協会会長大寺男爵の父。

第二章　最初の日本滞在（一九二一〜一九二三年）

皇太子の帰国

皇太子［裕仁親王］殿下は一九二一年九月三日、ヨーロッパの旅行からご帰国になった。皇族、華族、民間および軍の高位高官、それに各国外交官代表が東京駅で殿下をお出迎えした。美しい国歌吹奏のなかを列車が到着した。皇太子はその車輌の昇降口にじっと立たれたままで挨拶をされていた。それから下車なさると皇族方と挨拶を交わされ、すべての外交官一人ひとりと握手をなされ、とくに訪問された国の代表にたいしては立ち止まっておことばを賜った。私はこうして皇太子殿下にはじめてお目にかかったのである。殿下は私に、王と王妃によるもてなしとベルギー国民の歓迎について心に残るよい思い出をもたれたと語られた。さらに加えてベルギーの戦場の光景に深く心を動かされ、大きな関心をもたれたことをお話しになった。

翌日各新聞は、インタヴューの形式で皇太子が首相に与えられた一種のメッセージを掲載した。このメッセージのなかで私はとくに二つの点を心にとめた。皇太子殿下は、日本はなお多くのことを外国に学ばねばならない、また荒廃した地帯を目のあたりにして、平和がこの世のあらゆる幸福のなかでもっとも貴重なものであると考えねばならないことがよくわかったと語られたのである。

五年後に即位されたとき、皇太子は年号に「昭和《ショウワ》」という語をお選びになったが、その意味は「明るい、あるいは輝くばかりの平和」ということである。

ヨーロッパから帰られて数日後、正確には九月十五日、私は光栄にも皇太子殿下に信任状を捧呈《ほうてい》することを許された最初の外国人外交官となることができた。

こんどは大使としての信任状である。これは殿下のご滞在中、国王がブリュッセルにおいて署名されたものである。それは、一九一七年以来駐ベルギー公使だった安達《あだち》［峰一郎《みねいちろう》］氏の公使職が日本側から大使職に昇格されたのに応じたものである。

皇太子殿下は天皇の名代として私を迎えられた。殿下は当時まだ摂政ではなく、たんなる推定皇位継承者であられた［実際は大正五年（一九一六）十一月に立太子礼がおこなわれている］。皇太子は私の信任状を父君に取り次ぐというひかえ目なおことばを賜ったあとで、私にベルギーの滞在と、王室の真に心のこもった歓迎がいかに嬉しかったかをくりかえして述べられた。

その日の夜、赤坂の離宮において、外国大公使、宮内省関係者、ヨーロッパ旅行の随行者、国の高官にたいする皇太子殿下主催の晩餐会が盛大に行なわれた。私の席は、未来の皇后陛下［良子《ながこ》女王《じょおう》、のちの香淳皇后《こうじゅんこうごう》］の父君にあたる久邇宮《くにのみや》［邦彦王《くによしおう》］殿下と外務大臣内田［康哉］伯爵のあいだであった。参会者全員には記念として、銀製の菓子器《ボンボニエール》が下賜された。

これは三羽の平和の鳩が羽を拡げた上に、皇太子のご旅行の行程を記した地球がのせられているものであった。

私のすぐあとで、到着したばかりのポール・クローデルがこんどはフランス大使の信任状を皇太子殿下に提出した。それから五年間クローデルと私は同僚として、またすばらしい友人として交際することになった。バスト氏の出発以来、フランス大使館は「暫定的《アド・インテリム》」に参事官の「シャルル・」アルセーヌ＝アンリ氏によって管理されていた。氏はその後、いくつかの国の公使を務めたのち一九三七年に、こんどは東京の大使に就任することとなる。いまも在任中である。

在日外交団のこと

外交団の首席は私の日本到着時には、ロシア皇帝の大使クローペンスキー氏であった。日本政府はソビエトとはなんらの外交関係をもたず、一九一七年［の革命］以降もずっとクローペンスキー氏をロシア大使として遇していたのである。その補佐官にアブリコソフ氏とベール男爵がいた。それぞれ大使館付参事官および書記官であった。皇太子殿下がヨーロッパから帰国された一九二一年の秋、日本政府が、アジアにおける日本帝国の隣接国ロシアとの正常な関係の回復にふみきることが明らかになった。政府はクローペンスキー氏に、その使命が終了したものと見なされるべき旨を、きわめて慎重に納得させた。彼はローマに向けて出立した。ローマには同じく元大使であった兄弟のひとりが住んでいたからである。大使館は一九二五年に初代のソビエト大使が赴任してくるまで、他の館員たちが管理していた。

しかしその後もアブリコソフ氏とベール男爵は私的な資格で日本にとどまった。彼らもまた私たちにとって、最良のヨーロッパ人の友人のうちに数えられる。

前者はずっと東京に住んでおり、帝国内の多くの亡命白系露人に助言や指導を与えて、非公式ながら彼らの援助にあたっている。後者は四国にある高松の商業学校［高松高商］のフランス語教師となり、一九三七年十一月に亡くなるまで在職した。

新しい外交団首席は一九二一年九月から英国大使チャールズ・エリオット卿になった。卿は独身の老学者で、大使就任前は香港大学の学長であった。一九二六年に引退後は奈良に居を定め、日本の仏教について権威ある三巻の大著を書きあげた。卿が亡くなったのは一九三一年英国に向かう船中であった。彼の遺体はその強い希望によりインド洋で水葬に付されたのである。

ドイツ大使は、もとのドイツ帝国植民地相ゾルフ博士であった。彼がマックス・フォン・バーデン首相のもとで外務大臣を務めていたときに、ウィルヘルム二世皇帝が退位され、ドイツに共和政がしかれたのである。皇帝の回想記によれば、皇帝はゾルフ氏が好きではなかった。しかし私にとっては、氏はきわめて気もちのいい同僚であった。彼は一九二六年にエリオット卿のあとをついで外交団首席となった。そして一九二八年十二月には、こんどは私自身が彼に代わってこの名誉職に就いたのである。

ヒンデンブルクの死後、ゾルフの名はワイマール共和国の有力な大統領候補者としてしばしば取り沙汰された。しかしよく知られているように、その後のできごとはまったく別な方向を示すようになった。私たちはこの元同僚と、その死にいたるまで親しい友人関係を結んだ。そして彼の死後はゾルフ夫人とその関係を保ったのである。

一九二一年にオランダ公使として在任中だったのは、貴族のデ・グレフェ氏で、氏はのちにオランダ領東インド総督、ついでオランダ外務大臣となった人物である。一九二三年に彼の後任として東京に赴任したのは、それまでずっとオランダ領東インドで陸軍武官の職にあったパプスト将軍であった。将軍は一九四一年十一月に亡くなるまで東京公使として在任した。

赴任当時の同僚のなかで、もっとも古参だったのは一九一一年に来日したシャム公使フィア・シャムノン・ディッタカー氏で、氏が辞任したのは一九二七年にいたってであった。彼はやもめで、幾人かの子どもをもっていたが、彼らは私たちの子どもと大のなかよしになった。その長女のルエンは彼のいとこのひとりでローマ公使のアブヒハル・ラヤマイティと結婚した。彼女は数年前シャムの女王のもとで女官長となった。

宮中の午餐会

東京では社交シーズンが秋に始まる。私たちにとってはこの一九二一年の幕あけは、十月二十六日、宮中における私たちのための午餐会であった。まったく例外的な恩恵によって十七歳の長女ギスレーヌが私たちといっしょにお招きに与《あずか》った。

皇后陛下と皇太子殿下がヨーロッパ風の午餐会を主催された。[*1] 私は皇后陛下の隣、妻は皇太子殿下の隣に席を賜った。外務大臣は妻と娘のあいだに席をとった。他の招待者は北白川宮［成久王《なるひさおう》］殿下（数年後フランスで自動車事故のために逝去された）、明治天皇のご息女で、天皇のご令妹にあたる北白川宮［房子］妃殿下、原《はら》［敬《たかし》］首相、すべての主だった宮内省関係者であった。皇后陛下と皇族方は私たちに非常なご厚情をお示しになり、山中夫人、宮内大臣牧野《まきの》［伸顕《のぶあき》］子爵、それに内田伯爵の好意ある通訳を通じて、私の娘とも長くお話し下さったのである。

私たちが大使館において開催した最初の公的な晩餐会は一九二一年十一月三日におこなわれた。原首相、外交団首席の英国大使チャールズ・エリオット卿、その後私たちの最良の友人のひとりとなった宮内大臣牧野子爵が主な招待客であった。

牧野子爵と原敬首相の暗殺

牧野子爵は養子縁組によって牧野家に入ったが、じつは暗殺された大久保［利通］侯爵の子息であった。この一八七八年の暗殺についてはすでに述べた。駐オーストリア公使も務めた牧野子爵は、ヴェルサイユ条約締結時の日本代表団の一員となった。その後宮内大臣の職についたのである。私はすでに一九一九年にパリで子爵と知りあっていた。食事のあいだ、彼は子どものころベルギー公使館の建物に住んでいたと語り、ひっこし後どんなところが変わってしまっているかを一つひとつ指摘した。食堂に隣接する居間はまったく手が加えられていなかった。それはかつて、彼の父の書斎だったのである。食事のあとで子爵は一八七八年五月十四日の暗殺の夜、家に運ばれた父の遺体が横たえられているのを見た煙突のそばの場所を示した。彼は暗殺がおこなわれたとき学校にいたが、知らせで連れ戻されたのである。

牧野子爵（現在は伯爵［一九二五年陞爵］）は英語を完璧に話したので、英国大使と私にこの悲劇を詳細に語ってくれた。原首相は、フランス語は少し話したが、英語はよくわからなかった。それでも牧野子爵の話の興味ぶかさを知ることはできたので、話が終わると、それをもう一度日本語でくりかえすように頼んだ。子爵はすぐにその求めに応じた。私は話のあいだ、原首相の顔にあらわれた重々しく真剣な表情に心をうたれた。これが彼のこの世における最後の夜だった……。

翌日、一九二一年十一月四日の夜七時三十分、原首相が翌日講演をする予定で京都行きの汽車に乗るため東京駅の入口［丸の内南口］を通ろうとしたとき、彼の政策に反対する熱狂

牧野伸顕

原 敬

的な一暴徒に襲われた。知らぬまにまぎれこんでいたその男〔中岡艮一《なかおかこんいち》〕は、細身の短剣で首相の心臓を刺し貫いたのである！

原はヨーロッパ的な議会制度と国際協調の徹底した主唱者であった。彼の理念は、明治天皇が国民に与えた憲法のなかに、一時的な、望むときに取り消しうる大きな譲歩をみていた復古的な盲目的愛国主義者の考えと衝突した。その後の歴史をみると原の暗殺は、これ以後展開した情勢の出発点と考えていいと思う。その情勢の動向は、ここで述べるにはあまりに長い数々の有為転変《ういてんぺん》の末、ついに若い軍人による実力行使をみるにまでいたったのである。この軍人たちはみずから天皇のご意志の代弁者をもって任じていたが、議会の役割をいちじるしく軽減させ、国家を、天皇が選ばれた年号からは予測もつかない対外政策へと向けさせたのであった……。

日英同盟破棄

たしかなことは、原を首相とする政府が、私の東京到着直後の七月に、ワシントンの国際会議への参加を受諾していたことである。この会議はやがて歴史が証明するように、アジアの諸問題、ひいては世界の諸問題の展開にたいする重要な一段階を印した。だがこのときにはまだ、会議がはるか未来にたいして与えた諸結果の重大性は、これをうかがうべくもなかったのである。

ワシントン会議は一九二二［大正十一］年二月、一連の条約が調印されて終了した。その条約中もっとも重要なものは、英国、アメリカ、日本の主力艦の比率を五：五：三に定めた条約と、九ヵ国条約であった。前者は一九三〇［昭和五］年のロンドン海軍軍縮会議で少し変更を加えられ、ついで一九三五［昭和十］年、日本によって破棄された。九ヵ国条約のほうは日本も無条件に受けいれた。この受諾は避けがたいものだったからである。しかし実際には日本は、英国がアメリカ合衆国の世論に押され、二十年続いた日英同盟に代えてこの条約を締結したことを充分に承知していたのである。日英同盟がアメリカの将来への見とおしを遮っていたからである。

日本人は日英同盟を誇りにしていた。彼らは細心の注意を払って忠実にそれを守りつづけてきた。したがって九ヵ国条約の締結によって、彼らの国民的誇りは、たとえ外にはあらわさなくとも、その内部において深く傷つけられたのである。しかし見たところは、たんにこの二国間の同盟が拡大して九ヵ国間の協定に変わったにすぎないようであった。

ピゴット大佐

アメリカの示唆《しさ》が賢明であったかどうか、日英同盟の破棄がその後の世界の歴史に重大な影響を与える誤りであったかどうかは、やがて明らかになるであろう。この問題について私見を述べることは差し控えたいが、私が東京とともに証明できることは、英国大使館付陸軍武官ピゴット大佐が、英国と日本帝国の同盟に終止符を打つこの決定にひどく落胆したようにみえたことである。

彼は少年時代、聖公会の宣教師であった父とともに日本ですごしたことがあった。一九二一年に私が到着したときには、すでにその数年前から大使館付武官として東京におり、それから一九二五年まで滞在した。一九三五年に彼は少将となり、ロンドンの陸軍省人事担当局長となった。私はこの年の休暇のさい、彼にホワイト・ホールで会った。一九三七年に退役すると彼は、特別な恩恵として、大使館付武官の資格で東京に戻ることを懇望し、それに成功した。一九三九年のはじめ私たちが最終的に日本を去ってから、なおしばらく彼は日本にとどまった。その年の六月、私は英国で彼に再会し、彼がロンドンの日本・英国協会において、重光《しげみつ》［葵《まもる》］大使の出席のもとに講演会を開くということをきいた。その講演で彼は、ことばは控え目だったが、力のこもった調子で、日英同盟とはいわないまでも、少なくとも両国の友好的な協力の時代を再興したいという希望を述べた。

しかし、私たちはふたたび一九二一年にもどろう。ピゴット大佐はその年のはじめ、皇太子裕仁殿下がロンドンご滞在中、その随行員に加わっていた。彼は英国陸軍元帥の軍服姿をした、たいへん珍しい皇太子の写真をもっていた。それはロンドンで撮影されたもので、殿下が記念として署名をされて彼に与えられたのである。この写真はすばらしい将軍の宝物のひとつで、彼は一九三九年にも、なお友人たちに得意になって見せびらかしていたものである……。

愛すべきピゴット夫人は、古くからジブラルタルに定住している、ある英国家庭の出であった。

大隈侯爵と山県元帥

一九二一年十一月、大正天皇のご病状が思わしくなく充分に公務をお執りになれないことが明らかになったので、正式に摂政職が皇太子殿下に委ねられた。

一九二二年のはじめ、維新以来明治天皇の側近にあり、崩御の後は大正天皇の助言者として奉仕した二大政治家が相次いで亡くなった。日本陸軍の生みの親、山県《やまがた》［有朋《ありとも》］元帥と、大隈《おおくま》［重信《しげのぶ》］侯爵のふたりである。大隈侯爵は幾度か首相の職にあったが、一八八九［明治二十二］年、日本における外国の治外法権的裁判権の撤廃が遅れたことを理由として一狂信の徒［玄洋社員の来島恒喜《くるしまつねき》］が彼の馬車に爆弾を投じ、このため右脚を失ったのであった。私は二度か三度大隈侯爵に会った。とくにヨーロッパから帰国された皇太子殿下お出迎えのとき東京駅のプラット・フォームで会ったことをよくおぼえている。しかし山県元帥のほうは一年以上も前から完全な隠遁《いんとん》生活をしていた。故人の家で名簿に署名しようとしたとき、私はなかに招じ入れられた。元帥のご子息［養子の伊《い》三郎《さぶろう》］が私を迎え、父の遺体に対面するよう求められた。その部屋は洋間であった。ベッドの上の元帥の遺骸は大きな真っ白なシーツに蔽われ、喪服を着た十数人の婦人がその周囲を取り巻いていた。ご子息がシーツをとると、私はそこに明治時代の偉大な軍人の高貴でしかも傲然《ごうぜん》としたみごとな横顔をみて感動した。それはローマ皇帝の蠟製の彫像ともいえた。生まれは長州の一武士にすぎなかった山県は元帥になり、公爵になり、元老[*2]の筆頭にまでなった。しかし一九二〇年に彼は皇太子

［昭和天皇］と久邇宮殿下のご令嬢［良子女王］との結婚に強硬に反対した。人の話では、実際にはそれは、このご令嬢が長州藩のライバルである薩摩藩の大名島津公爵の血を引いているからということだった。しかし名目としては、八世紀から十一世紀にかけて権勢を誇った藤原家の流れを汲む「五摂家」とよばれる五つの旧い宮廷貴族の家から皇后が選ばれるという一千年以上も前からの伝統の維持が理由にもちだされたのである。

私の日本到着直後、天皇は、結婚案に抗議したことで山県が申し出ていたあらゆる職責、地位からの解任願いを却下された。この老「元老」は謹んでそれを受けたが、しかしもはや自分の家から出ることがなかった。とくに皇太子［摂政宮］殿下が望まれていた結婚は、山県の死後二年以上もたって一九二四年に実現した。ご婚儀については後述する。

英国皇太子とフランドル伯の来日

半月の間をおいておこなわれた山県と大隈の葬儀に相前後して、ジョフル元帥［第一次世界大戦の英雄］がフランス政府を代表し、前年の摂政宮殿下のパリ訪問にたいする返礼として来日した。彼のためにフランスおよび英国大使館で晩餐会が開かれ、私たちもそれに出席した。ジョフル元帥と夫人はまた二月一日ベルギー大使館に来られ午餐をともにした。

四月十二日、のちのエドワード八世、英国皇太子《プリンス・オブ・ウエールズ》が、同じく前年日本の皇太子がヨーロッパ旅行中、英国王室を訪問されたことにたいする返礼として、弩級艦《どきゅうかん》〈レナウン〉に乗って来日した。当時十八歳のフランドル伯［ベルギー国王アルベール一世の次男。（ナチスドイツに幽閉された兄レオポルド三世が国民投票で復位するまでの）一九四四〜五〇に摂政」は〈レナウン〉の艦上では海軍少尉候補生であった。王の意向によって、王子としてではなく、そのように扱われることになったのである。私は英国皇太子が上陸されたとき〈レナウン〉艦上でフランドル伯に挨拶にうかがった。そして艦長の同意を得て、大使館に宿泊されるように申し出たが、ありがたいことに、これは聞きいれられた。王子はその日東京に来られ、英国皇太子が日本に滞在された二週間を私たちとともにすごされたのである。私たちは書記官の家に気もちのいい一室を設けておいた。王子がその東京滞在によい思い出をもたれたことを私は疑わない。皇后陛下は王子が大使館に逗留中であることをお知りになると、さっそく、私の内輪のお茶の席にお連れするように望まれた。陛下は王子にじつに心のこもったもてなしをされたのである。

フランドル伯シャルル

　摂政宮殿下の弟君で当時淳宮《あつのみや》とよばれ、わが国の王子と同年配の秩父宮殿下もまた母后に招かれておられたが、殿下が近衛《このえ》の下士官の制服を着用されていたのにたいし、フランドル伯は海軍少尉の候補生の服装であった。皇后陛下はベルギー王子に訪問の記念として金蒔絵《きんまきえ》の美しい漆器の小箱を賜り、私たちの王室のためにご好意のこもった挨拶をお託しになった。

　フランドル伯の滞在中私たちは、日本のもっとも景色の美しい場所をいくつかお見せしたり、一、二度、少人数の青年の集まりを催したり、また日本人の友人の家がある東京と横浜のあいだの鶴見《つるみ》の大きなお寺〔総持寺《そうじじ》であろう〕をいっしょに訪問したりした。

この鶴見の寺院訪問のさいに、寺の住職がきわめて「修道僧的」な昼食を出してくれた。幸いにも、最後に、おいしい杏〔梅干しのことか〕のついた山盛りのご飯が出た。それまで、無味乾燥な野菜で失っていた私たちの食欲がおかげでふたたびよみがえったのである。

日本のクラブ

白耳義協会の理事会は四月十九日、フランドル伯のために東京倶楽部のサロンで晩餐会を開いた。

シナにしろ日本にしろ、外国人によって設立されたクラブの大部分はもっぱら白人のためだけに使われた。それにたいして東京倶楽部は共用であり、日本人と外国人がであう、きわめて有益な場となっていた。皇族方の最長老者である閑院宮《かんいんのみや》〔載仁《ことひと》〕殿下がその後援会長であられた。ここには二人の会長がいて、ひとりは日本人で、元駐英大使林《はやし》〔権助《ごんすけ》〕男爵であった。外国人の会長は私自身で、ともに十年間その任にあった。

晩餐会はクラブ会員の外交官の歓送迎や、それに類することがおこるたびごとに開催された。この晩餐会では会長のいずれかが、当日の招待客に歓迎の祝杯をあげることになっていた。それはちょうど数年前に、ブリュッセルのセルクル・ゴロワ〔Cercle Gaulois ブリュッセルにある王立の芸術・文学サロン〕でおこなわれていたようにである。こうした場合には、いつも英語が使われた。

昼食の時間にもかなり混んでいたが、東京倶楽部がとくににぎやかになるのは午後五時から七時半までのあいだであった。晩餐会のある日を除いて夜はまったく閑散としていた。そこで会員たちは、テーブルが十台もある大部屋で、おおいにビリヤードを楽しむのである。レストラン、バー、貸切のできるいくつかのサロンや食堂の他に、ブリッジや読書、談話、碁（むずかしいが興味ぶかい日本古来のゲームで、一種のチェスボードの上で勝負する）のための部屋があった。

クラブでは日本の要人たちや、外交官のほとんど、多数の実業家、財界人、外国の教授たちに出会うことができる。

この国際的なクラブの他に東京には、英国にならったきわめて多くの日本人のサークルがある。そのうちもっともよく知られているのは、東京倶楽部のすぐ近くにある華族倶楽部、とくに大実業家や財界人を集めている如水会、政治家を主体とした「交詢社《こうじゅんしゃ》」である。私はその如水会と交詢社の名誉会員であった。

英国使節団の災難

大使館でもフランドル伯のためにレセプションが開かれた。私たちはそれに在日ベルギー人をすべて招いて王子に紹介した。また白耳義協会の全会員を招待した。

東伏見宮妃殿下もこれに出席された。お茶の前にいくつかの音楽と、大使館書記官のギィ・ド・シューテートによる「王に」[*3]と題するトーマス・ブラウンの詩の朗読があった。三十年以上も日本に住んでいる神戸のベルギー商人ルノー氏はこの詩にひどく感動し、そのすすり泣きで詩の朗読を中断させることをおそれて大いそぎでサロンの外に出ていってしまった。〈レナウン〉が横浜を去って、神戸に短い寄港をしたとき、ルノー氏はフランドル伯の案内役をつとめ、いっしょに京都を訪問した。氏はそれからしばらくして亡くなった。

英国皇太子一行接待の委員長であられた東伏見宮殿下はこの日、新宿御苑で開かれた、皇后陛下、摂政宮殿下ご主催のイギリス皇太子歓迎園遊会に出席されたため、大使館のお茶の会には来られなかった。この祝宴のあいだ、〈レナウン〉司令部の将校や、英国皇太子付副官たちが宿泊していた東京の古い「帝国ホテル」が、電流のショートが原因で火災をおこし、文字どおり全焼してしまった。英国将校たちの背広はすべて火災で焼失し、代わりが調達できるまで二、三日待たねばならなかった。その結果、東京の市中を、大礼服を着た大勢の英国陸軍大佐、副官、大尉が往来するということになった。

公式の祝典は中断されることなく続けられた。私たちは毎日、式典や宴会で英国皇太子にお会いした。とくに英国大使館の大舞踏会では、これで社交界に出た私の長女が未来のエドワード八世とはじめてのワルツを踊ったのである。

東伏見宮殿下の薨去

英国使節団が日本を去るとすぐ、東伏見宮殿下は突然発見された喉頭がんのために重体となり、六月二十六日、この世を去られた。日本はその死によって有能で傑出した将官をひとり失った。白耳義協会もまた、その発展に尽くした有力な後援者をひとり失ったのである。一年以上にわたる長い喪に服されたのち東伏見宮妃殿下は、ふたたび私たちとの親しい交際を始められ、いつまでも変わることのない友となられた。妃殿下は岩倉家の出である。その祖父［具視《ともみ》］は「公家《クゲ》」で一八六八年の変革［明治維新］にあたってはもっとも重要な役割をはたした。とりわけ徳川《とくがわ》家をねたむ西国の有力な諸大名の野心をまとめあげたのは彼の力だった。大名たちは将軍の権力を倒そうとしながらも、それに代わるべき体制については意見がバラバラだったのである。岩倉は将軍職を廃止することにより、かつて将軍に委ねられていた世上のもろもろの権限が完全に、また無条件に天皇に返還されるよう、そのすぐれた知性のかぎりを尽くして働いたのである。彼とその同志の努力は一八六八年に実った。

天皇はその労に報いるため、一八八四年、貴族の再編〔華族令〕にあたって岩倉に公爵位を与えられた。

日本の華族について

ここで、この貴族の再編について一言触れておくことも興味があると思う。この問題については、これ以後出版された日本に関する無数の著作にもくわしいことはほとんど載っていないからである。

一八六八年以前の旧制度下の日本にあっては、明らかに異なる二種類の貴族が存在していた。すなわち「公家」と「大名《ダイミョー》」である。

公家は京都の天皇の側近である宮廷貴族で、しばしば世襲的に、アジアの大宮廷がよくかかえこんでいる無数の職務をはたしていた。すべての公家は歴史時代の、あるいはそれ以前の天皇の流れを汲んでおり、その多くが二千年にわたる「系図」をもっていた。養子縁組がきわめて一般的だったので、その系図では、先祖の血が跡絶《とだ》えてしまっていることがよくある。公家は自分たちが大名よりもはるかに上位にあると考えていたが、多額の収入を得ているものは少なかった。

大名はその華々しい武功によって権力の座についた幸運な武士の子孫であった。彼らは将軍の家臣か、あるいは所司代であり、将軍の最高指揮のもとに実際に日本を統治していた。しかしそのうちの主だった大名に関するかぎり、彼らは将軍からもかなり独立した力をもっていた。一八六八年には二百七十六人の大名がいて、帝国の全領土を分有していた。あるものは広大な封土を、あるものは中位の封土を、さらに小さな領地しかもたない大名もあった。彼らの富はその権力と比例していた。ある場合にはその権力がきわめて強大であったので、十六世紀の宣教師の記録のなかでは、幾人かの大名は王として扱われていた。

維新の後、一八七一年に明治天皇は大名の領地を廃止し、それを多くの県に分けた。その多くは、もとの領地と同じ地域であったが、他はいくつかの小大名のそれを統合して成り立っていた。長州や薩摩のような大領地はいくつかの県に分けられた。大名たちは、したがって主な収入源を失うことになったのである。しかし新体制は彼らには私的な名義で、彼らのもとの物質的状態にふさわしい充分な土地や資金を保証したので、多くの場合きわめて豊かであった。

　そこに一八八四年、旧公家と大名をヨーロッパ風の称号によって統合する貴族の再編成がなされたのであった。

　二つのカテゴリーのうち、数もきわめて少数な最有力者たちは「公爵」となった。このことばははじめ duc と訳されたが、のちに prince の訳語があてられた。後者の訳は遺憾であった。というのはこれが採用されて以来、新来の外国人は親王 princes impériaux と公爵の区別がわからず、しばしば混乱を招いたからである。

　それより下位の公家と大名は侯爵（公爵とは違って発音される……）あるいは伯爵の称号が授けられた。公家の大多数を含めてほとんどは子爵の称号を得た。「男爵」は有力な公家の子息と多数の軍人、外交官、あるいは維新のさいに天皇にたいして際立った働きをした高級官吏に与えられた。一八八四年以来の新しい貴族には、それ以前の二種類の貴族に属していないものも含まれた。この新貴族のなかには町人《ブルジョワ》と「さむらい」がいた。このさむらいとは旧制度下における軍人の家のメンバーを指す名である。これは「homme d'armes」（戦士）とか「chevalier」（騎士）とか訳すことができよう。[*4] さむらいの身分は世襲であった。さむらいの家はきわめて誇り高く、商人や他の町人にたいして閉鎖的であった。さむらいは紋章をもち、公家や大名には劣るが一種の第三の貴族階級ともいうべきカーストを形成していた。しかし、さむらいの後裔だからといってそれだけで帝国の新しい華族に入るということはまったくない。華族にあっては、あらゆる称号が男系の長子相続による世襲である。

一九三八年には公爵十九人、侯爵四十一人、伯爵百九人、子爵三百七十六人、男爵四百八人、総計ほぼ千人の貴族が日本にいた。

西暦八世紀から十一世紀にかけて政府と朝廷を支配していた藤原氏の家系に属する五つの大きな公家の家柄がある。千年ものあいだ、皇后はその五つの家「五摂家」のなかから選ばれた。……例外は、すでに述べたように現天皇［昭和天皇］の場合である。この五つの家の家長は近衛《このえ》公爵、一条公爵、二条公爵、九条公爵、鷹司《たかつかさ》公爵である。

大谷《おおたに》伯爵もまた公家のなかでは特別な立場にある。何世紀も前から、仏教の本願寺派の世襲の法主《ほっす》であり、ほとんどつねに天皇の親族と縁組みをした。現在の大谷伯爵は当時の皇后陛下［貞明皇后］のご令妹と結婚した［このとき正確には法主で伯爵なのは大谷光照《こうしょう》であり、その実父光明《こうみょう》（前法主光瑞の弟）の妻が皇后の妹九条紝子《きぬこ》である］。「五摂家」以外で公爵の位にあげられた公家はきわめて少ない。すでに述べたように岩倉公がそのなかでめだっている。

徳川一門

大名のほうから「公爵」になったものも幾人かある。薩摩の大名と長州の大名はそれぞれ島津公爵、毛利公爵となった。彼らは当時すでに強大であった陸海の軍事力によって、維新の最強の支柱となった。徳川家のなかでは旧将軍が公爵位を授かった。現在、彼の孫［慶《よし》光《みつ》］がその爵位を継いでいるが、しかし彼は宗家の家長ではない。その地位は最後の将軍が権力の座を降りたとき、維新に反対する有力な家臣たちがすでに後継者として選んでおいた少年［家達《いえさと》］のものとなった。この少年は一八六八年当時六歳で、数日間名目だけの将軍であったが、彼もまた公爵である［家達は徳川宗家十六代目ではあるが、将軍襲職はしていない］。彼は現在八十に近い。三十年間、彼は貴族院議長をつとめたが、いまもなお日本赤十字社社長の地位にある。また、数度にわたって両院混合委員会議や赤十字社の会議のためにベルギーを訪れている。

将軍は徳川家の三つの大きな分家のなかから、その世継ぎを定めていた。この三つの分家の家長は侯爵となった。紀伊の徳川［頼貞《よりさだ》］侯爵は私の回想録のなかにしばしば登場するだろう。彼とその妻［為子《ためこ》。島津の出で香淳皇后の叔母にあたる］は私たちのよい友人である。彼は大寺男爵の没後、一九三七年に白耳義協会の会長になった。

名古屋の徳川［義親《よしちか》］侯爵は外国でよく知られた大物撃ちの狩猟家である。水戸の徳川［圀順《くにゆき》］侯爵は赤十字社の副社長であり、数年前に公爵の爵位をうけた［『大日本史』編纂の功による陞爵］。けっきょく今日では三人の徳川公爵と二人の徳川侯爵がいることになる。本家の老公爵［家達］はよく私に、私のほうが自分よりもよく彼の家のことを知っているといって笑ったものである。

日本では貴族のなかで「爵位が上がる」という習慣が、とくに最近半世紀間に貴族になったもの、軍人、高級官吏に関しておこなわれた。重要な政治家が男爵から伯爵、侯爵、さらに公爵にさえなることがあったのである。たとえば日本陸軍の創設者山県［有朋］、幾度も首相の任にあった伊藤《いとう》［博文《ひろぶみ》］、日本の財政を指導した松方《まつかた》［正義《まさよし》］の場合がそうである。この三人とも一八六八年にはただの武士であった。私が日本に着いたとき、対馬《つしま》の勝利者東《とう》郷《ごう》［平八郎《へいはちろう》］元帥は伯爵であった。しかし一九三四［昭和九］年に亡くなったときは侯爵になっている。牧野［伸顕］伯爵は子爵であった。一九二六［大正十五］年に亡くなったが、現在のベルギー大使館のもとの所有者である首相加藤《かとう》［高明《たかあき》］子爵は、その没後伯爵の爵位を受けた。またいくらでも例をあげることができよう。

一八八四年に侯爵になった大名のなかで、すでに述べた鍋島家と、前田家、蜂須賀《はちすか》家がとくに外国との接触が多かった。現在の蜂須賀［正氏《まさうじ》］侯爵の祖父［茂韶《もちあき》］はかつてブリュッセルの日本公使であった。また侯爵の母［筆子《ふでこ》］は最後の将軍の娘であった。彼自身すぐれた鳥類学者として、幾度もベルギーやベルギー領コンゴを訪れている。彼は英国で勉強した［ケンブリッジ大学で学んだ］。

皇族の臣籍降下

皇族方が天皇の同意を得て、その「身分」と皇族としての特権を放棄するということもしばしばある。

その場合には、皇室の歳入から、前もって支払われるある額の資産とともに、侯爵の位が与えられる。そうしてたんなる臣下となるのである。私の日本滞在前後にも、こうして皇族から久邇、華頂《かちよう》、山階《やましな》その他の侯爵が生まれた。

一九二六年に皇后になられる妹君をもつ久邇［邦久《くにひさ》］侯爵は一九二二年の冬には二十歳ほどのお年であったが、ひとつ年上の兄君久邇宮朝融王《あさあきらおう》殿下とよく大使館に来られては、私の子どもたちと遊んだり勉強したりダンスをなさったりしたものである。のちに侯爵は平戸の大名松浦《まつら》［厚《あつし》］伯爵の姪にあたるたいへん美しい女性［董子《しげこ》］と結婚した。私たちはこの若いご夫婦ときわめて親しく交際した。久邇侯爵はよく東京のテニス・クラブに通っていた。

侯爵は一九三五［昭和十］年に若くして世を去った。故人のお宅にうかがったとき、私は侯爵の部屋に通された。白い喪服を着た若い夫人がただひとりベッドの向こう側に坐っていた。私がおくやみを述べると、夫人は夫の耳もとへ日本語で、まるで生きている人に言うようにやさしくささやきかけた。「あなたのお友だちのベルギー大使がお別れを言いにきてくださいましたよ……」。

伊東男爵の家族と本野子爵

七月二十日から九月二十日までの酷暑の時期を過ごすために私たちは、鎌倉に和洋折衷の大きな別荘を借りた。この鎌倉は十二～十四世紀に幕府のあったところで、現在は東京近郊における最高の海岸別荘地である。首府からは六十キロの距離にある。「Tor Wood」という名のついたこの別荘は、私たちが借りる前も他の大使たちの夏の住居に使われていた。この別荘は翌年の大震災のときに崩れ、そのとき住んでいた横浜のあるデンマーク人がその下敷きになってしまった。

「Tor Wood」は日本にもっとも古くから住んでいる外国人のひとりモリソン氏が所有していた。私の記憶に誤りがなければ彼は一八六五年から横浜に住んでいた。彼は私に、一八六八年、睦仁《むつひと》（明治）天皇が歴史上はじめて京都から、のちに東京の名のもとに新首都となる江戸に向かわれたとき、その行列が通るのを見たと話してくれた。

鎌倉における生活はヨーロッパの海水浴場での生活とたいへんよく似ていた。ただし違うのは、日中のすさまじい暑さのために数時間はなにもできないことと、海水浴が朝はかなり早くから、午後はかなり遅くまでおこなわれるという差である。

私たちはすでに東京で知りあっていた二組の家族と鎌倉でもよく会った。そのうちの一組は海軍元帥の未亡人である伊東《いとう》男爵夫人の家族であった［実際は、この伊東家は海軍元帥伊東祐亨《すけゆき》の家ではなく、海軍中将伊東義五郎《よしごろう》の家］。夫人［マリー／満里子《まりこ》］はフランス人で幾人かの子どもの母であった。その子どものなかに武者小路《むしやのこうじ》〔公共《きんとも》〕子爵夫人［不二子《ふじこ》］、本野《もとの》［盛一《せいいち》］子爵夫人［清子］がいた。武者小路子爵はブリュッセルの日本大使館付参事官で、前年私が日本に発つときアルメ通り《アヴェニュー・ド・ラルメ》にある私の家を貸してもらえないかと頼みにきた。ブリュッセルは住宅難の時代だったのだ。武者小路子爵と夫人は三年間を私の家ですごし、その間、長男と次男が生まれた［正確には次男の公久《きんひさ》と三男の実秋《さねあき》］。次いで子爵は駐スウェーデン公使、駐独大使を経て、一九三八年宮内省宗秩寮《そうちつりょう》総裁となり、私がこれを書いている現在なおその職にある。

本野子爵は駐仏公使、駐露大使を歴任した人［一郎］の子息で、一九三三年ブリュッセルの大使館員となり、一九三九年には南京の汪精衛《おうせいえい》の国民政府に日本代表として加わった。彼はフランス語をパリジャンのように話す。伊東男爵夫人の長女［桜子］はフランスで海軍士官と結婚していたが、この夫はのちにルーヴィエ元帥となった。男爵夫人の四女［千代子］は私たちの長女と同い年であった。彼女は白人とインド人の混血女性（ユーラジェンヌ）のような美人であった。一九二五年に彼女はフランス海軍大尉ダルバ氏と結婚した。

武者小路公共夫妻

キク山田とパルマンティエ嬢

前にふれた二組の家族のうちのもう一組は山田《やまた》夫人［マルグリット］の家族である。夫人もまたフランス人で、もとリヨンの日本総領事であった人［山田忠澄］の未亡人である。彼女はリヨンで結婚した。

山田夫人にはふたりの娘がいて、姉の花さんはしばらくして老大倉男爵の孫にあたる高島直氏と結婚した。男爵についてはのちにふたたび触れることにする。ふたりは鎌倉のたいへん美しい家に住み、日曜日には進んでお客を迎えた。私たちは日本滞在中、幾度となくまる一日をそこですごさせていただいたものである。山田夫人の次女はマルグリットという名だったが、日本名をキクさんといった。フランス的なあふれるような知性と日本的な感受性を同時にそなえたキク・山田は、パリで日本に関するきわめて興味ある一連の著作『マサコ』、『芸者の生活』、『障子』、『乃木将軍の生涯』、魅力ある詩、日本文学の傑作である『源氏物語』第一巻の仏訳を発表し、一躍その文名を高めた。キク・山田は数年前にスイスの画家メイリと結婚した。私たちが日本を去ってのち一九三九年、彼女は日本に戻り、独ソ戦争によってわが国と日本との交流が断たれたときには外務省で通訳として働いていた。

一九二二年の春、ベルギーからジュリエット・パルマンティエ嬢が来日して、私たちの小さな在日同胞グループに加わり、親しく私たちと交わるようになった。彼女もまた夏のあいだ、鎌倉にやってきた。正式な看護婦の資格をもつパルマンティエ嬢は幾年か東京にあるアメリカ系の聖路加病院で働いた。のちに述べる一九二三年の大震災のさい、彼女は英雄的な――これはけっして誇張ではない――働きをした。日本滞在後、彼女はベルギー領コンゴで長い年月をすごし、ここでも賞讃すべき奉仕活動をおこなった。彼女は一九三九年に亡くなった。まだ若かったが、悲惨な患者にたいする寝食を忘れた献身で精根尽きはてたのである。

『源氏物語』について

私は少し前に源氏物語のことに触れた。これはたんに十一世紀のみならず、あらゆる時代を通じて日本文学の金字塔ともいうべき作品である。私の考えでは、これこそいかなる時代、いかなる国の文学にも比肩するものも、凌駕《りょうが》するものもない最高の傑作である！

京都の宮廷に仕える藤原氏のある婦人によって一〇〇八年と一〇一六年のあいだに書かれたこの作品は、八世紀の日本の皇子、光源氏の生涯とそのアヴァンチュールをえがき出している。登場人物の性格の心理分析が、それがプルーストの作品であるといってもおかしくないほど、みごとにおこなわれている。風景の描写はロティのそれよりも完全である。文体は、二十数年前に『源氏物語』を世界に紹介したウェイリーのすばらしい英訳を通じて判断するかぎり、驚くほど軽やかである。

『源氏物語』が書かれた時代は、文学が京都宮廷の婦人たちのほとんど独占的な影響下で華やかに開花した時代である。この物語の作者の名は正確には知られていないが、ふつう紫式部とよばれている。これは物語の主なヒロインが紫という名であったからである。この作者はまたいくつかの覚え書きを残している。その一部は一九二〇年『Diaries of Court Ladies of Old Japan』〔古い日本の宮廷女性の日記〕という題で英訳され出版された。この書物には多くの抜粋が載せられている。そのなかでも同時代の二人の宮廷婦人による私的な日記が興味ぶかい。そのひとりは清少納言で『枕草子』というすぐれた小品の作者である。立派な英訳による題名は『The Pillow Book of Sei Shōnagon』である。それはえもいわれぬ高雅な文にみちており、読みながら、それが『源氏物語』と同じく、ノットガーがリエージュを治めていた時代のものだとはとても信じられないであろう〔ノットガー（九三〇～一〇〇八）はリエージュの初代司教君主〕。

当時日本の女性は表立った役割をはたしていた。それが十三世紀から十九世紀におよぶ封建時代には、公式な影響力も外部的な活動もいっさい奪われて、完全に家庭内の婦人として働くだけになってしまったのである。私の「回想」をあまり長くしないように、日本女性の問題に関しては、ヘルマン・カイザーリンク伯〔ドイツの哲学者〕が『或る哲学者の旅日記』のなかで言っていることを再録するにとどめておこうと思う。

「日本女性については、少しでもまともな感覚の持主なら、つまり、蝶に河馬の能力を求めない人なら、だれでもひとつの意見しかもちえないだろう。日本の女性は創造のもっとも完全な作品のひとつ、一分のすきなく仕上げられた作品のひとつである」

＊1　宮中の晩餐会、午餐会は婦人方が招待されている場合、つねにヨーロッパ風におこなわれる。料理と葡萄酒はいかなる外国の宮廷のそれと比べても遜色ない。もてなしは完全で、給仕人の作法はベルギー王宮の給仕人に匹敵する。私はあとで宮中における日本風の食事について述べよう。

＊2　一八六八年以後、この「元老」ということばは、維新で重要な役割をはたした一国の政治家を意味した。彼らのほとんどが代わる代わる首相になった。その後彼らは、天皇が、より若い政治家のなかから新しい総理大臣を任命するさい、前もってその意見を求める非公式な

顧問となった。憲法は「元老」について触れていない。しかし明治以降の天皇もなお、元老の助言を求め、それは最後のひとり西園寺〔公望〕公が亡くなる一九四〇年まで続いたのである。天皇の顧問官としての彼らの役割は、おそらく将来は、幾人かの首相経験者と枢密院議長によってはたされることになるであろう。こうした人びとはすでにそのころ、いわば西園寺公に代わる役割をはたしはじめていたのである。

私が東京に在任した十八年間、まったく田舎に引きこもって、ごく稀にしか市中に出ることのない西園寺公を訪ねたのは、あとにも先にも一九二五年に一度あったきりだった。ベルギー国王からの依頼で、王の額入りの写真を届けにいったのである。公はずっと以前からレオポルド勲章の受章者であった。私が対面したのは、フランス語を少し話し、聞いたことは完全に理解できる、きわめて愛すべき老人であった。彼はかつてパリに住んだことがあり、その後一九一九年のヴェルサイユ会議における日本代表団の全権をつとめた。私は公が一九二一年以後、私以外の外交官を迎えたことがあったとは信じない。彼はもはや宮中の祝宴にも出席しなかった。健康状態はよくなかったが、私の離日後に亡くなったとき、彼は九十二歳であった。

＊3　この詩は一九一四年から一九一八年の戦争中に出版された『A des Absents』〔欠けたるものへ〕という詩集からとられた。

＊4　幕府の時代が終わったとき、日本の人口三千三百万人のうち武士は三百万人、そのうち四十二万五千人が領主であった。

第三章　九月一日の大震災（一九二三〜一九二四年）

ベルギー経済使節団の来日

一九一四年の大戦前には、ベルギーは日本に製品を輸出していたヨーロッパ諸国のなかで第三位を占めていた。しかしこの戦争によって、わが国の海外貿易は徹底的な不振におちいり、私が日本に着いたころ、やっとわが国からの輸入がふたたび活気を取り戻しはじめていたにすぎなかった。すでにベルギーに代わってヨーロッパの七、八ヵ国が貿易をおこなっていた。貿易をふたたび活発にするためには思いきった手段をとることが必要だと判断した私は、日本に着くとすぐにブリュッセルにベルギー経済使節団の日本派遣を提案した。安達《あだち》〔峰一郎《みねいちろう》〕氏は一九二二年におこなわれた一連の講演でこの考えをとりあげた。こうして翌一九二三〔大正十二〕年、東京に使節団が派遣された。

この使節団は著名なモンスの実業家カノン＝ルグラン氏を団長としていた。氏は長年、ベルギーの公使館が商務に関する試験を受ける審査委員会の委員長をつとめていた。使節団はポントゥス将軍、リーブレヒツ大佐、アルグレン副官、ヴァイス副官、ロベール・アレ氏、アベ氏、ロシニョール氏によって編成されていた。彼らをあわせると、重要な商工業会社のほとんどを代表することになった。カノン＝ルグラン夫人とアレ嬢（いまはヴェルメルシュ夫人であるが）が使節団に同行していた。私たちは彼らのために盛大なガーデン・パーティや数回にわたる夕食会を開いた。

渋沢子爵の思い出話

使節団のベルギー将校はすべて輝かしい経歴をもち、そのうちのひとりは負傷によって手足を切断していた。彼らは日本の参謀本部の注目の的となった。陸軍大臣は私たちも交えて彼らを東京にある砲兵工廠《こうしょう》の庭園で催された午餐会に招待した。この庭園は東京でもっとも古く、もっとも有名なもののひとつである。彼らは制服でそこにおもむいた。使節団は日本滞在中、一度シナに旅行した。その前後二回の滞在中、彼らは日本の主だった実業家たちと有益な関係を結んだ。そのなかの多くが使節団のために歓迎会を開いた。とくに南満洲鉄道総裁［川村竹治《かわむらたけじ》］、三井《みつい》［高棟《たかみね》］男爵、渋沢《しぶさわ》［栄一《えいいち》］子爵、大倉《おおくら》［喜八郎《きはちろう》］男爵が好意ある

安達峰一郎

渋沢栄一
（国立国会図書館蔵）

会を催してくれた。この最後のふたりはすでに八十歳になっていた。一八四〇年生まれの渋沢子爵は十四歳のときペリーの艦隊の東京湾入港を見たことをよくおぼえていた。彼は少年であったにもかかわらず、外国の侵入者にたいし深い憎悪を抱いたということを率直に話してくれた。のちに二十七歳になったとき彼は、一八六七年パリで開かれた万国博覧会に派遣された日本帝国代表使節団に加わった。彼はまた私たちの同胞と私自身にむかって、その同じ年の一八六七年の秋に、使節団の団長で最後の将軍の弟にあたる民部《みんぶ》大輔《たいふ》［徳川昭武《とくがわあきたけ》］に随行してブリュッセルを訪れ、ともに国王レオポルド二世に迎えられたことを語った。国王はこの日本人一行におことばを賜ったが、それが若い渋沢に非常に強い印象を与え、ついに彼の生涯を左右するまでにいたったのである。国王はこう言われた。日本が強国になるためには工業化を進め、製鉄を盛んにしなければならぬ。またそれを促進するのはエリートの仕事である、と。青年渋沢は武士であり、したがって武器をとる生涯を送ることになっていたが、レオポルド王を訪問した直後、明治維新がおこって将来がうち砕かれてしまうのを目のあたりにした。王のことばを思い出した彼は一国の君主が確言したのだから、工業もまたりっぱな職業にちがいないと考え、あえてそれに身を投じ、そして成功したのである。渋沢子爵は私たちに一八六七年にマルセイユで撮影された写真をみせてくれた。それには民部大輔と二十六人の供が写っていたが、そのなかに、刀を二本差し、伝統的な髪を結ったさむらい姿の、まだ若い渋沢の姿をみることができた。老子爵はこのときに、またそれ以後も私に、一八六七年以前に日本に滞在していたシャルル・ド・モンブラン伯爵[*1]に関するきわめて興味ぶかい話をしてくれた。モンブラン伯爵はフランス、ベルギー両系家庭の人で、明治維新の大動乱のさなか、その舞台裏で重要な、かつ秘密につつまれた役割を演じたのである。

このモンブラン伯爵の物語は数奇をきわめている。安達氏はこの話を書こうとしていたが、早く亡くなったため志を果せなかった。もし事情が許せば、私がその未完の仕事にとりかかり、いつかひとつの研究にまとめて発表したいと思っている〔訳注＝バッソンピエール男爵はこの希望を一九五三年に実現した。『ルヴュー・ジェネラル・ベルジュ La Revue Général Belge』の六月号に十六ページにわたって「シャルル・ド・モンブランと一八六八年の日本の維新 Charles de Montblanc et la Restauration Japonaise de 1868」と題する論文が掲載されている〕。それはヨーロッパの社会にも、歴史の広い分野でも知られていない事件に新しい光があたるだろう。

大倉男爵の大盤振る舞い

大倉男爵はカノン＝ルグラン使節団一行を夜会に招待した。その夜会は隅田川のほとりに男爵がもっている美しい日本邸宅で開かれ、芸者の踊りをみながら晩餐を楽しんだ。一八三七年にたいへん貧しい家に生まれた大倉男爵（当時は男爵ではなかったが）は明治維新のときすでに三十二歳であった。彼にはすぐれた商才があり、新政府軍に武器を売って財産をつくった。よく事情に通じた人によれば、彼はこのとき、同時に幕府の軍にも武器を売ったという……。とにかくこれが、現在の日本における大財閥のひとつである大倉組や大倉商事成功の第一歩であった。大倉男爵はすでに長いあいだベルギーと取引関係を結んでいたので、カノン＝ルグラン氏およびその一行とのあいだで個人的に相当突っこんだ意見の交換をおこなった。

一九二四年、大倉男爵は八十八歳に達し、日本固有のお祝いをうけた。八十八歳は米の歳［米寿］とよばれる。理由は八十八という数字が米という字に通じる表記だからである。そしてこれはおめでたい一致として考えられているのである。このときには盛大なお祝いがおこなわれた。大倉男爵は四晩にわたり帝国劇場を借りきり、北京からシナの名優梅蘭芳《メイランファン》の一座をよんで演じさせた。男爵の友人、知人、その会社に勤務しているもの、すべてが招待されてこの芝居を見物し、観劇者全員のために用意された夕食をご馳走になり、引出物を受けとった。話によると会社創立五十周年を祝ったこうした祝宴のために二百万円、ベルギー・フランにして一千五百万フランが費やされたという。この祝いがおこなわれたとき私たちは休暇でベルギーにおり、それは遥かなこだまでしかなかった。

三井のご隠居

カノン＝ルグラン使節団のための夕食会はさらに、南満洲鉄道会社総裁川村氏によってその東京支社でおこなわれたが、つづいて三井男爵もまた同じ会を催した。

三井男爵は三井家および三井系諸会社の九代目の長である［正確には十代目］。三井の会社はおそらく全世界でもっとも古く、もっとも恐るべき金融、産業、貿易部門をすべて備えたグループといえるだろう。男爵はベルギー大使館からあまり遠くないところにある広い庭園のなかの日本風の大邸宅に住んでいた〔今井町邸。現在の六本木二丁目〕。その同じ庭園には外国人の接待に使われる大きな洋館があった。三井男爵がカノン＝ルグラン使節団を晩餐に招いたのはその建物で、この会には三井の全部長も出席していた。

私たちはこうしたことから、三井男爵とその家族と頻繁に往き来するようになった。一九三三〔昭和八〕年、彼は仕事をやめ、その長男〔高公《たかきみ》〕に三井系会社の社長の座をすべてと、男爵の爵位まで譲り、自分は夫人とともに東京からおよそ百キロ離れた太平洋岸の小磯にある家〔城山荘。現・大磯町西小磯にあった〕に隠居した。私たちは一九三七年七月のある一日を小磯ですごし、〔爵位を離れた〕三井氏とその夫人に情愛のこもったもてなしを受けた。老齢になる前に仕事から引退するという習慣は日本の古い伝統であり、中世には天皇みずからしきりに譲位をおこなった。三井氏は隠居の身の余暇を、陶器を作ることに熱中し

大倉喜八郎
(国立国会図書館蔵)

三井高棟

て楽しんでいた。彼は自分の手で粘土を練り、自分で彩色をほどこして、たいへん優雅な花瓶をいくつも作りあげた。私たちは作品のいくつかをお土産としていただいたが、それはすべてヨーロッパにもちかえった。

彼の子息である現在の三井男爵は松平侯爵［康昌《やすまさ》、旧福井藩主家］の令妹［鋹子《としこ》］と結婚した。彼らには子どもが幾人かいる。

湖の水位が……

六月の末にカノン＝ルグラン使節団は日本を去った。七月に私たちは鎌倉に近い逗子《ずし》に行った。神戸のある英国商人から借りたヨーロッパ風の調度品を備えた日本家屋の別荘で夏をすごすためである。

九月一日の正午、おそろしい地震がおこった。それは横浜、東京の三分の二、その他の小都市を壊滅させてしまった。そこには逗子も入っていた！

私は一九三一年四月二十五日の『コレスポンダン』紙で、この悲劇的な一日、それに続く不安な一週間のあいだにおこった思いもかけぬできごとを語り、地震のショックや津波、落盤、火災に身をさらされながら、私たち家族全員がいかなる神の摂理で救われたかを記した。

この話を読まれなかった方のために、それをそっくりここに再録する。

日本では地震は日常茶飯事であって、東京で平均年に、五、六十回、つまり週に一回の割合でおこっている。その震動すべてが「感じられる」わけでもないが、数ヵ月にわたって少しも震動がおこらないというのは稀である。一九二一年と一九二二年は地震活動が活発で、二度東京で大きな揺れがきた。そのひとつは一九二一年十二月八日、もうひとつは翌年の四月二十六日におこった。この二二年の地震では地面の横揺れの幅が東京で数十センチに達した。かなりの数の塀や家屋に損害があり、天井や煙突がくずれ落ちてしまった。しかし犠牲者はほとんどなかった。一九二三年の春は平穏であった。だが五月にはかなり激しい震動のある日が続いた。私は二十四時間に五回も揺れたことを思い出す。その揺れは相当に強く、夜の場合は眠っている者の眼を覚まさせ、昼の場合はいくら鈍感な人間にも感じられるほどであった。そしてふたたび穏やかになった。それは嵐の前の静けさであったのだ。

六月の終わりか七月のはじめころ、新聞に次のような記事が載っていた。富士山の麓に、まとまって五つの湖があるが、そのなかでももっとも美しく、もっともよく知られている精進《しょうじ》湖《こ》の水位が異常に下がっているというのである。それはちょうど梅雨時であっただけに奇妙なことであった。さまざまな説明――書いた本人がなんらかの不安を抱いていることを明らかにしていた――が一週間にわたって新聞に掲載された。それから忘れられてしまった。私は九月一日よりずっと後になって、イタリア大使デ・マルティーノ氏の口から、彼が当時多くの人に、イタリアでは湖の水位が下がると、きまってそのあとに大地震がおこると語っていたということを聞いた。

逗子という町

七月十五日、私の家族は、相模湾に面した逗子海岸にある日本風の別荘に落ち着いた。この湾はきわめて広く、伊豆半島と三浦半島に囲まれている。相模湾に沿った海岸線には数えきれないほどの入江があり、そのいくつかは、ちょうどノルウェーのフィヨルド（高原状の山頂）を、またあるものはソレントやカプリ付近の入江を思い出させる。東京から京都に向かう鉄道［東海道線］の幹線は、太平洋岸からさほど離れていないところを東西に走っている。途中、大船《おおふな》という駅で、南に向かってひとつの線がわかれている。それは相模湾沿いの鎌倉に通じている。鎌倉は十二～十四世紀に将軍の幕府がおかれた町で、現在は日本人や外国人がよく訪ねる海水浴場で知られている。それより小さい逗子の町は、東に向かって四キロのところにあり、たいへん狭い入江に面している。その入江は一連の小高い丘によって、さらに大きな入江と分けられている。その大きな入江に鎌倉の家々が散在しているのである。この鉄道はさらに南東にのびて、相模湾と東京湾のあいだに突き出た山の多い三浦半島を横切る。終点は横須賀である。ここには大きな海軍工廠があるが、その場所から東京湾がその出口にあたる浦賀《うらが》水道の手前で広がるのである。東京から鎌倉まで、電車でおよそ一時間十五分かかり、逗子に行くにはさらに七分を要する。この二つの町は夏の滞在地として実業家や官吏によって高く評価されている。彼らは毎日ここから東京や横浜に出勤し、夜は海辺の家に戻って夕食をとるという生活を送るのである。電車や駅のにぎわいは——mutatis mutandis〔変えるべきものを変えれば〕――八月、九月のブリュッセルからベルギー海岸に向かう鉄道のそれを思い出させる。

　逗子は、二筋の丘の連なりに包まれた湾の底の延長のような谷間に広がる大きな集落である。ほとんど目立たない小さな砂丘が海岸を縁どっている。丘の斜面の低いところと同じようにこの砂丘に沿っても和風や洋風の別荘が立ち並んでいる。

　谷あいに小さな川〔田越川《たごえがわ》〕がひとつ蛇行しながらゆるやかに流れている。川下のほうでは別荘の裏手の砂丘のふちに沿って流れ、急に曲がるとそこで川はおしまいになる。沖に向かって左端の海岸の、桜山《さくらやま》のふもとでそれは海に流れこむ。川は幾隻かの漁船や近くで走らせる遊び用のヨットの港として使われている。川幅は十五ないし二十メートルで、干潮時にはたった二十センチか三十センチの深さしかなくなってしまう。

　海岸からはずれて一本の道が走っている。その一方は鎌倉に、他方は御用邸《ごようてい》のある葉山《はやま》に通じている。葉山への道は川口近くを川沿いにとおり、それから少し上り坂になり、桜山を斜めに突っ切る。ちょうど、そのあたりに私たちが住んでいた「見晴し荘」la villa Miharashi がある。この別荘は道路と川口のあいだの、海面から十メートルほどある急斜面の下にある。相模湾に臨み、江の島という聖なる島や箱根の山々が見渡せるばかりか、天気のよい日には、それらに君臨するかのように地上最高の美しさをもつ風景のひとつ富士の比類ない頂が眺められる。まさに絶景である。

　この別荘の建っている台地が海と山に挟まれて狭くなっているところに、新しい洋館があ

＊逗子ホテル（なぎさホテル）は震災後に建設された

大正期の逗子海岸

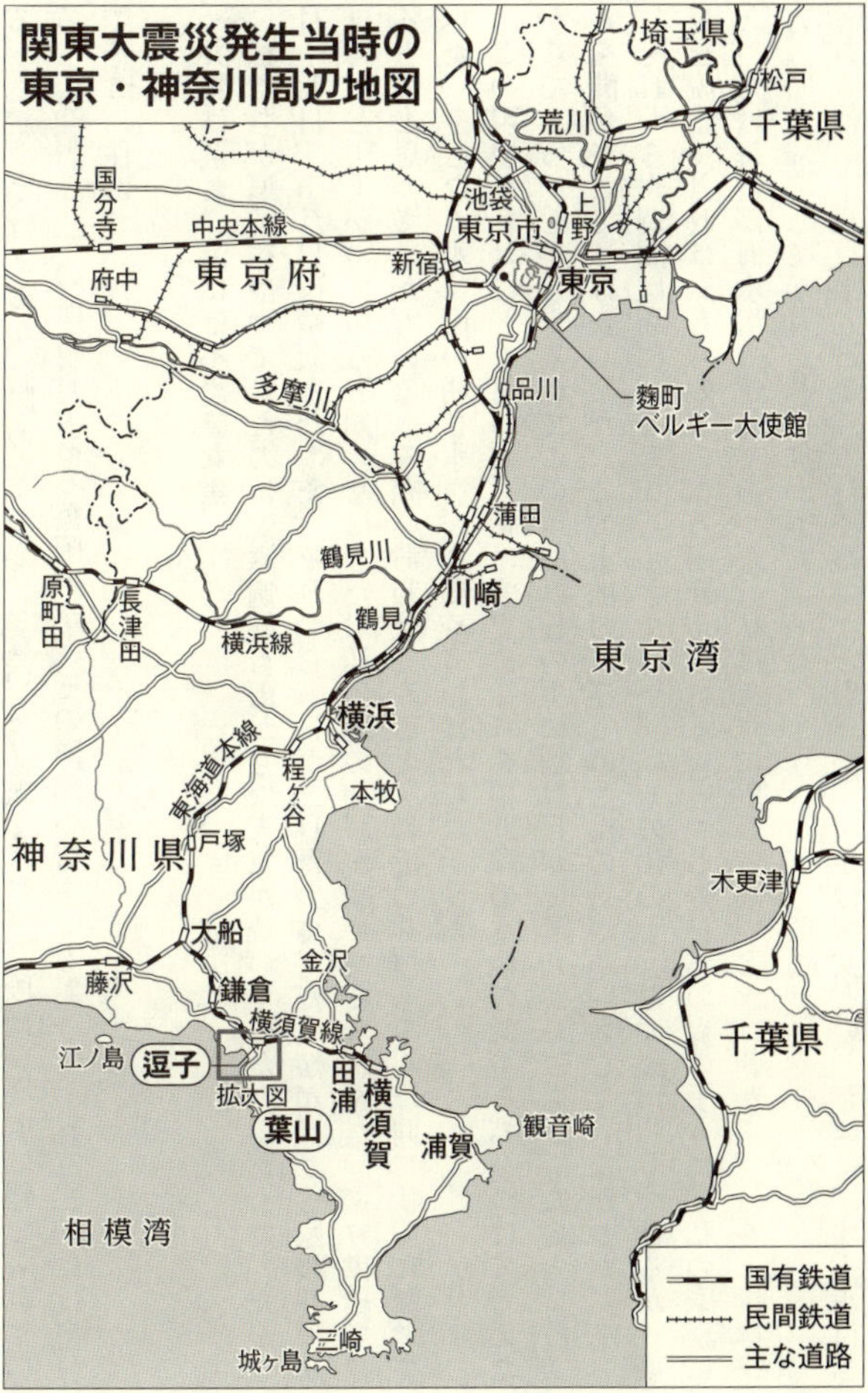
関東大震災発生当時の
東京・神奈川周辺地図
埼玉県
松戸
千葉県
荒川
国分寺
池袋
上野
中央本線
東京市
新宿
東京府
府中
東京
品川
多摩川
麴町
ベルギー大使館
蒲田
鶴見川
川崎
原町田
長津田
鶴見
横浜線
東京湾
横浜
東海道本線
程ケ谷
本牧
神奈川県
戸塚
木更津
大船
金沢
藤沢
鎌倉
横須賀線
江ノ島
逗子
田浦
横須賀
拡大図
葉山
観音崎
浦賀
千葉県
相模湾
三崎
城ヶ島
国有鉄道
民間鉄道
主な道路

る。庭続きではあるが、眺めをさえぎらないように、それは一段低い場所に建てられている。「見晴し荘」の所有者である英国人が、その洋館の持主でもあり、一九二三年には自分でそこに住んでいた。

井戸は涸れ、海には不思議な魚

私たちが逗子へやってきたのは、六週間も雨がちな天気が続いていたときだった。だが七月十七日、十八日は晴天になった。それから一日か二日たって、だれかが、この家の井戸がほとんど干上がっていると知らせにきた。私はその井戸が家で必要な水をたっぷり供給できるものと思っていた。いろいろ問いあわせてみると、付近の井戸もみんな同じ状態になっていた。やむなく水は山の湧き水をとりにやらねばならなかった。

この現象に私はひどく驚いた。私はすぐにこれを精進湖の水位の低下と結びつけて考えたからである。しかし、やがてこの現象は丘の下に裂け目ができたからにちがいないということを聞かされて私は安心した。この土地の人びとはなんの気づかいもしていなかった。

それから六週間はなにごともなくすぎた。昼間はあの鉛のような太陽が照りつけるが、東京を脱出できれば気もちのよい夕方が迎えられる、いつもの日本の夏のように。私の家族にとっては毎日が海水浴の連続であった。私は東京に出かけないときは朝から、行くときは夕方五時に帰宅してからそれに加わった。

ある朝――八月十九日か二十日であったと思うが――私は次女といっしょに、オール付きの小さな「はしけ《サンパン》」に乗り、「浪子不動《なみこふどう》」を近くでみるために湾を横切っていった。それは湾を隔てて私たちの家と向かいあう山に巧みにとりつけられた小さな寺で、いまから二十五年ほど前に恋と結核のために世を去った若い女性がロマンティックな日々をすごした場所として知られている。この話は小説［徳冨蘆花《とくとみろか》の『不如帰《ほととぎす》』］の主題となり、その小説は『Plus fort que la mort』〔死よりも強し〕という題でフランス語に訳されている。

海の水は湖のように静かで澄んでいた。ふと私の注意をひいたものがあった。私は最初、それが赤と白の縞模様の奇妙な色をしたくらげだと思った。それははしけの進路とは直角の方向に漂っていた。私は舟を近づけ、それがせいぜい八センチか九センチの小さな魚であることを確認した。それは体のまわりを羽根のような二つの大きな横びれが包んで一種の珠をつくり、そのなかで丸くなって漂っていた。私は帽子でそれをとろうとした。しかし帽子がとどく前に魚はゆっくりと沈んで見えなくなってしまった。そのとき魚はひれを広げたが、それはまるでこうもりの羽根のように、しわと水かきがついているように思えた。体とひれ全体に赤と白の線が入り、半透明のようだった。体にくらべて羽根が大きかったので、なかの体がひどく小さくみえた。私はこの魚が自然科学者に知られているかどうか知らないが、のちに東京天文台の所長にこのことを話し、この動物は、たぶん深海に住むものでなんらかの海中異変で海の表面に浮かび出てしまったのではないかと意見を述べたところ、所長は、それは充分ありうることだと思うと答えたのである。

その日は朝から天気がよくなかった

八月末はいつものとおりだった。三十一日にヨーロッパに手紙を送り、翌日の九月一日は逗子にいた。

その日は朝から天気がよくなかった。夜のうちから雨が降り風が強かった。いつもまったく平穏な湾内は小さな白波で湧き立っていた。海岸の反対側の端では忙しく働いている人がみえた。話にきくと自殺した若いカップルの遺体を水から引きあげたところだということだった。

午前中に天気はすっかりよくなった。ただ海はまだ荒れていた。私の子どもたちと、そのとき私の家に滞在していたフランスの同僚ポール・クローデルの娘は、この波のようすなら彼らの「サーフボード」が使えると判断した。サーフボードとは板のことで、これで波に乗って海岸までくるというハワイから日本に入ったスポーツである。私は彼らについていった。幸いなことに……。

十一時ころ、私たちは庭づたいに降りていき、小さな浜に出るコンクリートの階段の下でまず泳ぎはじめた。その階段からは、川口の広い海岸から仕切られた個人用の小さな浜に出ることができた。私たちはふだんそこで泳いでいたのである。半時間ほどたつと子どもたちは、泳いで川を渡り——上げ潮だったのである——、それから広い浜のほうへ「サーフィン」をやりにいった。私は彼らに気をつけるように言った。いつもと違って海岸には私たちのほかに、二、三人しか泳いでいなかったからである。あとになって私はその日が日本の古い暦によると二百十日にあたり、日本人が「厄日」と考えている日であることを知った！幸いにしてこの二百十日は毎年、一九二三年ほど厄日というわけではないのだが……。私のほうはしばらく九歳の末の息子と階段に上って坐って休んでいたが、充分気もちよくなったから、家にぼつぼつ帰ろうかと思っていた。

十一時四十五分ころ、神の摂理ともいうべき予感にかられて私は息子に、四人をあのままにしておけないから、彼らのところにいくと言った。息子もいっしょにくると言った。難なく川を渡って私たちは長女のギスレーヌとマリー・クローデルに追いついた。末っ子のジャンは兄とその家庭教師であるヴァルラヴェンス神父といっしょになるために少し先まで行った。

それから五分たった。私はマリー・クローデルに、きょうは潮の流れが速いから岸から遠くへ行ってはいけないと二度も三度も念を押しておいた。潮の流れが速いというのは正しくはなかった。しかしなぜかわからないが私には海の状態が気に入らなかった。海水のあるところはひどく熱く、あるところはとても冷たかったのである。波はあまりに低くてサーフィンには向かなかった。

すべてが崩れ落ちた！

突然、私はよろめいて眼がくらんだ。私は日射病にかかったか、めまいをおこしたのかと思った。そのとき「ああ！　たいへんよ！　流れが！」という恐怖にかられた叫びが耳に入った。おそろしい現実に気づくと私は少し先にいたマリーのそばにとんでゆき、ひきずるようにして岸につれ戻そうとした。泣くんじゃあない。泣いてもなんにもならない。他のものを「動揺させる」だけだ。私はそう彼女に言いつづけていた。

海岸と私たちのあいだに私の娘がいて右に左にうろたえながら恐怖の叫びをあげていた。そして私たちと同じように岸にたどり着こうと懸命になっていた。

震動で完全に流砂と化した砂といっしょに、水ははげしい力で私たちを後ろにひっぱろうとした。私たちは沖のほうへ「吸いとられる」というおそろしい感じをうけた。もはや波はなく、ただ奇怪な音をたてていた。おそらく水中で揺さぶられる砂の音だったのだろう。娘を見失わないようにするとともに、マリー・クローデルを元気づけながら私は岸のほうを見わたした。太陽はヴェールをかぶされたようで、どんよりと曇っていた。そのとき、ほとんどすべての丘が崩れて巨大な斜面がいっきにすべり落ちてくるのを見た。同時に、眼の前の家々の屋根がくさむらのなかに落ちたり、瓦が空中に舞いあがったりした。右のほうに眼を走らせて私は、私たちの家がまだ「くっついている」のを見たように思う……。

私はそのとき、恐ろしさでわなないているマリーに向かって、「これはものすごい地殻の変動なんだ。元気をお出し、もうすぐだ」と言ったことをおぼえている。

じっさい少しして私たちは息も絶えだえながら、この油断のならない危険な海から脱け出し、海岸にたどり着くことができた。海岸全体に無数の小さな亀裂が生じていた。サーフボードを小脇にかかえ、ジャンが死に物狂いでかけてきた。「他のものは?」と私は叫んだ。「フランソワと神父さんはつぶれた家の下敷きになった女の人を助けにいった」とジャンは言った。

私は息をついた。私たちは旅館〔養神亭と思われる。一九八四年まで営業〕の庭に入っていった。そのすべての建物は崩れ落ち、酔っぱらいのように揺れていた。泊まり客たちは外に出ていて非常に冷静だったが、腑抜けのようなようすをしていた。震動はまだはげしく、音をたてて続いていた。

私はふたりの子どもとマリーに、地盤の堅そうなその場所にじっとしているように、また他のふたりが来たらここに引きとめておくように、その間に家に急いで行ってくるから、と言いきかせた。私はいつもの出口がふさがってしまっていたので、くずれた木造の建物の下をくぐっていかなければならなかった。倒壊した屋根と壁のあいだの迷路をぐるぐると回って、やっと旅館の外に抜け出すと私は、その旅館の後にある富士見橋という橋からとびこんで川をわたり、ほぼ三百五十メートル離れた別荘にたどり着くことができた。途中、私の運転手にあったので、すぐに子どもたちのところへゆくように頼んだ。家に近づくと妻が日本人の小間使といっしょにいるのが見えた。妻はかけ寄ってきた。担架代わりの一枚の布の上に婦人をひとり乗せて四人の男が運んでいた。家の前の丘がくずれてけがをしたのだ。道は海のように波うっていた。電信柱がおそろしいほど揺れていた。「子どもたちは？」と妻は私を見るより早く叫んだ。

「みんな無事だ！」

「ああ、よかった。さあ、早く子どもたちのところへゆきましょう」

　私たちは彼らといっしょになるため、もと来た道を引き返した……。だが、家から八十メートルほど先の曲り角で、私たちは驚きのあまり立ちすくんだ。道と川口のあいだにある藪のしげったあたりから、なんと海水が湧きあがってきていたのだ！　巨人が片手で水鉢をひっくり返したように、入江の水は地上にあふれ、おしとどめようもない、はげしい流れの泥水となって、道に家に襲いかかり、川をすさまじい勢いで逆流させていたのである。[*2]

お子さま方はご無事です

　一瞬呆然となった……。それから、絶えがたいほど苦痛にみちた叫びがきこえた。「高波よ！　子どもたちが呑まれてしまった！　渡らなくちゃあ！　ああ、なんてことに……」。妻は水にとびこもうとした……。私は一所懸命になって彼女をおさえ、落ち着くように言い——そのくせ私はちっとも冷静ではなかったのだが！——危険なことがわかりきっているこの道を通ることが狂気の沙汰であることをわからせ、子どもたちのところまで水はきていないと断言し、私は別な道を知っていると言った。……妻はやっと言うことをきき、小間使につれられて竹林のある小高い丘のほうに歩いていった。避難者たちが近くの庭から口々に「山へ！　山へ！」と叫びながら出てきた。

　私はいつかの晩通ったことのある小道をまっしぐらに進んで行った。その道は海と向かいあう道路からは遠く、それより少し高い庭のあいだをくねくねと曲り、富士見橋のほぼ正面で川に達した。

半分倒壊した別荘の割れた瓦やガラスがその小道に散乱していて、ほとんど通れないほどだった。広い道路の近くでは、水はその小道にまであふれていたのだが、いまはその水も引きはじめ、私は橋に着くことができた……。橋とは言ったがむしろそれは、私がたかだか五分前に渡ってきた場所といったほうがいいだろう。もう橋もなければ舟もなかった。波がみんなさらっていってしまったのだ。道の上や庭のなかに舟があるのを私は見た。しかし水はすでに急速に引いて、道筋がわかるようになっていた。向う岸では、旅館のつぶれた屋根の上に数人の人が腰をおろしていた。それを見て私は子どものことを聞こうとして大声をはりあげたが、彼らには聞こえなかった。あるいは私のことばがわからなかったのかもしれない。しだいに不安がつのってきた。このとき、家の使用人のひとりが私のところにきて、やっと彼らにわからせることができた。向う岸からひとりの男が叫んだ。「大丈夫！」。そのうち若い日本人が近づいて英語で私に話しかけた。「私は旅館の副支配人ですが、お子さま方はご無事です」。それから、日本でよく使われるきまり文句にしたがってこうつけ加えた。「私がお引きうけいたします」。まだ完全に安心とまではいかなかったが、私はとりあえず使用人を竹林のほうへやり、妻にこの吉報を伝えさせたのである。

その直後、私は川の少し上流の対岸の庭になにか変わった動きを見た。ひとりの男が海のほうへ波にゆられて流れてゆく一隻の舟を途中で止めていた。それは私の運転手であった。三人の子どもと、マリー・クローデル、それにヴァルラヴェンス神父が舟にとび乗るのが見えた。そして運転手が棒でその舟をあやつりながら、こちらの岸に漕いできた。

速い流れの向こうで、人びとが恐怖の表情を浮かべながら、ふたたび逃げ出すのが見えた。私は、海岸のほうに眼をやった。海の水ははるか沖合まで引いてしまっていた。湾は空っぽになったように見え、その光景はなにか暗いおそろしい感じを与えた。また津波が襲ってくるに違いなかった。[*3]

そのとき、それぞれに

私たちは竹林まで全速力で走った。そこでは妻が人目に立つほど興奮して子どもたちを迎えた。余震は相変わらず続いていた。竹の根は強くて長く、網のように這っているので、そのあたりの地盤はとても堅くなる。そこで地震のとき竹やぶが最上の避難所と考えられているのである。

仮の、しかし絵のように景色のよい宿営地がつくられていた。二、三の日本人家庭がむしろをもってそこに落ち着き、車座になって話をしていた。私たちの別荘の持主である英国人夫妻と、週末のお客もそこにいた。彼らのいた家も私たちの家と同様、地震からは無事だったが、しかし津波が一階までおしよせ、そこにあったものをすべてひっくり返してしまった。

午後二時すぎに葉山の警察署長からの使いが私たちのようすを見にきた。彼は、葉山の御用邸がひどい損害をうけたと語った。摂政宮殿下は前日か前々日にそこから東京に帰られていた。それは男爵加藤元帥［友三郎《ともさぶろう》。首相］の死によっておこった内閣の危機のためであった。それから私はこの親切な使いを出してくれた警察署長の息子が津波に呑まれてしまったことを知った。

私たちは使用人たちが別荘のなかから探し出してきてくれた果物やビスケットを食べた。彼らはまた私たちの着換えのための着物や履物を運んできた。なにしろ私たちはずっと水着を着たままで、しかも裸足だったのである。ガラスの破片の上を走ったため足が傷だらけで、私は当分、靴がはけなかった。

私たちはお互いにこの思いがけないできごとについて語りあった。私の妻は別荘の二階で手紙を書いているときに揺れがきた。最初の衝撃では彼女は動かなかった。ふつうの地震だと思ったのである。しかし、たちまちおそろしい音がおこり、すさまじい揺れがきて家が根こそぎになってしまうかと思われた。その音は主に付近の土地が崩れておこったものだったが妻は自分の家が倒れていると思ったのである。彼女は急いで階段のところに走っていった。階下では使用人たちが大声で彼女を呼んでいた。揺れがひどくて階段を降りるのは無理だった。階段に坐ってそのまますべり降りるよりしかたがなかった。家の外に出ると、ひとりの婦人が地崩れのためなかば下敷きになっているのを見た。妻は彼女を救おうと一所懸命になった。私が妻をみとめたのはこのときだった……。

私の三人の子どもたちについて言えば、私が旅館の庭で彼らと別れてから、舟で川を渡るまで、英国人のいう、おそろしい「experience」（体験）をしたのである。

私が去ったあと運転手が、彼らのところに着いたが、まさにそのとき津波のため海水が庭の高さまで上がってきた。上の娘が最初にそれに気づいた。マリー・クローデルと息子ふたり、ヴァルラヴェンス神父それに運転手の一団は長女といっしょに海を背にして逃げ出した。すると旅館の周囲にめぐらされた二メートルもある木の塀につきあたった。彼らはたちまちそれを乗り越えた。このとき娘は自分が乗り越える前に下の弟を塀のてっぺんに押しあげてやった。このあいだにも、あたりは激しく揺れていた。それから、すでに海水が流れていたくぼんだ小道を通って川沿いのある庭にたどり着いた。それは富士見橋から、かれこれ百メートル上流の地点だった。その庭はかなり高く、松の木の生えた砂丘の上にあった。そこで子どもたちは休んだ。彼らといっしょに、旅館のたくさんの日本人も集まってきた。水は猛り狂い、川は逆流していた。子どもたちは恐怖におののきながら、橋がその土台からもぎとられ、小舟やヨットに交じって流されるのを見た。その小舟やヨットは水流によって道や庭の上を押し流されてきたのだ！　幸いなことに子どもたちのいる高台は水面より高く、波はまわりまで来たが、上までかぶさるということはなかった。恐怖の数分間、その光景は、生き残った人びとの記憶にしばしばよみがえり、つきまとうことだろう。

鎌倉のほとんどが……

午後のうちに、使用人のひとりが東京へ徒歩で出発した。彼には大使館の秘書あての手紙を託したが、それにはただちにブリュッセルに電報を打ち、私たちが無事であることを知らせるよう指示してあった。使いのものは二日の夕刻、東京に着き、電報は三日の朝、東京の北約百キロのところにある軽井沢《かるいざわ》へ行くヨーロッパ人に渡された。軽井沢から神戸にこの電文が打たれたのは四日であった。神戸総領事は、その日のうちにブリュッセルに打電した。こうして五日の夕方には外務大臣も私たちの家族も、私たちが全員無事であることを知ったのである。

四時半ごろ、私は危険をおかして別荘を調べにいった。葉山に向かう道をはさむふたつの丘からすべり落ちてきた岩や木や土が、一方は家の前の道路まで、一方は家の裏庭百メートルほどのところまできて止まっていた。葉山へ行く道は完全にふさがれてしまったが、すでに徒歩の人や自転車に乗った人が土砂崩れの上を通っていて、そこに通り道がつくられていた。

一かたまりの岩がとんできて、正面に突き出ている台所の戸棚をはげしく打ってこれを壊し、なかの食器をめちゃくちゃにしてしまっていた。これを別にすれば、家はほとんど無事であった。ただ壁からはがされた漆喰《しっくい》が、玄関や部屋を埋めつくし、家具はすべてひっくりかえされていた。とりわけ書棚はひどく、そこにつまっていた本が、どの部屋にも散らばっているのだった。蓄音機も完全にひっくりかえったが、なんと蓋が下になり、脚は天井を向いていた！　花瓶の破片が到るところに少しずつ見られたが、驚いたことに窓はきちんとしていたし、屋根の瓦は一枚も落ちなかったのである。

私は二階で手早く衣類をまとめ、それを背負って下に降り、玄関をくぐって外に出た。それから家族のところに戻ったが、その途中、横浜の方角の地平線一帯に広がっている黒いいやな雲を見た。私は最初嵐がくるのかと思ったが、ちょうどそのとき、葉山に歩いて帰る途中のアメリカ人のゲーリー氏とノルウェー人にであった。彼らはいろいろなニュースを得ていた。それによると地震で全壊した横浜はいま、火の海だった！　横須賀も燃えていた。私が雲だと思ったのは火事で生じた濛々《もうもう》たる煙だったのである。

やがて日が暮れると、その煙はおそろしげな真紅の色をみせて輝いていた。しかも鎌倉のほうにも同じような光景が眼に入った。鎌倉の町半分が火災によって焼失したのである。

私たちは竹のあいだの地面にじかにマットを置いて横になった。どうにかこうにか蚊帳《かや》をいくつか木にかけて吊り、私たちも隣人の外国人や日本人もそのなかで寝ることができた。しかしけっきょく、眠ることはできなかった。はげしい地震が一晩中、竹や蚊帳やそのなかにいる私たちを揺さぶりつづけたからである。その揺れがくる前には必ず、きわめて不気味などどろくような音が地中からおこり、そのため夜中の静けさが、いっそう、恐怖をそそるのであった。

明けがたになって雨がぱらついてきたが、夜中はほとんど月が出ていて、東京や横浜のおそろしい苦悶《くもん》の光景を、その平和な光りで照らしているのだった。

一夜明けて

九月二日、私たちは暗いうちに起床した。

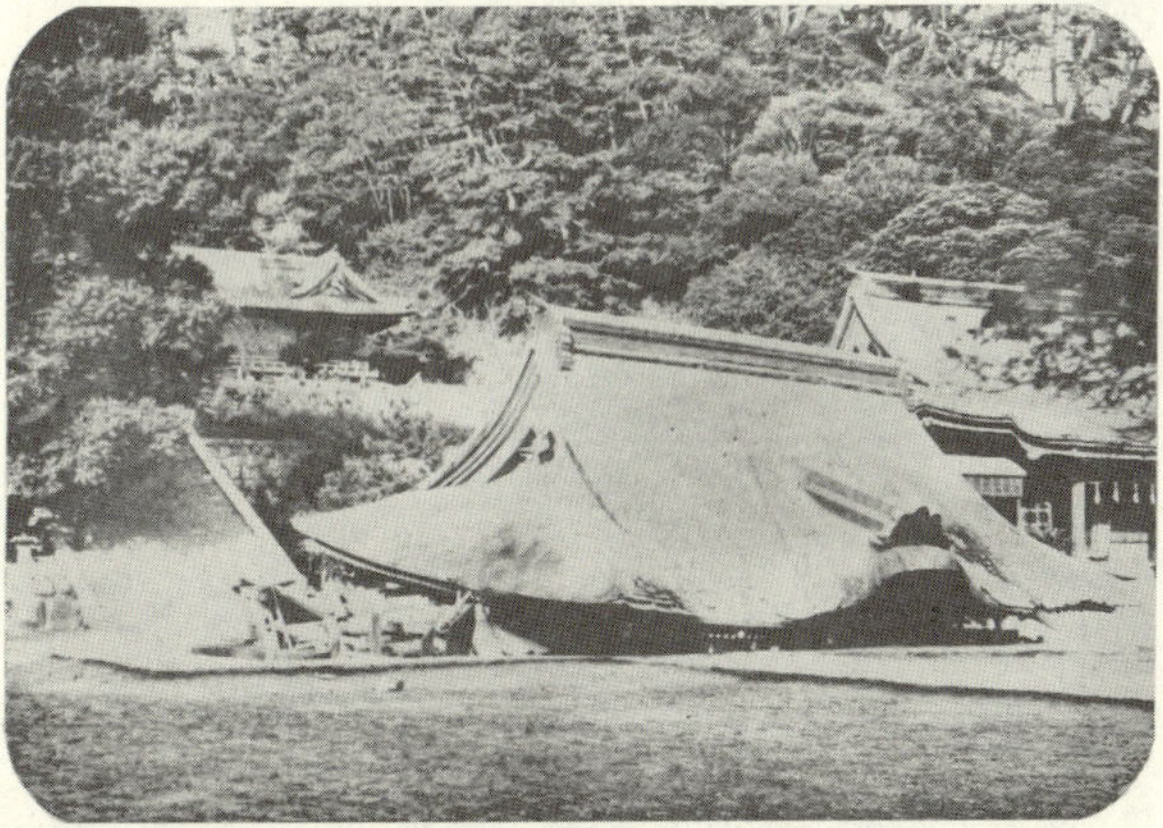

倒壊した鎌倉の鶴岡八幡宮の舞殿（『大正震災志写真帖』より）

まだ興奮のさめきらぬ、ひとりのアメリカ人が一昼夜歩きつづけて横浜からやってきた。彼は私たちに横浜壊滅の驚くべき詳報をいくつか伝えてくれた。私たちの知っているアメリカ人の多くが非業の死をとげていた。他の者もみんな行方不明だったり、メサジュリー海運会社の〈アンドレ・ルボン〉号と〈エンプレス・オブ・カナダ〉号に避難したりしていた。この二隻の船は港いっぱい広がった石油による火災からかろうじて難を免れたのである。あらゆる交通機関が切断されていた。鉄道は破壊されてしまった。しかも徒歩で東京まで行くのはたいへん困難である。

憂慮すべき噂が、周囲の日本人のあいだに広まっていた。正午ごろに津波が押し寄せて、ふたたび災害がおこる、というのである……。

それにもかかわらず、太陽を見て私は安心

し、こんどは私が私の太陽たちを安心させようと努めていた。

私はそんな噂を信じなかった。そのうえ、私たちは竹林のなかにいるから安全なのだ！二番目の娘は当時、［日光《にっこう》］中禅寺《ちゅうぜんじ》にクローデル家の人びととといっしょに滞在していた。そこは東京から北東百五十キロの山中にある。そこでなにがおこっているかは知るすべもなかったが、地震の影響がそこまで及んでいるとはほとんど信じられなかった。それからじきに私たちは、じっさいに、東京の北あるいは東には災害地域が拡がっていないことを知った。しかし中禅寺の娘や友人から直接の知らせを受けとったのは、それから十日もたってからであった……。

朝の九時ごろ、私は別荘へ行き、二階からひげ剃りに必要なものをとり、入口の前の道で洗面にとりかかり、たまに通りがかる通行人にちょっとした気晴らしを与えたのである！通行人のなかにゲーリー氏と仲間のノルウェー人がいた。彼らは葉山から歩いて、ひとりは横浜へ、もうひとりは東京へ行くところだと言った。私は大急ぎでベルギー大使館の通訳にあてて手紙を書き、それをノルウェー人に託した。その手紙に私は、私の傷からみて、歩いて東京へは行けないから、行けるようになる前にさしあたって正確な情報がほしいと書いた。

私たちは正午に、竹林のなかで簡単な昼食をすませた。もうあらたに災害がおこるということはなかったが、それでもはげしい揺れが不規則な間をおいては地面や木や電柱をゆさぶっていた。その電柱の何本かはきのうのうちに倒れていた。午後のうちに揺れが少なくなり、はげしさも衰えてきた。

流言蜚語

東京からの避難者が通りはじめるようになった。彼らは横浜方面からきて、葉山のほうへ向かっていった。彼らの話によると東京は火災のためにほとんど完全に壊滅したという……。同時にいやな風説が広まっていた。それは新しい危険についてで、悪い朝鮮人が徒党を組んで徘徊《はいかい》し、放火や略奪や殺人をしているというのである。刑務所が壊れてしまったから、この噂にもなにか根拠があるだろうとは思ったものの、私はすぐに罹災《りさい》者たちが興奮のあまり想像を飛躍させてすべてを誇張しているのだと考えた。私は世界大戦の初期にブリュッセルでおきたいくつかの事件を思い出していた。たとえば井戸に毒を入れたのではないかという恐れから生じた数々の恐慌を。末の息子は日本人の言うことを鵜呑みにしていたが、彼を除いて私たちはこの「朝鮮人の暴動」のことをあまり気にしていなかった。それでも私たちはずいぶん長い間、夜は見張りを立てることにしていた。各人が（息子、家庭教師、使用人と私）交代で、家の前で警戒にあたった。ブローニング一丁と灯りをもって！

さらに逗子警察のふたりの警官によって町の消防団員による自警団が組織され、これが毎晩規則的に夜警にあたった。私たちのところではこれといった事件はおこらなかった。しかし東京の北の埼玉県――ここは地震による被害はそれほどでなく、東京から何十万人という避難者が押しかけてきていた――では、自発的に自警にあたっていた青年たちがたいへんなあやまちを犯したのである。ほとんど無抵抗だった数百人の朝鮮人をはじめ、シナ人、それに日本人さえもが、悪事をはたらいたという疑いで、九月三、四、五日にわたって大量に虐殺されたのである。

横須賀炎上

大地震の翌日にはすでに私たちは、運送のいっさいの手段が断たれたいま、生活必需品の補給が問題になるだろうと考えていた。私たちはいくらかの必需品を買い入れた。近くの日本人が私たちを援助してくれた。卵や鶏、缶詰を自分たちの貯え分を割いてもってきてくれたり、私たちのほしいものを買ってきてくれたりしたのである。同じ運命をわかちあわねばならなかった外国人にたいする住民の心づかいやその親切さは、到るところではっきりとわかった。それは、一九二三年九月の、あのおそろしい数日間の不安と恐怖におののいた思い出を償ってあまりある、心をうつ美しい思い出として回想される。

夕方近く、ここから直線にして十数キロの地点にある海軍工廠の町横須賀の火災が、猛烈な勢いで拡大しているという知らせが入った。すでに町全体が燃えあがり、石油タンクの火が、軍港に隣接する大弾薬庫に燃え移るのではないかというおそれがおこっていた。日本人に言わせると大爆発がおこれば逗子でまだ残っている家々もすっかり倒壊するだろうとのことだった。これもまた恐怖がなせる誇張のひとつである。弾薬庫が吹きとんだ場合、私たちと横須賀工廠のあいだにはかなり高い山々が密集していることをあてにできるのではないか。だが私にもその山々をおおう松林に火が移ったらという心配がないわけではなかった……。

震動の回数も夕方ころには減ったので私たちは、思いきって別荘の食堂で食事をとり、その玄関の広間で寝た。このときはドアは開け放ち、服は着たままで、揺れがきたら、いつでも道にとび出せる用意をしておいた。じっさい、私たちは夜のあいだに、二、三度外にとび出したのである。

避難者の列はとだえることがなかった

九月三日、妻子を東京に残してきた使用人のふたりが、東京に戻って家族のことを調べたいと言ってきた。彼らは家族が無事であることがわかったら、すぐに戻るか、あるいは別の者をよこすと約束した。私はこの申し出を許すしかなかった。勇敢なこのふたりに、私はふたたび伝言をもたせた。彼らは災害のあとの苦しいときに、献身的に働きつづけてくれたのである。

きのうと同じように、この日も横浜や東京からの避難者がもってきた情報や噂を聞き集めてすごした。避難者の列はとだえることがなかった。彼らはほとんどなにも入っていないカバンをひとつ手にもって、三浦半島の村へ向かっていた。そこにいる親戚や知人を頼っていくのである。

午前中にフランス大使館の書記官夫人シャイヨ夫人が鎌倉からひとりで歩いてきた。彼女は私たちの消息を知るとともに、私たちが東京からなにか情報を得ていないかを確かめにきたのであった。東京にいる彼女の夫からは生存を知らせるなんの連絡もなかったのである。夫人が子どもと住んでいた別荘は、裏手にある山が崩れてひどい損害をこうむった。彼女はそれほど被害をうけていない近くの日本人の家に避難していた。シャイヨ夫人は落ち着いていた。そしてヴァルラヴェンス神父につきそわれて戻っていった。私たちはなんの情報も与えられず、ただ彼女を励ますことしかできなかった。

午後、どしゃぶりの雨があがってから、ふたりの息子をつれて集落のほうへ行ってみた。私たちはそのあまりにひどいありさまに仰天した。ほとんど例外なく、すべての家が谷あいの低地にくずれ落ちていた。屋根は地上に散在していたが、家の木の柱が一本だけしっかりと立っていたことから、たいていはその一角がめくれあがっていた。このことは、数分間か数時間家の下敷きになっていた人の多くが、その残骸の下から抜け出せたことを示している。大通りはすっかり塞がって、通るのに建物の残骸を乗り越えねばならないほどだった。しかし、やっと一メートルほどしかない小道ができはじめていた。

私たちは警察署長が手に鉛筆と紙をもち、ひとりの村人といっしょにくるのにであった。犠牲者の調書をつくっているのだった。すでに三十以上の遺体を発見したと彼らは語った。それから数日後私は、死者の数が逗子だけで七十一人に達したことを知った。

私たちが別荘に戻ろうとして、こわれた木の橋を渡ろうとしたとき、強い地震がおこった。その揺れは三回におよび、家々の残骸や道路そのものまで震動させた。そのあと大急ぎで私たちは橋を渡ったが、その橋の丸みは、両岸が近づいて川が狭くなったのと、両端の橋の脚が寄ってきてしまったのが原因で、すっかり鋭くとがってしまっていた。それから二、三日後、自動車が通れるようになった。もっともそれは土嚢《どのう》でつくった橋げたを支《か》い、梁をわたし、両方の傾斜をやわらげただけのものであった。

クローデル親娘

私たちが五時ごろ戻ると、こんどは妻と娘が出かけた。ふたりが道にでるとすぐ、帽子もかぶらず、ぼろぼろの服を着たふたりのヨーロッパ人が、へとへとに疲れたようすでやってくるのを見た。それはクローデル氏と、横浜のフランス領事館の副領事シュヴァリエ氏であった。彼らは午前中に横浜を出発し、雨が降ったり太陽が照りつけたりするなかを、途中果物を少し食べただけで、ずっと歩きつづけてきたのである。

フランス大使は九月一日東京で、逗子の町全体が津波に襲われたことを聞き、娘が私たちの家族もろとも死んだのではないかと思い、気が狂ったようになってとび出した。無事に助かった娘に再会できたときの彼の喜びようを想像されたい。クローデル氏が東京を去ったときには、彼の大使館は危険を脱したようにみえていた。火ははじめ大使館の近くまできたが、それから方向を変えたからである。しかし、そのあとで大使は、ふたたび戻ってきた焔によって、一日から二日にかけての夜間、それが完全に焼失してしまったのを知ったのである。

クローデル氏は午後四時に自動車で出発しベルギー大使館の前を通った。彼の話では、ベルギー大使館も焼けてしまったにちがいないとのことだった。なぜならこのとき、焔が急速に近づいてきていたからである。彼は大使館の職員たちが家具や文書を庭に運び出しているのを見たと言った。

東京を出るとすぐクローデル氏は、道路のあまりにひどい状態に、自動車を乗り捨てなければならなかった。大使館空軍武官テッツ司令をともなって彼は歩きつづけ、夕刻、火に包まれた横浜の前まで来た。その夜は市内に入る手前の線路の土手の下ですごした。そして、およそ何人《なんぴと》も目撃したことのないほど広範囲に燃えひろがっている、すさまじい大火のありさまを目《ま》のあたりにしたのである。

朝、まだ燃えつづけている焼け跡を通って波止場に着くことができた。その焼け跡には痛々しく焼けただれた死骸でいっぱいの、黒こげの電車があった……。

彼は〈アンドレ・ルボン〉号に乗船した。そこで彼はフランス総領事をはじめ多くの人の死を知ったのである。午後、数人の同国人といっしょにデ・ダルジャン氏の遺体を総領事館の敷地に埋葬した。それから彼は〈アンドレ・ルボン〉号に宿泊し、フランス人罹災者にたいする最初の救援隊を組織した。船上にはベルギー領事代理のロンヴォー氏と夫人がいた。彼らは、命拾いはしたが、もちものはすべて失ってしまっていた。それはだれでも同じことだった。親しいものをひとりでもあとに残さず難をのがれたとなれば、幸福といわねばならない。クローデル氏は、その家族と私の次女がいる中禅寺から、なんの知らせも受けとっていなかった。しかし東京では、地震の災害はその地方にまでは及んでいないといわれていた。

（上）ポール・クローデル仏大使夫妻と令嬢（向かって左から）
（下）ヴィルヘルム・ゾルフ独大使

クローデル親娘とシュヴァリエ氏は、その夜私たちといっしょに別荘の一階ですごしたが、九月四日の午後、徒歩で、焼けつくような太陽の下を横浜に向かって出発した。大使は娘を〈アンドレ・ルボン〉号に乗せ、自分はそれから東京に行こうと思っていた。メイソンという葉山の英国人が、父の消息を知るために彼らに同道した。[*4] 二時に、この四人は帰途についたが、暑さのためにひどく参ってしまった。彼らが逗子と、横浜へ向かう最初の通過地鎌倉とのあいだのある地点で、ひとりのアメリカ人（サミュエル・サミュエル商会のカー氏）にであった。彼は横浜の英米救済委員会から派遣され、相模湾の沿岸地方に在住する白人たちのところへ急行するところだった。彼らに、その日の夜、沿岸沿いにアメリカ船が一隻きて、横浜まで、あるいはさらにヨーロッパやアメリカに行く希望のある罹災者を乗船させる、という知らせを伝えるためである。それを聞いて四人はその船を利用しようと思って引き返すことにした。だがその晩、船は来なかった（じっさいにその船が逗子の沖合にあらわれたのは七日になってからだった）。

ベルギー大使館は焼け残った

午後、外務省の役人がひとり別荘にやってきた。彼は鎌倉、葉山、逗子その他の地をまわり、これらの地方に点々と在住している外国の外交官（鎌倉に住むドイツ大使ゾルフ氏、葉山に住むブラジル公使シェルモン氏）に、九月五日以降、横浜経由で横須賀、東京間に船を就航させるということを知らせて歩いているのだった。帝国海軍の駆逐艦が日に二回、運航にあたることになっていた。最初の出発は明日、午前七時に横須賀からということだった。

この新しい見とおしを前にクローデル氏はこの駆逐艦を利用することに決め、五日の朝三時に娘とシュヴァリエ氏をともなって出発し、山越えに横須賀へ（十二キロから十五キロある）向かった。私たちは彼らの道中の無事を祈り、それからまた寝なおした。

朝の七時ごろシェルモン夫妻が葉山から着いた。彼らは九時に着くはずだという英国船に乗るつもりであった。しかし彼らは、昨日のクローデル氏と同様、待ちぼうけを食ってしまい、私たちといっしょに食事をした。

正午、私はやっと東京からのニュースを受けとった。三日に逗子を発った家の料理人がもってきてくれたもので、大使館の書記官ロヒト氏と信頼すべき日本人通訳飯高氏からの手紙である。

希望を与えてくれるひともなかったわけではないが、避難者の多くはベルギー大使館が焼失してしまったと断言していた。だが、いまこそ私たちははっきりとそれが地震からも火災からも難を免れて残っていることを知った。火は中国公使館を含めて附近の建物を焼き尽くしたのち、夕方の六時ごろ急に風向きが変わって、方向を変えたのである。私はすぐに、翌日駆逐艦に乗って東京へ行こうと決心した。午後私は日本語の得意な次男をつれて駅へ行った。そこには海軍将校の詰所があった。というのは前日から逗子は横須賀鎮守府《ちんじゅふ》の管轄下におかれていたからである。将校たちは私にあらゆる情報を教えてくれたうえ、私の足の傷がまだひどいのを見て、横須賀まで送らせると申し出てくれた。しかし私は友人の自転車を借りることに決めた。

東京湾縦断

翌九月六日の朝六時に、私は料理人といっしょに自転車で出発した。私たちは一時間たらずで横須賀の郊外にある田浦《たうら》に着いた。その日の暑さは口では言えないほどきつかった。道は谷間を通る鉄道に沿っていたが、その谷間は袋小路になって一円の丘に達していた。東京湾沿いに田浦に行くためには、この障害を乗り越えねばならなかった。鉄道にはトンネルがあるが、道のほうは丘のふもとで曲がりくねって、遠まわりになっている。だがその道も地震のため通行不能になっていた。ただ線路と平行に一本の細い道があった。それは、かろうじて荷車（あるいは人力車）が一台通れる広さのトンネルを二つ通って田浦に通じていた。トンネルに入る坂が急で、私は自転車を押して歩いた。そこで私は一団の人びとを追い越した。それは暑さですっかり参っているドイツ大使ゾルフ氏、同書記官コルプ氏、それにロシアの芸術家チェルミッセノフ嬢であった。彼らは鎌倉から歩いてきて、まだ朝の七時だというのに、その暑さで弱りはてていた。

十時、私は幾人かの乗客といっしょに一隻の曳船に乗って田浦から東京へ向かった。一方、さきの一団はランチに乗り、定期の駆逐艦に乗船するため横須賀へ行った。曳船に乗れたのは私の「幸運」だった。

東京湾縦断は、もしこの曳船にもう少し日光をさえぎる設備があったら、お天気もよかったことだし、おそらく快適な舟路となったろう。だが、この縦断はその光景の痛ましさのため、感慨無量なものであった。私たちは横浜の沖合はるかを通過したため、ただ黒っぽい線になっているその廃墟をよく見ることはできなかったが、港がこの不幸な町を救うために集まってきた船でいっぱいになっていることはよくわかった。

東京近くの港には、そこに向かう汽船が入り乱れていた。水平線の到るところに汽船の煙が動いているのが見えた。貨物船、英、米、日の軍艦、すべてが、あのすさまじい試練にあった東京市民の救出に向かっているのである。港の近くに焼け焦げた木材が大量に漂流していたが、私はそのひとつの上に、波のまにまに漂っている裸のむくんだ死体を見た……。

一九二三年には東京はまとまりのない、浅い港をひとつもっているだけだった。大きな軍艦や貨物船は、封建時代の古い砦［お台場］をもつ一連の小島の外側に碇泊していた。そのなかの二つの小島のあいだに水路があって、トン数の少ない船はそれを通って芝浦《しばうら》とよばれる区域にある岸に近づくことができた。そこには波止場はなかったが、はしけで上陸することはできた。

私たちの小さな曳船は、芝浦と、沖合二、三キロに投錨している船のあいだを往復するはしけがごった返しているなかに錨《いかり》をおろした。

みな、献身的だった

一時半に上陸すると、私は自転車で荒廃した芝の町を通り抜けた。まだ隅田川方面の焼け跡に煙がみえたが、町にはたくさんの人びとが行き交っていた。わずかばかりの衣類をもって東京から出ようとする人もあり、東京に住む近親者の消息を求めて全国からかけつけてきた人もあった。人びとは、みな平静で親切で、ほほえみまで浮かべていた。テントや、ブリキや木で造った小屋が廃墟の到るところに建てられていた。家々が完全に倒れてしまったため、太陽が道に照りつけ、かつては建物でかくされていた丘がよく見えた。軍の将校やパトロールが徒歩や馬に乗って十字路に立っているのがずっと遠くから見わけられた。途中、私は果物をいくつか買い、露天で熱い湯をいっぱい飲んだ。大使館に近づくにつれ私は興奮してきた。すぐ近くの地域が火災を免れているのがわかった。しかし庭の塀や家屋はすべて地震による傷あとを残していた。

大使館の周囲の柵に番兵がひとりいた。少なくとも一見したかぎりでは大使館はほとんど無傷であった。庭は避難者でいっぱいだった。彼らは木の下や、簡単な小屋のなかに寝泊まりしていた。彼らの衣類があちらこちらに積まれていた。家のなかには飯高氏と聖路加病院の看護婦であるベルギー人のパルマンティエ嬢がいた。すぐあとで書記官のロヒト氏が戻ってきた。彼は朝汽船で横浜へ行き、九月一日に、他の幾人かの同僚とともに焼死した一ベルギー人修道女の死を確かめたのであった。

私はみんなと生きて会えたことを喜び、また彼らが国家の建物や家具、それに私たちの財産まで献身的に守ってくれたことに心からの感謝を述べた。大事なものはすべて、一日の午後、梱包《こんぽう》して庭にもち出されていた。火の手が近づいて大使館に類焼する恐れがあったからである。夕方六時ごろに幸いにも風向きが変わった。しかし一時間か二時間のあいだ、火の粉が雨のように屋根に降りつづいた。一時の休みもなく徹夜で火の粉を払い、バケツの水を何杯もかけて大火事になるのを防がなければならなかった。数人の兵士たちが家のものの手助けをしてくれ、書記官や通訳、それにパルマンティエ嬢が彼らを指揮し励ました。

その夕刻、パルマンティエ嬢はやっとのことで病院に戻った。そこはすでに火の海になっていた。彼女はそこで火に囲まれながら恐怖の一夜を、動かせない重体の患者を世話し、激励してすごした。その患者たちは昼間避難させられなかった人たちで、やむなく彼らを庭に新しく建築中だった建物の水びたしになっているコンクリートの土台のなかにおろさねばならなかった。夜の十一時から朝の三時まで事態は最悪であった。火があまりに接近し、水が熱くなりはじめ、煙や火の粉で呼吸が困難になったのである。ふとんをたえず水に浸し、それをかぶって身を守りながら、みんななんとか朝まで生きのびた。誰もこのかまどのなかから生きて出られようとは思わなかった。チフスにかかっていたひとりの日本人の婦人はパルマンティエ嬢の膝の上に横になっていた。なんとも信じられないことだが、彼女はそれからすぐに治ったのである……。

私は大使館の一階の廊下に寝た。

不安な五ヵ月間

九月七日に私は朝から外務省に出向いた。庭にテントを張って、その下で役人たちが仕事をしていた。守衛のひとりを除いて、他はみな命に別状はなかったが、いちばん主要な建物はかなりひどく壊れていた。私は外務次官の田中《たなか》［都吉《ときち》］氏［のち駐ソ大使］にお悔みのことばと、兵隊を出してわが国の大使館を守り、職員らに食糧の補給をしていただいたことにたいする感謝の意を伝えた。私たちのところに、陸軍省、外務省、さらに皇室からの配慮で、米や小麦粉の包み、ぶどう酒、いろいろな缶詰がいくつも送られてきていたのである。

午後三時、同僚のある人びとによって表明された希望にもとづき、外交団の会合がベルギー大使館で開かれた。そこで事態の検討がなされた。あるものは首府を東京から京都に移したほうがいいという希望を述べた。ひとつ、ふたつを除いて、すべての大使館、公使館が破壊されており、館員たちは幸いに焼け残った帝国ホテルに住んでいた。

その会合が終わってから私はイタリア大使のデ・マルティーノ氏といっしょに、自動車で銀座と他の廃墟と化した町を見に行った。私はドイツ軍が通過したあとのテルモンドとルーヴァンの荒廃の——規模をさらに大きくした——印象をもった。

七日と八日の夜は大使館のベランダに寝た。夜中に非常にはげしい地震が数回おこって、私はその度に家から飛び出した。そのうちの一回は数分間続いた。その間私は庭で家が揺れるのを見たが、その窓ガラスはひどい音をたてて震動していた。

八日の朝九時に私は運転手といっしょに芝浦から駆逐艦二号に乗りこみ、二時間たらずで横須賀に着いた。そこから田浦までは小艇で、さらに逗子までは自動車で行き、一時半に昼食をとった。

私の家族は十月なかばまで逗子に滞在した。鉄道が数週間たってやっと開通したので、その前に東京へ荷物を送り返すことができなかったのである。そのうえ、東京に疫病が流行する恐れがあったので――その恐れはじっさいには無用のものになったが――私たちは急いで帰ることはないと考えた。私はこうして六週間待つ間に、ひとりで数回海路東京へ行った。

さらに五ヵ月間、私たちはなお絶え間ない不安のうちに暮した。はじめのころは日に数百回も震動がおこっていた。それからその回数は減っていった。満月のたびに震動は頻度とはげしさを増した。一九二四年一月十五日の早朝に、強い揺れを感じた。[*5] そのあと二週間はなんどもはげしい地震がおこったが、二月になると事態は目にみえて好転していった。しかし東京の町がもとどおりに落ち着いたのは震災があって二年もたってのことだった……不安が消え去るということはなかったが。

一九二五年五月には地震の震源地が六百キロ西方に移ったように思えた。というのは、ちょうどこのとき、京都の西北にあたる日本海岸のふたつの小さな町が災害をうけ［但馬《たじま》地震、城崎《きのさき》（現・豊岡《とよおか》市）と豊岡が大きな被害を受けた］、さらに一九二七年には同じ地方の別な町がふたつ被害を受けたのである［北丹後《きたたんご》地震、宮津《みやづ》と峰山《みねやま》（現・京丹後《きょうたんご》市）に大きな被害］。

しかしながら、日本に住むと地震学者の次のような断定に、むしろ喜んで耳を傾けようとするものだ。彼らは、東京周辺は過去において七十五年たたないうちに次の大地震に見舞われるということはなかったと言うのである。みんなはそれが将来においても同じであろうと考えたいわけである。たぶん根拠はないであろうが、この確信のおかげで、東京に住めば、地球上の他のいかなる場所に住むよりも、ずっと死について考えることができるのである！

ベルギーからも救援

この大震災がおこってからの五ヵ月間は、神経の細かい人間にはおそろしい日々であった。日本の統計によれば、一九二三年の下四半期における発狂者の数は、ふつうのときの三倍に達したというのである。数回の地震がおこらずにすぎた日は一日としてなかった。なんの不安もなく眠れた日は稀であった。外国外交団の家族の大部分が日本を去った。十一月十一日には、東京の日比谷公園で、市主催による野外大集会が開催された。市長は各国の大公使に、彼らの国から罹災地域の住民に寄せられた援助にたいする感謝のことばを述べた。外交団の夫人、令嬢でこの集会に出席したのはわずか十数人にすぎなかった。しかもこれが東京に残った全員だったのである！　数多い日本人列席者の喝采のなかで、彼女ら一人ひとりにみごとな花輪が贈られたのであった。

現金、食料、衣類が世界各国から心あたたまる贈りものとして、日本に届いた。もとよりアメリカとイギリスから、もっとも莫大な救援がおくられてきた。しかし私は、わがベルギーが、この世界的連帯による大救援活動におくれをとらなかったといえることに、このうえない満足をおぼえるのである。私のもとに数百万フランの救援金、ラシャ木綿の布地が大量にわが国から送られ、私はそれを日本政府に引き渡したのである。ベルギーの払った努力は他のいかなる国に比べてもけっしてひけをとることはなかった。

それから数週間後、アルベール王はパルマンティエ嬢、私の妻、大使館の書記官および参事官にレオポルド勲章の騎士十字を授与された。そして私自身も順を越えて三等勲章受勲者《コマンドゥール》となった。

慰霊堂に展示された絵

一九二三年九月一日の東京で、私が『コレスポンダン』紙に書かなかったおそろしいできごとがおこっていた。午後、東京に出火した火災から逃れようとした多数の人びとが隅田川の東岸にある深川《ふかがわ》という下町で火に囲まれてしまった。そこに二ヘクタールほどの空地「被《ひ》服廠《ふくしょう》跡」があり、群衆はそこに避難しようとして殺到した。しかし降りしきる火の粉が衣類を載せた手押し車に燃え移り、三万二千人がこの悲劇的な土地で、黒焦げになり、あるいは窒息して死んだ「死者の数には諸説あり」。私はそれから一週間後に、この場所を訪れた。すでに遺体はすっかり集められ、白骨の山が五十もつくられていた。そのそばで大ぜいの人びとが祈ったり、むせび泣いたりしているのだった。その死の原を、何千という錆びつき、傷んだ自転車がとりまいていた……。

東京の再建にあたって市当局は、この深川の地に大震災によるあらゆる犠牲者の追悼のための慰霊堂と、災害の思い出の品々を集めた記念館「復興記念館」を建てることを決定した。

お堂のなかにセメントづくりの仏像を置いた……。それはなんと、犠牲者の遺灰でつくられたのだ！ 毎年の震災記念日には、神式と仏式によるおごそかな儀式が相次いでおこなわれ、私もそれに何回も参列した。

記念建造物全体は、ある庭［横網町《よこあみちょう》公園］のなかにあり、今日では観光客が訪れる主な名所のひとつとなり、また日本の民衆のための巡礼地となっている。記念館の一階には、グラフ、透視画のついた震災に関する多くの記念品が陳列され、二階には現場の目撃者の話をもとに、東京の火災と崩壊の光景をえがいた多くの絵が展示されている。

一枚の大きなパネルは、フランスに長く住んでいた著名な画家、有島《ありしま》［生馬《いくま》］氏の手になるもので、一九二三年九月一日の大震災を寓意的に総括している。そこに当時の首相山本《やまもと》［権兵衛《ごんのひょうえ》］海軍大将が軍服を着て、荒廃した光景の真ん中に立っている。私は大将の横に夏服の姿でえがかれている。それは「日本にたいする外国の援助」を具象するためであった。私は傍にいる日本の少女を励ましている姿勢をとっている。隣人であり友人である有島氏から、絵のこの部分のために彼の姪［皎子《きょうこ》］といっしょにポーズをとるように頼まれていたのだが、その結果、私の姿かたちは東京の博物館に残り、子々孫々まで伝えられることになったのだ……。友人が私の顔を見わけられるかどうか私には確信がない。といってもそれは画家の才能を批判するつもりではない。まったくのところ、画家には肖像画を描こうという意図などこれっぽっちもなかったのだから。

（上）有島生馬「大震災記念」（東京都復興記念館所蔵資料）
（下）上図のバッソンピエールが描かれた部分を拡大

＊1　アルベリック伯とエルネスト・ド・モンブラン伯は弟。この両伯爵は選択特権によってベルギー人となり、前者は王国の上院議員、後者は地方議員となった。シャルル伯は独身のまま亡くなり、インゲルミュンステルにあるモンブラン家の埋葬所に葬られている。
＊2　最初の震動から十分近く経過していたと思う。
＊3　じっさい、大波がもどってきた。しかし最初にくらべると問題にならない程度のものだった。
＊4　メイソン氏の父は横浜で亡くなっていた。
＊5　数週間後、『グラフィック』誌一月十九日号が東京に着いた。そのなかに驚くべき論文があった。英国天文台の所長モレル氏が地震について論じ、太陽と月の引力をその原因のひとつに数えていたのである。モレル氏は次のように言っている。彼の理論にもとづけば、一月の前半がその状態になるときであることがわかる。この期間に太陽と地球と月がお互いに接近する、しかもこれはかなり珍しい条件である。したがってこの間、太陽と月の引力が地球にたいしてもっとも強く働くのである。
　この記事は月のはじめに書かれ、ロンドンが十五日に東京でおこった地震を電報で知った直後の一月十九日に出版されている。『グラフィック』誌の刊行者はこの記事に前文を附して、寄稿者の洞察力を強調している。

第四章　最初の休暇と天皇の崩御（一九二五～一九二七年）

裕仁皇太子の成婚と排日移民法

一九二四年一月、摂政宮殿下のご結婚にさいし、私は国王から特命全権大使の資格で王の名代をつとめるよう命じられた。二十一日、赤坂離宮で謁見を許された私は、摂政宮殿下に王からの慶祝の親書と、ベルギー国家からの贈りものとしてヴァル・サン・ランベールの最高級のカップと、ご婚約者のためのブリュッセル・レースの引裾〔ゴブレ〕をお渡しした。ご婚儀は一月二十六日に内輪でおこなわれた。しかし国民の祝祭やレセプションは、東京が九月の地震で壊滅し、まだ騒然たる状況であったため、五月の終わりにあらためてとりおこなわれた。

皇室主催による大饗宴がいくつも開かれた。その最初は五月三十一日で、皇族、外交団首脳、宮中、政府、陸軍、海軍の高位高官が出席した。それに続いて外交団全員が招待されてレセプションが開催された。このレセプションには外国や日本のあらゆる地方から贈られた、すばらしい贈りものの数々が展示されて出席者の眼を奪った。

このころ、アメリカ議会は合衆国への外国移民規制法を決議した。白人諸国家は、実数は大幅に減少したものの、それ以前の移民数に応じてなお移民を送りつづけることはできたが、黄色人種は以後完全に排斥されることになった。この法は日本に深刻な動揺と、強い憤激を与え、従来アメリカ人にたいして日本人が抱いていた親愛と尊敬の情をいちじるしく傷つけた。ある日本人は東京のアメリカ大使館の庭で自殺し、はげしい抗議の意志を示した……。それにもかかわらず私は、アメリカ合衆国大統領自身が思いとどまらせようとしたこの議会の決定によって日本人の自尊心と誇りに与えられた傷の深さを、外国人にわからせることはできなかったと思う。

さらにそのうえ、いかなる憤激の結果も、直接には日米間の関係にあらわれてこなかった。日本は公的にはこの新しいアメリカの立法を、哲学者のように冷静に受けいれているようにみえたのである。

国王夫妻に日本の話をする

一九二四年七月のはじめ、私は三年余の最初の滞在を終えて日本を去った。家族といっしょに六ヵ月間のヨーロッパでの休暇を楽しむためである。私たちは八月のはじめにヨーロッパに着いた。数日間を私の義弟のコペ男爵がフランスのラン近くに最近求めたシャトー・ド・フールドレンですごし、その後ズートに一ヵ月滞在した。

十月、私は慣例にしたがって王から謁見を賜った。ついで私たちは上の子どもふたりとともに、ラーケン王宮で、内輪の晩餐に招待された。国王ご夫妻は、レオポルド、シャルル両王子、マリー・ジョゼ王女にとりまかれながら、きわめて打ちとけたごようすで私たちを迎えられた。王からのお望みによって私たちは日本の風景の写真や、とくに震災後自分で撮った写真のあるアルバムをいくつか持参した。王家の方々はこれらの風景や、私たちが日本で出会った思いがけないできごとの話にひどく興味をそそられたようであった。王妃はもっとくわしく見たいので、そのアルバムのいくつかをしばらく貸してほしいといわれた。王は私たちに、私たちが航海に利用した日本の汽船についていろいろと質問された。清潔さ、訓練、サーヴィスの観点で、日本の汽船は他のいかなる国のそれにもひけをとらないどころか、むしろ勝っていると私は答えた。

少々驚くべき表示

料理はおそらくフランスの商船なみであろうが、しかしそれはたいへん美味で、かつ変化に富んでいる。東京にはN・Y・K〔日本郵船会社〕の諸事務を扱う美しい大きな建物があるが、そのなかにフランス人コックが指導する料理学校が併設されていて、同会社の大西洋横断航路のコック長を養成している。船内では献立はふつうフランス語で書かれているが、これは日本の鉄道の食堂車でも同様である。

しかし、このフランス語は、さきに述べた横浜の英字看板のようにおもしろいことがある。日本からもちかえったいろいろなお土産のコレクションのなかに、一九二四年六月十六日付のヨーロッパ航路のある汽船のメニューがある。次のような少々驚くべき表示がそこにみられる。

一、Consommé Crôte au pot〔Crôte は côte《牛の骨入り》。それに crotte と綴れば糞の意になる〕

五、Jambon d'Ouest-Phalie au braisé〔Ouest-Phalie は Westphalie, au braisé は à la braise《とろ火で煮こんだ》の誤り〕

十三、Chralotte ananas à la Flamande〔Chralotte は charlotte の誤り。フラマン風パイナップル入り揚げパンとでもいう意味か?〕

東京から京都へ向かう急行で、あるとき日本を旅行中の、あるベルギー人と夕食を食べたことがあった。この同国人の頭のなかにはブリュッセルでの食事の献立があって、習慣どおりポタージュ、魚、肉、デザートを食べた。ところが、そのメニューにはポタージュの名前の次に urine à la paysanne〔田舎風小便の意。cuisine《料理》の綴りの誤りか、なにか魚の名前のミス・プリントであろう〕とあった……。

私たちは長い間笑いころげていたが、レストランの使用人にはなにごとかと思われていたにちがいない! 私たちは最初の皿を、不快というよりは好奇心でうきうきして待った。それが運ばれ、ついでそれに口をつけたとき私たちは快い驚きにとらえられたのである。そのよく料理されたすばらしい魚の正確な名称はわれわれには、おそらく永久の謎であろう。

任地に戻ったのち、軽井沢へ

一九二五年の一月には、ブリュッセルで開かれる宮廷舞踏会に、長女をつれて幾度か出席した。これらの会は私たちにとって最後のものとなった。その後の私の休暇はこうした催しのある時期とはけっして一致しなかったからである。

私たちはマルセイユで〈諏訪丸《すわまる》〉に乗船した。同行者はジョー・ベリエ子爵で、彼は東京でフランツ・ジョリ氏に代わって書記官の職務に就くことになっていた。二月末、私たちはふたたび東京に向けて旅立った。東京にいるフランツ・ジョリ氏は一九二三年にシュヴァリエ・ギィ・ド・シューテート氏のあとをつぎ、私の休暇中は私の代理をつとめてくれていた。ベリエ子爵は一九三二年まで私にとってすばらしい協力者であったが、同時に彼はやさしい婿でもあった。というのは私たちが日本に着いてすぐ、四月に彼は私たちの長女ギスレーヌとの婚約について私たちの同意を求めてきたのである。

五月に天皇、皇后両陛下のご成婚二十五周年の記念式典がおこなわれた。アルベール王は天皇あてに親書を送られ、私はそれを個人的に摂政宮殿下にお手渡しした。そのなかで王は、祝賀のことばを述べたあとにつけ加えられていた。「私の慶祝の気もちは、高貴なる日本国民にたいし真の親愛の情と深い尊敬の念を抱くベルギー国民すべての気もちでありまます」。

豪華な宮中祝賀の宴が開かれ、私が妻とともにそれに出席したのは五月十日、東京の宮城においてであった。

その年の夏のあいだ、私は家族のために軽井沢に別荘を借りた。軽井沢は東京の北西百六十キロにあり、海抜千メートルの高原で、つねに穏やかな活動を続け、しばしば灰の雨をともなう爆発をおこす浅間山《あさまやま》のふもとにある。十八世紀のはじめ、おそろしい大爆発がおこり、軽井沢とは反対の火山の北部に広がる谷間が熔岩で埋まった。そこにあった多くの村々が呑みこまれた。そして数キロにわたって谷間にあふれた熔岩はそのまま冷えて固まり、現在では遠足の目的地となり、みるからにおそろしい光景をみせている［鬼押出《おにおしだし》］。

軽井沢周辺には森のなかの散歩道が無数にあって、ちょうどスパ［ベルギーの温泉地］のそれを思い出させる。登山の愛好家のためには、浅間以外にも近くに高い山脈や、きわめて変化に富んだ散策地がある。軽井沢には外国人、日本人を問わず訪れる人が多い。幾人かの皇族方も、ここに夏の別荘をもっておられる。

長女の結婚

長女のギスレーヌとジョー・ベリエとの結婚式は一九二五年九月二十九日、東京でおこなわれた。私は娘にたいしては市町村長相当の行政官としての資格で行動できなかったので、総領事で大使館付商務官ロール・グルナード氏が私の事務室で民法上の結婚の式をとりしきってくれた。教会での結婚式は同じ日、われわれの小教区麻布の聖心教会で、主任司祭であるパリ外国宣教会のテュルパン師の司式によって挙行された。教会は美しく飾られ、日本人、外国人の私たちの友人でいっぱいだった。ベリエ子爵側の証人は私たちといっしょに

〈諏訪丸〉で来日したポルトガル公使のデ・コスタ・カルネイロ氏であった。娘側の証人はポーランド公使パテック氏で、彼と私たちとは年来もっとも親しい友人として交際している仲である。

東伏見宮妃殿下は教会の結婚式にご臨席くださってのち、他の妃殿下や王女方とごいっしょに大使館までお出ましになられ、若いふたりにお祝いのことばを賜ったのである。家族、証人、大使館の職員はそろって軽い食事をとった。そのあと庭と広間でレセプションがおこなわれたが、その広間ではたくさんの贈りもののなかに、天皇、皇后両陛下からご下賜のみごとな金蒔絵の手箱が拝見できるようになっていた。

日本語とバスク語の類似について

私は主任司祭のテュルパン神父のことにふれた。彼はたいへん老齢で、私たちが休暇で不在だった一九三三年、五十余年におよぶ宣教生活の幕を閉じた。彼は人類学に造詣のふかいロレーヌの人で、その会話からはたいへん得ることが多かった。とくに彼が日本民族とその歴史について語るときがそうだった。

テュルパン神父は今世紀のはじめに、はじめて日本語とバスク語とのあいだの驚くべき類似を指摘したのであった。この現象はそれ以後多くの研究の対象になった。彼の話によれば、その発見の過程はこうだった。ある若いバスク出身の宣教師がヨーロッパから着き、地方に赴任する前に必要品をそろえようとして買物をした。テュルパン神父が彼についていった。あるいろいろな道具や器具を売っている店で、神父は店の女店員と日本語で話していた。その間若いバスク人は必要なものをさがしていた。突然、彼はとぶようにして神父のところにきて言った。「いま、店員になんとおききになったのですか？」「私は〝コレバッカリデスカ？〟と言ったんです」――神父はそれをフランス語に訳した。「でも、それはバスク語です！」若い宣教師は叫んだ。「私の地方では、それは"Ori bakkarik ez da"と言うんです。まるで同じではありませんか！」[*1]。

テュルパン神父は、日本の人類学の権威であり、友人でもある鳥居《とりい》〔龍蔵《りゅうぞう》〕教授といっしょに、この問題について研究を始めた。バスク語と日本語の類似は驚くほどはっきりしていた。たんに単語の多くが同じだったり、非常に似ているというだけではなく、[*2]とくに驚くべきことは、文の統辞法や、構成法が同じであるという点にある。バスク人は、他の外国人には世界一むずかしい日本語を、きわめて短期間におぼえてしまう。サン・ジャン・ピエ・ド・ポール――一九四〇年に負傷した神父に私はここで会った――に生まれたカンドー神父は一九二五年私たちのすぐあと日本へ着いた。一年もたたないうちに神父は日本語で説教し、告解をきいたのである。カンドー神父はその名前そのものが日本語と同じ母音の位置をもっている、たとえばコンダ、コンドー、カンダなどという名が日本によくある、と語った。神父は聖フランシスコ・ザビエルの叔母を先祖にもち、すでにその時代から現在のサン・ジャン・ピエ・ド・ポールの家に住んでいた。聖フランシスコはソルボンヌ大学の講義に出るためにスペインからパリへ行くときは、必ずここに寄り、叔母の家に泊まることもよくあった。家は当時からなんども改築されたが、ある部分とくに長部屋は十六世紀からそのままになっている。私は、おそらく聖フランシスコが幾度も時をすごしたにちがいないこの長部屋を、尊敬の念をもって訪れたことがあった。

この話題を終わるにあたってテュルパン神父と日本人の友人が、バスク語と日本語のあいだの否定しがたい関係を説明しようとして下した結論をあげておこう。とにかく、これは仮説にすぎない。しかしおそらく将来も、この確実性を変えるようなことはあるまい。すなわち、正確にいつとは断定しえないが、ある先史時代に、中央アジアに一民族が住んでいたが、経済的になにか変動がおこったか、または敵対する民族の圧力によってか、これが分裂せざるをえなくなった。彼らは三つのグループにわかれた。これらのグループはいずれも偉大な「旅行家」であったと信ずべきである。そのひとつはできるかぎり東方に移動し、おそらく日本列島に住むことになった。一番目のグループは、これもできるかぎり南方に向かい、日本語にたいへん近い同系の言語を話すヒンドスタンの住民となった。三番目のグループが西方を行き着くところまで進んだ。小アジア、エジプト、アフリカ北部を通り、スペインに達し、これがバスク人の起源となったのではないか。

一九三六年三月に私がマドリッドにいたとき、出版されたばかりの一スペイン人が書いた小さなバスクの歴史の本が手に入った。私はその第一章を読んだだけでたいへん興味を抱いた。というのは著者が、スペインの最初の住民、すなわちローマ帝国がイベリア人とよんでいた人びとはバスク人以外のなにものでもなかったことが今日認められている、と断言していたからである。現在のロシア、大陸中部を経てヨーロッパ各地を占めるようになった他のすべての部族と違って、彼らは「アジアから北アフリカを通ってきた」というのである。

明治の面影

一九二五年の秋、もとアントワープの助役で、一九一四年の大戦中はその市長の職責をはたしていたシュトラウス氏が観光旅行で東京にやってきた。日本郵船会社がアントワープ市にたいする感謝をあらわすために彼を招待したのである。しかし、もうひとつ、彼がかつては在日ベルギー人中の高級官吏のひとりであったという事実を記念するという理由もあった。じっさい、彼は一八六九［明治二］年にベルギー領事となっている。両国間に公式の関係が結ばれたばかりのころである。シュトラウス氏は一九二五年には八十四歳で、前の日本滞在を終えたときからすでに五十五年の歳月が流れていた。その来日をお知りになった摂政宮殿下は、彼に会いたいという希望をもらされ、彼を同伴するように言われた。私はある私的な謁見のさいにこれにおこたえした。謁見前に瑞宝章が彼に授与された。謁見ではシュトラウス氏がはじめて皇居に参上したときのことを殿下にお話しした。それは一八七〇［明治三］年十一月三十日、摂政宮殿下の祖父にあたられる睦仁天皇［明治天皇］に、最初の日本駐在ベルギー公使キント氏からの信任状を提出したときのことだった。当時まだこの改革者であられる天皇も、おそばのものにヨーロッパの服装をさせておられなかったので、宮中はまるで中世のような装いであった。役人、侍従、その他誰でも、並はずれて長い絹の袴《パンタロン》を着けていた。それは足からさらに一メートルほどの長さがあって、これを着けるとひざまずいたまま歩いているようなようすになった。そのくわしい話に殿下はおおいに興味をおぼえられたようであったが、さらにシュトラウス氏に、彼の青年時代の思い出についてたくさんの質問をなさった。私の同郷人は殿下に、彼が領事見習いとして世に出たのはアメリカで、南北戦争がおこなわれていた一八六五年にはそこにいて、リンカーン大統領が彼の住んでいた町――私の記憶に誤りがなければシカゴ――を訪れたとき、名誉にも大統領と握手することができたことなどをお話し申しあげたのである。

私はシュトラウス氏といっしょに自動車でいくつかのコースを走り、半世紀前に彼が愛した風景に再会させようとした。だが、その景色があまりに変貌しているので、ほとんど彼には見わけがつかなかった。それでも二回、彼は変わらない一八七〇年の「彼の」日本を再発見した。まずそれは東海道の横浜と戸塚のあいだで、そこには、鳶尾《いちはつ》を上にいただく藁ぶき屋根の古い家々が一九二三年の地震からも生きのびて並んでいた。それに道はまだ拡げられず、舗装もされていなかった。もう一ヵ所は、江の島であった。ここは、いくつかの宿屋の内部が改築されていたのを除けば、前世紀となんの変わりもなかった。そこでシュトラウス氏は一枚の絵葉書を、あるスペイン婦人に送った。一八七一［明治四］年に彼がいっしょに江の島を訪れた婦人がなおマドリッドに健在なのだという。

シュトラウス氏は東京で幾人かの知己に会った。十月十五日に彼は帝国ホテルに彼らを招き、午餐会を開いた。他の招待客にまじって大倉男爵、渋沢子爵、横浜の浅野《あさの》［総一郎《そういちろう》］氏という、いずれも八十歳［前後］の面々がいて、シュトラウス氏といっしょに写真におさまった。私はこの興味あるグループの写真をもっている。

シュトラウス氏は、この最後の日本訪問後、数年を経ずして世を去った。

奥野船長

ベルギー国王は一九二五年、英領インドに大旅行した。ヨーロッパへの帰路、王はコロンボで、日本郵船の〈諏訪丸〉に乗った。私たちが二度目に日本へ来るときに乗った船である。王が乗船されたときこの船は奥野《おくの》［由太郎《よしたろう》］船長の指揮下にあった。彼は現在、同社の船長首席である。私たちは幾度も彼が船長をしている船で航海した。船長は私たちおよび私の子どもたちの、こよなく親しい友となった。奥野船長は英語を日本語同様に話し、フランス語もかなりよく知っていた。彼は東京の暁星《ぎようせい》中学でマリア会の神父たちから勉強を教わったからである。

〈諏訪丸〉のあと奥野船長は〈照国丸《てるくにまる》〉の船長になった。この船は日本郵船会社が一九三五年にヨーロッパ航路に使った二隻の美しい新造客船のうちのひとつである。私の妻は一九三六年の終わりに日本へ戻ってきたときこの船を利用した。

彼女が戻ってしばらくして、私は奥野船長のために大使館で午餐会を開き、この機会に彼にレオポルド勲章佩用者十字章《くんしょうはいようしゃじゅうじしょう》を渡した。これは王がアントワープ港に頻繁に出入りする日本船の船長団首席として彼に授与されていたものである。日本郵船社長大谷《おおたに》［登《のぼる》］氏は、翌年、会社がヨーロッパ就航四十周年記念を祝ったさい、レオポルド二世勲章の第二等を受勲した。

一九三九年十月、〈照国丸〉はテームズ川の河口附近で浮遊機雷にふれて大破した［正確には十一月、イギリス東岸のハーリッチ沖］。ほどなく奥野船長はその職を辞した。彼は私たちが日本を去ったとき建造中だった新大型商船のひとつを指揮することになっていたはずである……。彼はどうなったろう、あの美しい船はどうしたろう……？　いつになったら私たちはふたたび平穏に、海外へ航海することができるようになるのだろう……？

日本と外国とのあいだには一点の雲もないように思えた

一九二五年から二六年にかけての冬は、東京では明るく輝いていた。日本と外国とのあいだには一点の雲もないように思えた。誠意のこもった社会関係はその絶頂をきわめていた。日本人と外国人はお互いに競って相手に親切であろうとした。

外交団のなかには若い令嬢たちがたくさんいた。クローデルは次女のレーヌといっしょになお東京にいた。サー・ジョンとレイディ・ティリーはふたりの娘といっしょに英国大使館で仕事をしていた。一九二五年九月に着いたイタリア大使デラ・トーレ・ディ・ラヴァーニャ伯爵とその夫人にも娘がふたりあった。私の次女ベッティはまだ十六歳で、ゾルフ大使のうちのラギと同じ年だったが、このふたりはダンスがとても上手で、若い人の集まりにはよく招待されていった。

一九二六年三月十一日、ドイツ大使館で開かれた恒例の舞踏会はとくに大成功だった。イタリア大使の魅力的な令嬢ふたり、アンナ[*3]とアラギア・デラ・トーレがそれぞれ、スイスとスウェーデン公使館の書記官ブリューナー氏とヴェナーベルク氏を介添の騎士として社交界への センセーショナルな「登場」をはたしたのである。この四人はいずれも十八世紀の優雅なヴェネチアの「マスク」で仮装していた。

他にもたくさんの催しが私の家でも、他の大公使のところでも、また多くの日本人の家庭でもおこなわれた。

李王の葬儀と斎藤実朝鮮総督

一九二六年六月、京城《けいじょう》において最後の朝鮮皇帝［純宗《じゅんそう》］の葬儀がおこなわれた。この君主は一九一〇年に統治権を日本政府に譲っており、そのときから京城の彼の宮殿でひっそりと暮しておられた。皇帝は理論上の後継者として、腹ちがいの若い弟［李垠《りぎん》］を選ばれた。その弟は東京で梨本宮殿下の王女［方子《まさこ》］と結婚し、日本陸軍の将校であり、われわれ外交団のメンバーともよく往き来しておられた。そこで大公使のひとりが京城での葬儀に代表を送ることに決定した。外交団首席ドイツ大使ゾルフ氏の加減が悪かったので副首席である私が朝鮮に行く名誉をになった。幾人かの同僚はこの使命のために選ばれなかったことをたいへん喜んでいた。そして私にたいして、もう私を死んだものと、あるいは死にかけたものと考えていると面とむかって言うのである！　彼らは朝鮮人の性格から考えて、この皇帝の葬儀を利用して朝鮮総督斎藤《さいとう》［実《まこと》海軍］大将を暗殺するだろうと予言した。葬列のなかでどうせ私が彼の横にいるだろうから、彼を撃った弾丸で私も犠牲になるにちがいないと考えているのだ……！

東京から京城への旅はほぼ二日かかった。鉄道で下関まで二十時間、朝鮮海峡横断に八時間、釜山から京城まで鉄道でほぼ十二時間である。車室のコンパートメントと特別船室が私に与えられ、旅はたいへん快適であった。海路は夜だったが、朝鮮の陸路は昼間の旅だった。私は朝鮮の景色の美しさに驚いた。このうえない景観だった。稲田がいっぱいに広がっている大きな谷間が過ぎると、日本人が植林した木々の目立つ、ずんぐりした山があらわれた。村々は緑のなかに象の群のように散在していた。それぞれの家が三、四メートルの長さの黒っぽいアーチ形の藁ぶき屋根をもち、しかもその家々が、小灌木の木立ですっかり壁を隠されて、あちらこちらにかたまってあるのだ。村にはそれぞれ美しい学校があった。住民たちはおそろいの白い服を着て、小さな高い帽子を頭のてっぺんにとまらせ、その黒いひもを顎の下で結び、ルイ十四世を思わせるたいへん長い杖をつきながら威厳をもって散歩していた。彼らの物腰は高貴でしなやかで、かつ堂々としていて、ローマの元老院議員もかくやと思われるほどであった。ある英国の作家がどこかで、朝鮮人は極東の紳士であると書いた。

斎藤　実
(国立国会図書館蔵)

朝鮮には到るところ、静けき朝の国というその名にふさわしいおごそかな雰囲気がただよっていた。京城では朝鮮ホテルの一室が私のために用意されていた。その庭には中国風の感じのいい小さな社があった［圜丘壇《えんきゅうだん》のことか？］。

故き皇帝の葬儀はたいへん感銘ぶかいものであった。とくに私の印象に残ったのは、朝鮮の民衆の姿であった。彼らはいつものように白い服を着ていたが、頭の小さな黒い帽子はひとつの例外もなく一変して白いかぶり物に変わっていた。葬儀がおこなわれた仮の寺院は小さな谷あいの盆地に建てられていた。それをとりまく周囲の丘の上から数えきれないほどの人びとが遥かにこの葬儀を見ていた。空は晴れあがり暑かったが、まるですべての丘が雪でおおわれているようにみえた……。もうひとつ私の心を打ったのは朝鮮総督、子爵斎藤大将の態度であった。私はずっとその傍にいたが、斎藤総督の冷静で善意と確信にみちた風格にいたく感動した。彼はなんの警戒心もなく朝鮮民衆のあいだを歩いた。それは彼が真に偉大な政治家であることを示していた。彼の前任者たちは、もっと不器用な軍人たちで、彼らの統治下にあって朝鮮は反抗し、反乱さえおこした。斎藤子爵は六、七年前から京城にあり、その明敏さと善意をもって明らかに日本の統治を大きく改善していた。私は一刻たりとも、暗殺者が彼の命を狙い、私もその巻きぞえを食うなど思いもしなかった。だが、ああ！　この感嘆すべき人物が、私がこのときから深い親交を結んだこのすばらしい人物が、朝鮮人によってではなく、一九三六年二月二十六日、東京を四十八時間にわたって震駭《しんがい》させた軍の反乱［二・二六事件］のとき、一日本人将校によって暗殺されたのである。当時、彼は重臣のひとりであった［内大臣］。斎藤子爵のような人物を暗殺したことだけでも、二月二十六日の反乱の首謀者が分別のない熱狂の徒であったことを示すに充分である。

李垠夫妻

京城を去る前に私は李王［李垠］夫妻によって宮廷に招かれた。そこで私は両殿下の名において東京の外交団に感謝の意を伝えるようご依頼を受けた。両殿下はさらに記念としてふたつの銀製の花瓶とおふたりの写真を私に手渡された。そのひとつは、この国の古い墳墓にあるような、儀式の酒宴に用いられる朝鮮の盃をあらわしていた。お写真には、そろって、民族的な喪服をお召しになった両殿下のお姿があった。

私は前に、この王妃が私たちの古い友である鍋島侯爵夫人の孫娘にあたられることを述べた。この皇帝の葬儀の二年後、たいへん美しい洋風の近代的な宮殿が、李王ご夫妻のために、東京の新しいベルギー大使館近くに建築された［のち赤坂プリンスホテル（旧館）となる］。私たちはよくそこに招かれた。その庭園は広々としてりっぱで、なかにすばらしいテニス・コートが一面あり、私たちはよく王や他の招待客とゲームを楽しんだ。あるとき私の妻が朝鮮の宮殿でお茶をいただいていたとき、庭に四、五歳の皇太子がつれられてこられた。フランス語をよくお話しになる王妃は、彼にそれを教えようとしたことがあると私たちに語られた。王妃は皇太子に「Comment allez-vous?《コマン・タレ・ヴー》」［ご機嫌いかがですか？］となんどもくりかえしておきかせになった。そして自分について同じように言いなさいと命じられた。彼は長いあいだなにも言わずに王妃をみていたが……やがてゆっくりとこう発音したのである。「ゴハン・タベルー」！　がっかりなさった王妃はたちまちその教育学的誘惑を断念されたという……。

スウェーデンの王子

一九二六年の夏の終わりに、スウェーデンの王子［のちのグスタフ六世］ご夫妻がアジアに美術研究の旅行をされ、その間数日を東京ですごされた。おふたりは東京では天皇の賓客であった。そして九月十四日、そのお住まい――ベルギー大使館の前にある霞《かすみがせき》関離宮《りきゅう》――に大公使を招かれて晩餐会を催された。王子はご到着後すぐに慣例にしたがい各国大使にご自分の身分証明の名刺をお示しになった。もちろんそれはその日のうちに返却された。ちょうどそのとき、ブラバン公［のちのレオポルド三世。ブラバン公はベルギー皇太子の称号］とスウェーデンのアストリッド王女が婚約されたというニュースが東京に着いた。王女は王位継承者である王子のいとこにあたられる。スウェーデン王子はご親切にもご自分でわざわざ私たちにお祝いを言うためにベルギー大使館へ来られた。不幸にも私たちは外出中であった。しかし九月十四日の晩餐会では、私たちの正面におられた王子ご夫妻は、公式の婚約発表についておおいにその喜びをお話しになるとともに、おふたりがやさしく見守っておられたレオポルド王子とアストリッド王女の可憐《かれん》な恋のなれそめについて、興味ある打ちあけ話の数々を教えてくださったのである。

アインシュタイン来日

一九二二年十一月の［赤坂離宮での］菊見の宮中園遊会において、各国大公使が日本の君主にご紹介する外国人のなかで、ひときわ異彩を放ったのはアインシュタイン氏であった［なお、このとき大正天皇は病床にあり、摂政宮裕仁親王は関西での陸軍大演習のため不在。アインシュタインは貞明皇后に拝謁している］。

こうした催しは、つねに一定のプログラムにしたがって、赤坂または新宿の優雅な御苑においておこなわれた。東京のちょうど中心にある皇居とそれをとりまく広大な庭園の他に、市内にはなお、皇太后、天皇の弟宮たち、すべての皇族方のお住みになる二十二に及ぶ宮殿がある。さらに二つか三つ御苑があり、ここにはふだん使われない宮殿や離宮が建てられている。そこは半年に一度の園遊会や、外国の君主や王族の宿泊、あるいは皇族のゴルフ……などに使用される。

両陛下が自動車で園遊会場にご到着になると、まず外国の大公使がお出迎えする。彼らは後に随員をしたがえ、日本の大臣および高官と向かいあい、広い芝生の上に年功順に並んでいる。両陛下はそれぞれの大公使としばらくお話しになる。このとき大公使は新任の館員や、出席の栄を得た旅行中の同国人をご紹介申しあげる。

この年のアインシュタインもそうだった。彼はドイツ大使館から借用した窮屈なフロック・コートを着て、彼にはあまりに小さい奇妙な形の山高帽をかぶっていた。それはそうだ。彼の広大な頭脳が充分に入るような帽子を見つけるのは不可能である……。

ご紹介のあと、両陛下はすべての皇族があとさきをお歩きになるなかを、明るい布製の屋根の下に陳列されている菊を観賞されながら庭園をお歩きになる。そして、そのきまった道すじに垣をつくった数千人の男女日本人招待客は両陛下に尊敬をこめたご挨拶をおくる。

それからお茶になる。菊のご紋章のついた大きな天幕がメイン・テーブル、すなわち皇族方が二、三人と、またよく外交団首席が招かれる両陛下のテーブル、および大使夫妻と他の皇族方のつくテーブルを日光から守っている。少し下ったところには外国公使と日本の高官の席がしつらえられている。

百メートルほどの芝地がこれらのテーブルと、他の数えきれないほど多いテーブルとをへだてている。そこにはすでに日本人の一般招待客が席に着いている。やがて両陛下のご一行が観賞を終え、荘厳な行列をつくって、上記の天幕にお着きになる。お茶のあいだは軍楽隊の演奏が明るい雰囲気をつくる。お茶がすむと、まず両陛下がご退出になり、それから他の参会者たちが自動車で、人力車で、あるいは電車で帰路に着く。

アインシュタインは東京に数日間滞在した。私は何回か彼と話をする機会があった。そのはじめのころだったか、私は、彼の有名な「理論」を理解しようとしたがどうしてもだめだったと、告白した。私は彼にこう言った。私にも理論がある。私があなたの理論を理解するより、あなたが私の理論を理解するほうがずっとやさしいにきまっている。彼は少しも笑わなかった。それでも少し興味をおぼえたようすで、私の理論とはなにか、とたずねた。私はこう言った。よろしい、人間の知識の総合と、人間に未知な部分を比べてみれば、われわれがみなロバのように愚かで、われわれのうちの最高の学者でも、他のものよりほんのわずか無知でないにすぎないという結論に達する。アインシュタインの笑いは短かった。しかし彼はまったく陽気になった。そしてこう言った。あなたの理論には論駁の余地がない、私は完全にあなたと同意見だ、と。

詩人大使の仕事

ポール・クローデルは一九二七年に日本を去った。彼の妻と子どもたちは、すでにその前年フランスに帰っていた。ただ次女のレーヌだけは父といっしょに日本にとどまった。出発前にクローデルは東京でひとつの作品を上演させたいと望んでいた。これはむしろパントマイムというべきもので、彼のいう日本風の様式で書かれ、「女とその影」という題がつけられていた。これは帝国劇場で一度だけ上演され、その珍しさで、ある成功をおさめた。

クローデルは一九二三年の大震災でひどい衝撃をうけていた。フランス大使館は九月一日の夜全焼した。ちょうど彼が逗子にいた私たちのところへ来る途中のことだった。彼の個人的な衣類はすべて火のなかに消えた。彼はひどくくやしがっていたが、助かったものといえば、彼がけっして着なかった制服一着だけだった――。しかもそれには『東方の認識』の読者なら憶えているあの「総領事」の制服の面影はもはやなかった……。もっとも大きな痛手は個人的な文書類をすべて失ったことだった。そのなかには未発表の原稿がいくつもあった。『朝日の中の黒い鳥』という題でクローデルは、一九二三年九月の地震に関する断想を一巻の書物にまとめて出版した。日本を去る直前に彼は「東洋の表象文字」と題して講演をすることを思いついた。そしてこれは日本人および外国人聴衆をおおいに楽しませた。もちろん私たちもそのなかにいた。

日本人の生活と芸術のあらゆる表現に好奇心を抱いていたクローデルは、かなり独特なやりかたで文字に深い関心をもった。その結果、彼は西欧のアルファベットのなかにシナの表象文字との類似性を発見するにいたった。忍耐強い研究につぐ豊かな想像力によって詩人は、その講演の骨子のもとになっている経験主義的な命題を組み立てた。

この詩人大使によれば、われわれのアルファベットは漢字と同様、ある表象的意味をもち、いくつかの字を組みあわせて文を作ることによって、ある深い映像《イマージュ》をつくり出すことができる。

これを示すには例をもちだす以外には方法がない。しかしここでは、興味をもつ人にとくに注意をうながしたい二、三の例をあげるにとどめよう。

MAIN〔手〕という字のなかに講演者は、MとNの縦の線であらわされる五本の指の映像を発見する。

TOIT〔屋根〕という字には「家庭」の表象的表現を見る。Tの横線が本来の屋根を示し、Oは暖炉、その傍にIであらわされる人間が坐っている……。

クローデルにとってHOMO〔ラテン語で人間〕はさまざまな意味にあふれている。ふたつのOは一方が頭、一方が人間の体であるというのである。それほど詩的ではないが、もっと驚くべき彼の説明はLocomotive〔機関車〕という字の表象的意味である。この三つのoは横からみた車輪であり、tは煙突、iの上の点はそこから出る煙である……云々！

この講演の記録は出版されなかったが、クローデルは「日本の扇のために」いくつかの表象的詩をつくり、それをぜいたくな本にして公にした。もとより、この詩は耳で聞いて快くもなく、韻もふまず、発音上のリズムもなかった。ただこの詩をみて、そこに詩人が託そうとした表象的映像を創出することができれば充分なのである。字の形そのもの、視覚からみた語の選択、文字の配列、こうしたものが、美しい筆づかいを前にして学識ある中国人、あるいは日本人が抱く印象と類似した印象を与えることができるにちがいない。形式が思想を助けるはずである。

不幸にしていま手許にないが、[*4]これらの短い詩のなかで私が憶えているのは、それらの詩がたったひとつの文字を中心に構成されていたということである。しかもその文字は、前の詩行の末尾の語のものか、あるいはあとの詩行の冒頭の語をつくる文字なのである。他の語は、より正確な映像をつくり出すためにその音綴《おんてつ》を失って分割されていた。扇形に広がった型や紙の選択や、また各詩のあとに附された日本の絵のために、これらの小さな「うた」は眺めて楽しく、好奇心をそそるものとなっていた。完全に正確ではないかもしれないが、次にあげるのはそれらの詩のひとつの最後の部分である。なお詩はペン、というよりむしろ筆で書かれている。

MA MAIN
TRACE UNE O
MBRE SUR LE MUR
LA LUNE S'EST LEVEE

【大意】わが手は塀の上のひとつの影をなぞる、
月は上った。
影 ombre のOが独立して月の出の効果をあげている。

東京におけるクローデルの仕事として、より実際的で永続的なものは、日仏会館の創設である。フランス的教養をもった幾人かの日本人の寛大な寄附と、東京、パリ両政府の援助によって私の同僚は、よく吟味された場所に、たいへん興味ある施設を設立することができた。それは一種の研究所で、学識あるフランス人が所長となり、日本の歴史、文学、宗教、科学を研究しにきたフランスの若い学者がここで部屋と食事の提供を受け、その代わり日本人の学生にさまざまな講義をおこなうようになっている。また講演会、集会、音楽会なども ここで開かれるのである。

日仏会館の館長には、大東洋学者シルヴァン・ルヴィ氏、「植物学者ルイ・ブラランゲム氏」、ギメ博物館長アッカン氏、ソルボンヌ大学法学教授ジュリオ・ド・ラ・モランディエール氏が相次いでその任にあたり、会館はたちまち東京における重要な社会的知的中心となった。多くのベルギー人もその恩典に浴したが、そのなかには一九二九年、東洋建築研究のために日本に滞在したルーヴァン大学の建築家ステーヴェンス氏、一九三七年に来日した王立美術・歴史博物館のウーユー嬢がいる。私の示唆にもとづいてベルギー政府は、ド・ラ・モランディエール氏に、日仏会館を通じてベルギーに寄与した功績を賞して、王室勲章騎士位を授与するようにとりはからった。

ベッティさん

すでに最初の滞在のとき、十七歳および十一歳だった私たちの娘ふたりは日本の舞踊とそのむずかしい、骨の折れる技術を習っていた。ふたりともたいへんまじめに、友だちの高橋《たかはし》素子《もとこ》といっしょに稽古にはげんでいた。この令嬢は一九二一年の首相〔高橋是清《たかはしこれきよ》〕の孫娘にあたり、その後も舞踊術に全身全霊を傾け、現在では東京の最良の踊りの流派のひとつを指導している〔藤間《ふじま》勘素娥《かんそが》〕。一九二四年五月十三日、二番目の娘は、現在の東京カトリック病院の建設基金募集のために、帝国ホテルの舞台で古典舞踊を踊った。

ブリュッセルでは一九二五年一月に、娘ふたりが、全世界のダンスを上演する慈善公演会に参加した。この催しに出席されたエリザベット王妃は、とくに私たちのふたりの日本舞踊家におほめのことばをかけてくださったのである。

一九二五年以降も、次女は友人の高橋素子といっしょに稽古を続けた。ふたりはほどなく、かなり有名になり、たびたび慈善公演でいっしょに踊る機会があった。私はこの「素子さん」と「ベッティさん」が踊っている写真の載った日本の新聞や雑誌をたくさんもっている。私の娘は有名になった……。私は長崎に旅行したときのことを思い出す。旅行中に地方の人によく会ったが、そのうちのひとりは私がベルギー大使であることにいっこうに興味をおぼえないようにみえた。だがなにかのとき、私に近づいて、こう言ったものだ。

「私はあなたがベッティさんのお父さんだと教わりました。これはどうも、私は、さっきはそのことを知らなかったもので」……。

そして、彼はもう私を見捨てなかった！

同じころ、最初の休暇後大学で勉強するためにベルギーに残っていた長男がパリに行ったとき、車中でたまたま知らない日本人旅行者に会った。長男が日本語で話をすると、びっくりして好奇心をもった相手は彼の名前をきいた。それがわかるとその日本人はこう言った。

「ああ！　わかりました。あなたはベッティさんのお兄さんですね！」

日本語を知っていることで、私のふたりの息子は、その数年後、かなり奇妙な目にあった。彼らはふたりでブリュッセルのポルト・ド・ナミュールのステーキ屋で食事をしていた。女の給仕が勘定書をもってきてひとりに渡した。するともう一方が日本語で高いかどうかをたずねたのだ！「とっても高い」と相手が答えた。するとなんとびっくり仰天したことに、その女の給仕が平気な顔をして、これも日本語で、その値段はけっして高すぎない、と言ったのである……。彼女はスイス人で、四、五年神戸のあるレストランで働いていたというわけだ！

大正天皇崩御

一九二六年のクリスマス、明治天皇の皇子であった大正天皇が、海に近い葉山で、長いご病気の末崩御された。外交団首席、ドイツ大使ゾルフ博士は休暇中で、副首席である私が、天皇の崩御から、一九二七年二月七日の荘厳な葬儀までのあいだ、つぎつぎにおこなわれた儀式にさいして外交団を主宰することになった。こうして五年前摂政宮殿下に信任状を提出

バッソンピエールの次女・ベッティさん

した最初の外交官であったように、こんども、私が天皇陛下に、父陛下のご逝去にたいする自国政府からの弔慰の辞を伝え、またその即位のさいに個人的に慶賀のことばを述べた最初の外交官となったのである。これは二月四日におこなわれた大公使の合同謁見のときであった。

一月十五日に宮中で、すでにもうひとつの儀式が執行されていた。この日、全外交団が招かれて、故き天皇の柩の前を行列して進んだ。私たちは列をつくって皇居に導かれ、壁も天井も床も白い絹で蔽われた回廊や部屋をめぐり歩いた。そして、同じ白い天蓋の下に天皇の柩が安置されている部屋に着いた。各大公使は柩の前でしばらく黙禱をささげた。

式部長官の求めにより、まず私が、おそろしいような静寂のなかで、全外交団の名において、故き天皇に短いお別れの挨拶をフランス語でした。それから私たちは退出した。正式な御大葬の式は二月七日から八日にかけての夜間におこなわれた。

四頭の黒い牛に曳かれた葬儀の牛車《ぎっしゃ》は、千年来の伝統にしたがって、その車を悲しげにきしませながら、七日の夜、天皇の柩を、東京の北西、新宿駅の近くに設けられた仮神殿にお運びした。新しい天皇、そのご兄弟、すべての皇族、政府の高官、すべての日本の貴顕が、葬儀の車のあとにしたがった。松明《たいまつ》をもつ人にはさまれた葬列は、白と黒の布で縞模様に装われた七キロの道路に沿った二列の人垣のあいだを進んでいった。その歩道には驚くべき数の群衆が平伏して、故き天皇の柩を見送っていた。

外交団は皇太后、皇后、内親王、宮中の女官たちとともに仮神殿で行列をお待ちした。そこで私たちは十時から十一時にかけて、神道の式にあずかったのである。まず宮廷の雅楽のかぎりなく悲しげな古い曲がきこえてきた。ついでいくつかの白木の皿の上につぎつぎに供えられた供物を、司式の白衣の神官が天皇の柩の前に置いた。それから神官の長が、新しい天皇と政府からの告別の辞をしたためた奉書を読みあげた。

最後に、天皇陛下から始まって外国外交官、日本の高位高官までひとりひとりの参列者が、テーブルの上の聖なる供物の前に、白い紙を結んだ灌木の枝を置いた。これは「榊《サカキ》」とよばれる。死者のための供物と榊のテーブルが片づけられると葬儀は終わりである。皇太后、皇后、妃殿下方および大公使が退出する一方、天皇と皇族殿下方は特別列車で、東京の西方六十キロの土地［八王子市《はちおうじ》］まで天皇の柩に付きそわれた。そこには御陵が故き天皇をお迎えするよう準備されていた。天皇のご遺骸は、一九二七年二月八日、まさに日の出のときに御陵のなかに憩われたのである。

この葬儀の夜は、きびしい寒さだった。温度は摂氏零下七度であった。私は東京ですごした十八年間を通じ、温度がこれほど下がったことをほかに知らない。儀礼上、外套を着用することはできなかった。葬儀の列が到着する前、招待された人びとは充分暖かい部屋で待っていた。しかし神道の式は完全に野外でおこなわれた。正面の祭壇には屋根はあったが、四方は吹き抜けであった。皇族方や参列者が並んでいる「側廊」と同様だった。

寒さを克服するために、あらゆる工夫を尽くしても、たとえば制服の下に毛糸のシャツや新聞紙を着ても、男性外国人はぶるぶる震えていた……。女性のほうは、風呂敷を、服の毛皮代わりにつかう方法を発見していた。

二月十六日、天皇陛下は、葬儀にあたって特命全権大使に信任された外交官を午餐会に招待された。この日、陛下は私に、ブラバン公からの書状を受けとったと仰せになった。それはブラバン公の結婚にさいして摂政宮がお送りになった祝賀のことばにたいする返礼と、父天皇の崩御にたいする弔意の書簡であった。陛下は私に、ブラバン公夫妻を東京に迎えたいというご希望をもらされた。私は御大葬にあたって特命全権大使として信任を受けていたし、また一九二三年に受けたように、旭日大綬章を授与されていた。[*5]天皇はこの機会に桐花大綬章を授与された。これは頸飾《けいしょく》に通じるもので、日本で外国大使に授与される最高の勲章である。現在私はこのほとんど唯一の受勲者であり、これを保持するきわめて稀な外国人のひとりである。というのは、これは非常に異例な機会に、友好国の首相や外務大臣にのみ与えられるものだからである。一九二八年の即位式に、私の同僚のふたりがこれを授与された。ゾルフ氏とサー・ジョン・ティリーで、彼らは私と同じく、これに先立って旭日大綬章の受勲者であった。ゾルフ氏はすでに亡く、サー・ジョン・ティリーは引退した。英国の儀礼によれば、英国大使は、英国内ではけっして外国の勲章を佩用しないことになっている。

イタリア大使館

一九二七年、当時すでに有名であったが、それからしばらく後、不幸にも、北極への飛行探検中の遭難でさらに知られるようになったノビレ将軍が日本にきて、イタリア大使および日本関係者の非常な歓迎を受けた。海軍次官大角《おおすみ》［岑生《みねお》］中将は三月二十六日彼のために帝国劇場でレセプションを開き［正確にはイタリア大使デラ・トーレ主催］、私も他の多くの同僚とこれに出席した。

イタリア大使とその家族は当時、帝国ホテルの美しい一室に住んでいた。ベルギー大使館のごく近くにあったイタリア大使館は、私たちが来日する前の一九二〇年に火災のため一部焼失していたが、一九二三年の大震災で残りもすべて焼けてしまったのである。

イタリア政府はそこで別な建物を物色し、松方［正義］公爵の邸を買い取ろうとしていた。しかし、購入の手続きが終わって、これが実現したのはそれから数年後で、デラ・トーレ伯爵の後任者のひとりがそこに住むようになったのである。イタリアの新しい大使館は二百年前、徳川家の初期の将軍のひとりが造った東京でももっとも美しくもっとも古い歴史的な庭園をもっていた［正しくは伊予松山藩主松平家の中屋敷跡］。

徳川頼貞
(国立国会図書館蔵)

紀伊半島へ

一九二七年四月、私は妻と下の子どもふたりといっしょに、大阪の南にある和歌山《わかやま》の徳川［頼貞］侯爵のお邸に滞在した。和歌山は徳川家の御三家のひとつの紀伊の大名領の都である。古い日本様式の城が、いまなお町に君臨している。この城は、現在は博物館にかわり、その周囲の庭は公園になっている。私たちを迎えてくれた徳川侯爵は到るところで、いまなおその地方の有力者たちによって、かつて彼らが小領主であったときと同じ尊敬をもって遇されている。侯爵は、城に附属している古い日本家屋の邸に英国風の調度を整えていた。私たちが迎えられたのはその邸であった。三日間私たちは侯爵とその家族の人たちといっしょに、近くの絵のように美しい風景をたずね、また彼らの非常に心のこもったもてなしを受けたのである。

それから私たちは、有名な真珠貝の養殖者御木本《みきもと》［幸吉《こうきち》］氏の家で二日間すごした。長くロンドンに住んでいた氏の息子は、東京のテニス・クラブの熱心なメンバーのひとりである。彼は私たちを紀伊半島の鳥羽に近い彼の父の工場につれていってくれた。私たちはヨットで養殖用の「小牡蠣」を採るところを見たり、その貝を「囲い」に入れて十二年間世話をするところや、真珠の「消化」のときが終わって最後にそれを開くところまで見学した。すべてこれらは、亜熱帯植物の密生する山で囲まれた湾内および潟でおこなわれる。

私たちの前で貝から採り出されたたくさんの美しい真珠が、私の妻と娘に贈りものとして与えられた。

対日観のきしみ？

秋に私は同じく妻と娘をつれて満洲とシナに旅行した。私たちは神戸で大連行きの日本船に乗った。大連はすばらしい港をもった美しい都会で、そこに私たちは三日滞在し、それから日露戦争の思い出にみちた旅順港を訪ねた。荒廃した砲台はロンサンのそれと見まがうばかりであった［ロンサンはリエージュ要塞の十二の堡塁のひとつ。第一次世界大戦でドイツ軍の猛攻を受けた］。

そこから南満洲鉄道で私たちは奉天《ほうてん》［現在の瀋陽《しんよう》］に行き、軍閥張作霖《ちょうさくりん》の不在中の代理総督によって迎えられた。当時張作霖は北京にあり、［のちの］満洲国同様そこを「統治」していたのである。

私たちは北陵、すなわち清王朝の初期の満洲皇帝が葬られている北の墳墓の地をたずねた。しかもその墓は、少なくとも私が見ることのできた中国芸術のなかではもっとも美しい記念碑のひとつであると思う。奉天から京奉鉄道（当時は英国資本が経営する）で中国の首都北京まで、山海関経由で二十四時間かかった。山海関は直隷《ちょくれい》湾［渤海湾］の端にあって、万里の長城が終わる地点である。その長城は車窓から眺められる。北京で私たちは、公使館に宿泊した。当時の公使はルメール・ド・ヴァルゼ・デルマール男爵で、彼は私が日本に着く前、東京で代理公使の任にあった。

私たちが着いたのは九月三十日だったが、この日、山西省の「模範的督軍」閻錫山《えんしゃくざん》が張作霖にたいして宣戦した。

同じ日の夕方、公使館で夕食会が催されていた。私たちはそこでフランス公使ド・マルテル伯爵と知りあった。彼は一九三〇年、東京で私の同僚となった。また、現在エジプトの高等弁務官である英国公使サー・マイルズ・ランプソン、その他当時北京に駐在していた外交官たちとも面識を得た。イタリア公使ヴァーレ氏は休暇中でヨーロッパにあった。その後、彼はたいへん興味ある一巻の回想記を著わした。題して『笑う外交官』。書記官のチアーノ伯爵が「暫定的《アド・インテリム》」代理公使であった。彼は数ヵ月後、ムッソリーニの令嬢と結婚したが、私たちが北京で会ったときは、まだ婚約もしていなかった。

この九月三十日の夕食会で、私はその日の事件に関する外国公使たちの意見を聞いて、いささか驚いた。全員が次のように信じているのだ。閻錫山が張作霖に宣戦したのは、後者が日本にたいして数週間前にとった、ある態度を日本が罰しようとして圧力をかけたのである、と。

外交問題にたいする決定に関して日本がつねに慎重であることを知っている私にとっては、みんなが結びつけたがっているふたつの事実のあいだに、物理的な時間の欠如が歴然としていると思えた。日本人がつねにその友であった張作霖を非難したということは、彼らが閻錫山をして彼と戦わせるという危険な決断をとったことの説明としては充分な重みをもっているとはいえないのである。それに閻錫山はあらゆる中国人自身の政府にたいし、さらに日本政府にたいしてはなおさら、自己の独立を主張しつづけてきたのである。

翌日私は、個人的にフランスおよび英国の公使を訪ね、昨夜聞いた話で私が驚いたゆえんを彼らに説明した。サー・マイルズ・ランプソンは私の話を聞いたのち、私の考えはまちがってはいない。しかし北京に住む人びとは、誤ったあるいはきわめて底意のある故意の噂にみちた雰囲気のなかで生活しているので、ある時がたつと、もはや真実を確かめることができなくなってしまうのだ、と語った。彼はかつて日本にいただけに、私の意見に容易に同意してくれたし、したがってまた私の考えの正当性をすぐに理解してくれた。彼は言った。「私は自分を見失ってはいけない、中国の雰囲気にまきこまれてはいけないとは思っている。だが、ここに住んで、一般の空気からの影響をまったく受けないでいるのは至難の業なのだ」。

張作霖と会見

それからの数日は北京とその周辺の名所見物に費やされた。なかでも冬と夏の王宮にはすっかり魅了された。首都の中央を占め、城壁で囲まれた紫禁城《しきんじょう》、冬宮〔紫禁城の外郭の宮殿を指す〕は、その庭園といい、白い大理石の橋といい、均斉のとれた多くの広間といい、太陽にあたると金色に輝く黄色い琺瑯《ほうろう》塗りの瓦屋根といい、私の意見では、世界で八番目に壮麗な宮殿だといえよう。王宮の北に石炭の丘〔景山《けいざん》のこと。石炭埋蔵の伝説から煤山《ばいざん》の名がある〕とよばれる高台があり、心奪われる美しい離れ家が建てられている。その丘の上に立つと北京全体、とりわけその城内のみごとな景観を眺望することができる。明王朝最後の皇帝〔崇禎帝《すうていてい》〕が一六四四年に自殺したのはこの丘の上であった。私は十月四日、張作霖と私的な会談を、彼が留まっていたこの冬宮の一室でおこなった。彼は私をたいへん丁重に迎えてくれ、ベルギーや日本のことを語ったが、とくに清帝国と中華民国の外交総長であった陸徴祥《りくちょうしょう》について話した。彼のことを新聞が、ブリュージュに近いサン・タンドレのベネディクト修道院に入ったと報道したばかりだったからである。私が一九一二年に、陸の政治顧問になりそこねたことがあると聞かされていた張は、その案が成功しなかった理由や、私のその後の職歴について熱心にその詳細をたずねた。私は公使館での晩餐会で張の子息の張学良《ちょうがくりょう》に会えなかったのが残念であったと話した。彼はベルギー公使の招待を受諾しながら、その日閻錫山にたいする派遣軍を指揮するため大急ぎで出発してしまったのである。

首都の西方の比較的近い地点で急速に展開した戦闘によって、天津《てんしん》との連絡は困難というより不可能になった。そのため外交官のうちには私たちが北京に長く留まらないほうがいいと忠告してくれるものが多かった。しかし日本公使芳沢《よしざわ》〔謙吉《けんきち》〕氏（彼はシナの前皇帝〔宣《せん》統帝溥儀《とうていふぎ》〕を北京から脱出させた人物で、やがて一九三二年には日本の外務大臣になった）は私たちに、もし鉄道が切断されたら、必要な場合には機関銃装備の軍用車の護衛をつけた車で天津に行けるようにすると約束してくれた。それで私たちは安心して北京に、十月十日まで留まった。

私たちのための晩餐会が、フランス、英国、日本、ノルウェー、スウェーデンの各公使館、および外交総長王正廷《おうせいてい》氏、副司令呉俊陞《ごしゅんしょう》氏によって開かれた。この王氏の夫人はドイツ人、呉俊陞氏の夫人はフランス人であった……。

＊1　私は最近、ある日本人が出した小冊子のなかで同じようなエピソードを読んでおもしろく思った。もっとも、それは聖フランシスコ・ザビエルに関するものだったが……。

＊2　ここに両言語のうち似ている単語をいくつか列挙しておく。バスク語で、花が咲くは「サカリ sakari」、部屋は「ベヤ beya」、家は「エチェ etche」、小川は「ガヴェ gave」、鳥は「トリ thori」、ほんの、は「バカリ bakari」。

＊3　姉のアンナは翌年オランダの貴族で同国公使館付書記官セリエール氏と結婚した。

＊4　これはガリマール社が一九四二年に『Cent phrases pour évantails 扇百詩』と題して出版した。著者自身の解説的な序文がついている。最近、私は一九三八年にパリで出された『Verve ヴェルヴ』誌第三号に、西欧的表象文字に関するクローデルの手書きの原稿が複写されているのを知った。

＊5　私の旭日大綬章の証書は、自筆書の蒐集家の観点からは、真に垂涎の的である。それにはお二方の日本の天皇、すなわち嘉仁天皇と摂政宮殿下のご署名があるからである。外国人に授与される大勲章の証書だけに天皇のご署名があるが、摂政時代にこれを叙勲されたものはほとんどいない。

第五章　即位式と二度目の休暇（一九二八〜一九三〇年）

新任大公使

一九二八［昭和三］年は日本の天皇の戴冠式の年、より正確には、正式な即位式の年であった。というのは戴冠式ということばはこの場合適切ではないからである。じっさいには、ある天皇からその後継者への天皇権の譲渡は、その天皇の崩御と同時に自動的におこなわれる。しかし、少なくとも一年続く服喪の期間が終わると、新しい主権者は一連の荘厳な儀式において、先祖の神々や国民にむかって、先帝のあとを継いだことを正式に宣言するのである。これらの儀式は、典礼としての性格をもち、数ヵ月にわたるこまごまとした準備を必要とする。特別な稲田が選ばれて囲われ、神道の神官が種蒔きをする。彼らが栽培した米は、一部は戴冠式の宴席に出される酒の材料となり、一部はその同じ宴席で食せられる。仮ではあるが広大壮麗な御殿が京都に建てられ、およそ二週間にわたり、華麗な祝祭の場となる。即位式のさまざまな催しのなかでとくに中心となった日は一九二八年十一月十日であった。私はこれらの印象ぶかい祝祭を『ルヴュー・ベルジュ』一九三〇年十一月一日号に載った記事のなかで述べておいた。

この記事は本書の巻末に再録してある。

天皇の戴冠式にあたって、しばらく前から「暫定的《アド・インテリム》」に管理されていたいくつかの大使館、公使館は、すべてきわめて好感のもてる新しい大公使を迎えた。このときに、イタリア大使アロイジ男爵、ポーランド公使オケツキイ氏、スイス公使トラヴェルシニー氏、チェコ・スロヴァキア公使ハラ氏、ペルー公使ド・ボンヌメゾン氏が赴任したのである。ハラ夫人はベルギー生まれで、エジプト在住ベルギー人の要人のひとりナウス・ベイの妹であった。

ほっそりして優雅なボンヌメゾン氏は貴族的な顔立ちで、アンリ四世風の先のとがった白いひげをもち、前世紀のスペイン人といった風格があった。一八八三年、ペルー、チリ、ボリヴィアをまきこんだ硝石《しょうせき》の戦争「太平洋戦争」の老練兵であった。戦争の当初、若い海軍中尉だったボンヌメゾン氏は、ペルー唯一の甲鉄艦がチリの魚雷で沈没したとき捕虜になった。彼は脱走し、ペルーの歩兵隊に再入隊し、そこで戦争の終わりまで勇敢に戦った。日本での任務を終えたのち彼は、余生を送るためにリマに引退したが、私はいまなお彼がそこに暮らしていると聞いたように思う。

オケツキイ氏はパテック氏の後任者である。彼は私に次のようなことを知らせてくれた。ポーランド政府は私が先任者のためにした援助や協力に感謝して、私にボロニア・レスティテュータ大勲章を授与したという。その援助や協力というのは、私の知りうるかぎりの興味ある情報を定期的に彼に伝え、その東京での使命を助けるために日本人指導者や外交団の同僚にたいし私の及ぼしうるかぎりの力を尽くしたということである。

男爵に叙せらる

大正天皇の大葬のときと同じように、大部分の大公使は戴冠式にさいし、特命大公使に信任された。東京市はまだ完全に復旧していなかった。もし外国の元首が特命使節を派遣したら、彼らを泊めることが困難であったろう。そこで帝国政府は、駐日外交官がそのまま特命大公使の任に就くほうが好ましいということをほのめかしていた。

私の妻は彼女の父親の健康上のことでヨーロッパに呼びかえされ、一九二八年の春、長女とその夫といっしょに日本を離れた。長女の夫は東京における最初の任期三年を終え、休暇で帰国するところだったのである。この休暇のあいだ、公使館付参事官セルギセルス氏が北京から来て、東京で私の婿の代理をつとめ、戴冠式の祝祭に私とともに参加した。この戴冠式のために私はすでに三度目の特命全権大使に任ぜられていた。さらにこの機会にアルベール王は私に男爵の爵位を与えられた。この栄誉は皇室および日本政府から高く評価された。一八〇八年以来、すなわち正確に百二十年前から、祖父、父、私と間断なく相次いで国家の仕事につき、それぞれ自分の職域で最高の地位に達したのである。[*1]

秩父宮ご成婚とケロッグ・ブリアン協定

天皇の弟秩父宮殿下は一九三三年に皇太子がご誕生になるまで、その推定皇位継承者であられた。殿下はすでにワシントンの日本大使［松平恒雄］の令嬢松平節子嬢と一九二八年のはじめに公式に婚約されている。ご婚儀は九月に東京の御所でおこなわれた。慣習にしたがい外交官たちは、赤坂離宮で新婚の殿下、妃殿下の主催された祝宴の席上で、祝詞を申しあげるとともに、共同でひとつの贈りものをさしあげた。

ヨーロッパでは、このご婚儀の反響も、天皇戴冠式の反響も、この年最大の国際的関心事であった、あのケロッグ・ブリアン協定〔パリ不戦条約〕の討議と調印によって少しく弱められてしまった。「Parturiunt montes, nascitur ridiculus mus」〔泰山鳴動して鼠一匹〕……この簡潔な文章を十九世紀も前に書いたのはホラティウスか、あるいは別の天才的ローマ人だったろうか。この語句はケロッグ・ブリアン協定にはあまりにもぴったりとあてはまる。国際的協約がこれほど誇張して喧伝され、これほど華々しく調印されたこともなかった。印刷物とラジオの宣伝をきくと、キリスト教そのものさえ、世界を変えようとしていたブリアン、ケロッグ両氏の比類ない努力の陰では、たんに目立たない文明化への一努力にすぎないように思えた！

それは［原著刊行時から］十五年前のことだ。そしていまはなにも残っていない……。

四大節の午餐

ゾルフ氏は一九二〇年来ドイツ大使で、二年前から外交団首席の任にあたったが、一九二八年十二月、退職の年齢に達した。大公使のある会合のとき、彼は私たちに別れの挨拶をするとともに、首席職の関係書類を私に手渡した。私が彼の次に古い大使だったからである。

こうして私は一九二八年十二月十日に首席となり、十年以上その地位にとどまることになるのである。この十年間、さまざまな光栄が私に与えられた。すなわち外交官会議を主宰し、とりわけ外交儀礼の諸問題で彼らの指導者となり、宮中の接見にはつねに同僚たちの列の先頭に立ち、公式の儀式、とくに四つの午餐会では彼らの名において発言したのである。男だけのためのこの四つの日本式午餐会には大公使が毎年、天皇によって招待された。すなわち、一月五日の新年の会、神武《じんむ》天皇《てんのう》による建国の伝説的記念日である二月十一日〔紀元節〕、在位する天皇と明治天皇の誕生日（四月二十九日と十一月三日〔天長節と明治節〕）がそれである。

この毎年四回の午餐会は、きわめて印象的な催しであった、とりわけはじめてこれに列席するものにとっては。このときには全員が大礼服を着用した。

侍従長などの先導するなかを、天皇は皇族方をしたがえて控えの間にお入りになった。そこには大公使が先任順に入口の右手に整列し、日本の諸大臣および要人たちは儀礼上の順序でその左手に並んでいた。天皇は外交団首席からはじめて各国大公使と握手され、四方の日本人に挨拶を送られたのち、晩餐会の大広間にお入りになった。部屋は長方形で、天皇はその短い辺のひとつの中央に少し高く設けられた特別なテーブルにおつきになった。その前に幅二メートルの通路が広間を縦に二分してのびていた。

皇族方は天皇陛下のすぐ前の、通路をへだてた二つのテーブルにおつきになった。大使たちは天皇の右手、皇族方の後方のテーブルに席をとった。左手の皇族方の後方のテーブルは菊花頸飾《きっかけいしょく》をつけた人びと、すなわち対馬の勝利者、伯爵東郷〔平八郎〕元帥、元首相の山本〔権兵衛〕大将、西園寺〔公望《きんもち》〕公爵のためのものであった。その席はたいてい東郷元帥がひとり坐っていた。どのテーブルも片側だけにしか坐らず、すべての招待客は通路をはさんで向きあっており、給仕はかなり狭いテーブルのあいだを通っておこなわれた。

以上の四つのテーブルについで、たいへん長いテーブルが六つ、通路の左右に三つずつ置かれていた。そこには天皇がお入りになる前から、枢密院《すうみついん》、貴族院、衆議院の議員たち、陸海軍の首脳その他の人びとが立って陛下をお待ちしていた。これらの食卓には、天皇の行列が入るまで、かなりの空席があった。それは行列に加わっている外国の全権大公使を右手に、内閣の閣僚および皇室の高官たちを左手に迎えるためである。他のいくつかの広間では数百人に及ぶ一般招待客がすでにそれぞれの席についていた。

全員が自分の席についてしまうと、深い沈黙があたりを支配する。ついで式部長官が天皇陛下のもとに一枚の奉書を持参し、陛下はそれを開く。そこには、その日の催しの趣旨にあった歓迎の辞がしたためられているのである。陛下は立ってそれを朗読なさった。ふたたび沈黙。ついで首相が自分の席から中央通路を通って前に進み、天皇のテーブルの前で三度頭を下げ、天皇にたいする政府の答辞を日本語で読みあげた。それから彼は自分の席に戻る。また沈黙。こんどは外交団首席としての私の番である。私は大使のテーブルの陛下にいちばん近い席についていたが、そのテーブルをまわってから中央通路までゆっくりと歩いた。それから、首相と同じように陛下の前に進み出て、三度お辞儀をしてからフランス語で祝詞を述べた。その祝詞は祝宴によって異なっていたが、それぞれ毎年同じものであった。ついで私はできるだけ堂々と自分の席に戻った……。最後の沈黙。

天皇は手袋をお脱ぎになり着席される。すると全出席者が同じようにする。会話が小声で交わされる。最初のお皿が出ると同時に、ベルギー宮廷の給仕ととてもよく似たお仕着せを着た給仕人たちが、招待客の上等な白磁の盃にお酒をついでまわった。不死鳥《フェニックス》［鳳凰《ほうおう》］と菊のご紋章が金色でえがかれているその盃は、祝宴のあともちかえることができた。私はこの盃を四十あまり、それに祝宴のたびに各招待客に席を示すための、鶴のミニアチュールがついた小さなもみの木［あるいは水引のことか？］のコレクションをもっている。

天皇だけが午餐会の間沈黙しておられた。そのテーブルにおひとりだったからである。私は非常に近い席だったので、失礼にあたらないように、天皇陛下をよく観察させていただくことができた。だれだれが出席しているかどうか、お知りになろうとしてあたりを眺めわたしておられた。ときどき、軽い微笑を口もとに浮かばせられたが、それはつねにやさしく親しみのある微笑だった。天皇は本質的に気もちのおやさしい方であり、陛下以上に感じのよい人物を想像することはむずかしいであろう。

これらの午餐会の献立はいつも同じだった。まず、ぴりっとするソースのかかった二種類の生魚、つぎに「茶碗蒸し」、つまり、たっぷりしたおいしい白ソースに、きのこや焼いたうなぎがひたされている碗である。つぎは魚か、あるいは日本式の焼き鳥、ご飯、いろいろなお菓子。フォークの代わりに箸を使うのがまだ楽でない新米の外交官を眺めるのはおもしろかった。午餐が終わると、天皇はご挨拶をなさり、それから皇族方をおしたがえになってご退出になった。

ついで外交官たちは別室におもむき、そこで式部官たちと巻たばこや葉巻をくゆらせながら、署名簿に署名するのである。最後にそれぞれ自動車で帰途についたが、そのとき、御殿に隣接する庭園の築山の上で、数えきれない軍、民間の招待客が、彼らもまた「くるま」[*2]で、あるいは徒歩で帰るのを追い越したものである。彼らのハンカチには祝宴の料理の残りものと、天皇の盃がつつまれていた。外交官たちは一度家に戻ったあと、車をふたたび皇居にやり、酒の盃と食べきれなかった料理と象徴的なもみの木をとってこさせた。これが礼儀作法にかなったやりかたなのである。料理の残りは大使館の日本人の奉公人たちに分けられ、彼らはそれを宗教的な敬意をもって食べたのである。

新大使館

一九二九年一月に私は、首相だった故加藤［高明］伯爵の家を得てそこに落ち着いた。これは私がすでに一九二七年、古い大使館を移すためにベルギー政府の名において手に入れておいたものである。

この建物は大戦の直前に英国の建築家によって建てられたもので、それに加藤伯爵がたいへんりっぱな調度品をととのえていた。加藤伯爵は長いあいだロンドンにあって、日英同盟の締結につくした人物である。

この館は私たちの古くからの家屋よりずっと広く、一ヘクタール以上の美しい庭園で囲まれていた。建物に隣接する日本風の広い家は加藤伯爵の未亡人によって管理されていたが、一九二八年にこの家はすべて取り壊されて東京の別な町に移築された。その代わり同時に書記官のために新しい家二軒、事務所、事務官とその家族のための日本家屋ひとつを建築し、車庫と使用人の家幾軒かを移動した。こうした新改築と再整備のおかげで、ベルギーは現在東京市内のすばらしい一画に、すべてのスタッフがきれいな居心地のいい住居をもつ、まったく都合のいい大使館を所有しているわけである。二つの通りが直角に交叉し、四辺形の土地の二辺に沿っている。その通りに大使館と書記官の家、事務所、奉公人の家がそれぞれ別個の入口をもっているのである。

ハワイまわりで

一九二九年二月一日、ベリエ子爵夫妻が子どもたちをつれて東京に帰ってきた。次男のミシェルは前の年のちょうどこの日に生まれた。したがって、生後二ヵ月にスエズ運河経由でヨーロッパに発ち、合衆国経由で戻ってきた私の孫は、その最初のお誕生日に、彼の最初の世界一周を終えたわけである！

私自身は三月一日、極東で連続四年近くをすごしたのち、ふたたび休暇を得て日本を離れた。こんどは東廻りで帰途につき、およそ三週間をハワイおよび合衆国ですごした。私にとってこの地ははじめての訪問であった。ホノルルで私は、日本から私を運んでくれた〈大《たい》洋丸《ようまる》〉を降り、そこに数日間滞在した。ホノルルのベルギー名誉領事ラペ氏とベルギー宣教師ヴァレンタン神父は、首都のあるオアフ島に私を訪れさせようとしておおいに骨を折ってくれた。私はそこをヴァレンタン神父の小さなフォードに乗って走りまわった。こうして私はオアフ島を訪ね、パール・ハーバーの海軍基地で司令官たちとお茶を飲み、神父が指導司祭をしているホノルルのハンセン病療養所、ハワイの富を生み出すさとうきびとパイナップルの栽培場、王侯の宮殿を訪問し、地方議会に出席するなど、さまざまな体験をしたのである。気候は理想的で、これらの島での生活はえもいわれぬものに相違ない。

ラペ氏は五十年以上もずっとハワイに住んでいる。モロカイ島のダミアン神父を援助するつもりでやってきたラペ氏は、ちょうど上陸したときに、このハンセン病患者の使徒が世を去ったことを知った。それにもかかわらず彼はモロカイ島に数ヵ月留まった。この間にこれら諸島のアメリカ総督府はハンセン病治療の組織化を引きうけた。ラペ氏は自分の奉仕がもはや必要とされていないと感じ、ホノルルに身を落ち着け、かねて薬剤師の免状を得ていたので、ある大製薬会社と手を結んだ。私が訪ねたとき彼はその仕事を、名誉領事の職務を兼ねておこなっていた。ラペ氏はヨーロッパに帰る気はなかった。その理由は、ハワイに渡るとき船酔いでひどく苦しんだから、と言うのだが……。

ホノルルでもうひとり目立つベルギー人は、ロイヤル・ハワイアン・ホテルのコック長であった！　一九一四年、騎兵隊の兵士であった彼は、アントワープから二度目に出撃したとき重傷を負い、大腿骨をひき裂かれ、意識を失ったまま戦場にとり残された。その翌日ベルギーの衛生隊によって収容されたのち、アントワープからロンドンへ送られた。ロンドンの病院に一年いた彼は、いかなる兵役にも適さないと申し渡されたので、あるホテルにコックとして雇われた。そのホテルから彼は、やはりコックとして合衆国に移り、さらにハワイへと渡ってきたのである。一九二九年における彼の月給はロイヤル・ハワイアン・ホテルで九百ドルであった。このホテルは、ホノルルを、旅行したら必ず最後に着くところと考えているアメリカ西部の大金持ちのためのおそろしく贅沢なホテルであった。

この律義な青年は、あらゆる段階にあるコック三十名ばかりから成る班を指揮していた。彼は自分の部下からも、ホノルルの貧しい人たちからも熱愛されていた。彼がその人びとに、あまねく知れわたった気前のよさを示していたからである。つまりは、彼はハワイでベルギーの名を高めていたのである。

アメリカ大陸横断

ホノルルからサン・フランシスコまで私は〈マロロ〉号で航海した。それはカリフォルニアをハワイ経由でオーストリアに結ぶマトソン・ライン会社の豪華なアメリカ汽船のひとつである。〈マロロ〉号（いまは海底にある）には豪勢な一等船室しかなく、そこに五百人が入っていた。食堂は甲板のひとつにそって長くのびていた。そこで五百人の乗客が同時に、しかもオーケストラの調べを楽しみながら食事をしたのである。船長の食卓に十二名の乗客が同席していたが、そのうちの二、三人はたいへんりっぱな人物であった。しかし、その他の乗客は西部人で大部分が成金のさして教育のない人びとだった。賭事とアルコール以外（それは〝禁酒時代〟だった）彼らはなんの興味ももたなかった。この経験をしたあと、将来またアメリカ船で旅をしたいという私の希望は、以前よりずっと熱のないものになってしまった！

サン・フランシスコに着く前日、帆をいっぱいにふくらませて北に向かう四本マストの大きな船のちょうど後方を通った。天気はすばらしかった。風に傾き太平洋の大きなうねりの上を、拍子をとるように上下するこの巨大な帆船の姿はちょっと見られない光景であった。それを見ていると、まるで別な時代にひきもどされたような気がした。〈マロロ〉号の船長は船をこの帆船の舵《かじ》のすぐ近くまで近づけたので、船員たちは大声で叫びあったり、ことばを交わすことさえできた。

サン・フランシスコを少し見たあと私はサンタバーバラのマクヴィー夫妻の家で三日間すごした。マクヴィー氏はデトロイトの大弁護士だが、天皇の戴冠式までのほぼ三年間、東京で大使をつとめていた人物で、親切にも私をカリフォルニアの彼の夏の別荘に招待してくれていたのである。私は彼といっしょに、附近にいる億万長者たちの豪華な別荘のいくつかや、マクヴィー氏の土地に隣接するサンタバーバラの古ぼけた魅力あるスペイン宣教会の建物などを訪問した。

つぎに私はロサンジェルスとハリウッドにごく短い滞在をした。私はどのスタジオも訪ねなかった。というのは、私は美術にたいしては心ひかれるが、「偽りの芸術」にはなんの共感ももっていないからである。私は映画もまたそのひとつに数えいれる。しかし、その私でも、当時のもっとも有名なスクリーンのスターであるダグラス・フェアバンクスとメアリー・ピックフォードには、もし会えれば喜んで会ったろう。だがふたりとも不在だった。一日滞在したコロラドのグランド・キャニオンでも彼らに会いそこなった。その代わり、私はそこでブルガリアのボリス国王の弟、キリル殿下にお会いして楽しい会話を交わすことができた。グランド・キャニオンは啞然とさせられるような驚くべき土地である。そこでは驚天動地といったおそろしい印象を与えられ、私はそこから遠ざかるのがうれしかったほどだ。

サンタ・フェの鉄道線路はアリゾナとニュー・メキシコの砂漠を横切り、かつて金の発見をめざす人びとが通った古い道に沿っている。そこにはまだたくさんのインディアンが見られる。この鉄道で私はシカゴに行き、そこで復活祭を過ごした。つぎにワシントンにおもむき、一週間、ベルギー大使館のアルベール・ド・リーニュ公爵夫妻のもとで手厚いもてなしを受けた。公爵とともに私は、合衆国大統領であり、一九一七年来わが国の名誉市民でもあるフーバー氏を訪問した。私は大統領に、ル・アーヴルの外務省の政務局長時代、フーバー氏をベルギーの友とするこの称号授与の王令を作成したのが私であったこと、また氏が、大戦中わが国の補給のために献身したかぎりない業績にたいする唯一の報酬として、この称号をすすんで受けとってくださったことなどを語った［第一次世界大戦中、ベルギー政府はフランス北部のル・アーヴル周辺に疎開していた］。

ベルギーにて

ホワイト・スター・ライン会社の〈アラビック〉号でニューヨークからアントワープに帰り、そこで四月の終わりに家族と再会した。

私たちは休暇中のほとんどを、アルメ通り《アヴェニュー・ド・ラルメ》の私の家で過ごし、ブリュッセルの社交生活に積極的に参加した。次女が慣習によって「世間に」出る年齢に達していたからである。

私が加わった数多くの集りのなかで、私の家で開かれた昼食会がとくに思い出に残っている。あるおもしろいきっかけで、日本における私の先任者三人の夫人方が私の妻と会合したのである。すなわち、ダネタン男爵夫人、デラ・ファイユ伯爵夫人、ヴァルゼ・デルマール男爵夫人で、これにブリュッセルにおける日本の代表者の夫人ふたり、永井夫人および武者小路子爵夫人が加わった。永井夫人はその当時の大使夫人であり、武者小路夫人の夫［公共］は安達［峰一郎］氏の出発と永井［松三《まつぞう》］氏の着任のあいだ、臨時にその職を委任されたのであった［正確には臨時代理大使となったのは、一等書記官の栗原正］。武者小路子爵は一九二八年スウェーデンの日本公使となり、夫人は数日間をすごすためにベルギーに来ていたのである。

妻と私は七月二日、ブリュッセルの宮殿で、ブラバン公夫妻に謁見した。このとき私たちははじめて、やがてアストリッド王妃となられる優雅で美しい妃殿下にお目にかかった。私たちはすぐに、妃殿下がわが国にお着きになるやその魅力にすべてのベルギー人が心を奪われたしだいをよく理解したのである。

同じ月の十六日、私たちは王のご招待でラーケン宮殿の晩餐会に出席した。他の招待客はアンリ・ランベール男爵夫妻、当時のリオ・デ・ジャネイロの合衆国大使夫人ギブソン夫人（イネス・レンティヤン）、それに王妃がエジプトで知りあわれたある英国士官であった。

七月三日、中央産業委員会（le Comité Central Industriel）がアストリア・ホテルで大昼食会を催し、私はその席上、日本の経済状態および、日本・ベルギー間の貿易の展望について見解を述べる機会が与えられた。多くの実業家や商人が出席していて、極東に彼らの事業を発展させる可能性に興味を抱いたようであった。なかでも板ガラス業者組合、「写真フィルム・印画紙の」ゲバルト商会、ウーグレの製鋼所は、その後、日本において無視しえないすばらしい成功をおさめた。彼らは活動的で有能な代理人を送るか、あるいはまた現地で発見したのである。

スターレンベルク氏は板ガラス業者組合の代理店を六年間神戸で営み、傑出した業績をあげた。フェルヴィースト氏はゲバルト商会の代理人として、東アジア全域における輸出にめざましい発展をもたらしたので、私が一九三九〔昭和十四〕年に日本を去ったとき、本社ではアントワープの同社の支店として写真加工関係の工場を日本に建設することを考えていたほどだった。ウーグレの東京代理人（小林陸軍大佐とともに）であったシュヴァリエ氏は、実業界に入る前は横浜の副領事の職にあった。この職にあったとき彼は、クローデル氏に同行して、一九二三年九月三日、逗子の私たちのところに来たのである。横浜の火災ですべてを失ったシュヴァリエ氏がひどいぼろを着ていたので、私は上衣を一着と、白いネルのテニス・ズボンを一枚彼に提供した……。善行はつねに報いられるという。しかし、のちにシュヴァリエ氏が日本でベルギーの利益のために奉仕することになったのが、この上衣とズボンへの感謝のためばかりだとは、まさかそれほどうぬぼれて考えはしないけれど……。

一九二九年の秋、マリー・ジョゼ王女とピエモンテ公［イタリア皇太子ウンベルト］との婚約が正式に発表された。私たちの国王はブリュッセル王宮で夜会を催し、私も妻といっしょに出席した。その席で私たちは、優雅な王女みずからによって、イタリア王位の継承者に紹介されたのである。

〈筥崎丸〉と〈浅間丸〉

私たちは一九二九年十一月九日、下の子どもふたりを連れ、極東に向かう三度目の航海に旅立つため、マルセイユで〈筥崎丸《はこざきまる》〉に乗船した。マドレーヌ・デュルセル伯爵夫人（その後ポール・ドゥルツルモン伯爵夫人になった）が私たちといっしょにシンガポールまで行かれることになった。夫人はそこから、仏領インドシナで農園を経営する兄を訪ねる予定だった。シベリア経由で帰国するとき夫人は東京のベルギー大使館に寄り、一ヵ月のあいだ、その愛すべき人柄で私たちを楽しませてくれたのである。

シンガポールに寄港したとき私たちは、マリー・ジョゼ王女の結婚式が一月八日に決定されたこと、東京のイタリア大使館がこの機会に大晩餐会を開く予定であることを知らされた。この知らせで私たちは、かねてから計画していたジャワ島訪問を断念する決心をした。これを実行すると必要なときに日本にいられないおそれがあったからだ。そこで私たちは〈筥崎丸〉で航海を続けることにした。

数日後香港に到着し、船は九龍《クーロン》港の波止場に碇泊した。そのちょうど向かい側に太平洋横断航路に就航する〈浅間《あさま》丸《まる》〉が錨をおろしていた。〈浅間丸〉は「処女航海」を終えたところだった。横浜、サン・フランシスコ間を往復したのち、はじめて香港に寄港したのである。二つの汽船の船長は私たちにいくつか荷物をもって〈浅間丸〉に移ったらどうかと申し出てくれた。ふたつの「豪勢なお供」のうちひとつを勝手に選んでいいというのだ。私たちは、香港にあと二日いられるというだけに、喜んでこの申し出を受けいれた。この美しい町で私たちは、ベルギーの名誉領事ボルシウス氏をはじめ、多くの外国弁理公使と知りあった。そのなかに総督セシル・クレメンティ卿がいて、私たちは到着の翌日十二月九日、「ピーク」の頂にある美しい邸宅に招かれ、ご夫妻と夕食をともにすることができた。ケーブルカーで山頂に上るとその駅に幌のない三つのかごがあった。それぞれに、赤と白の絹の制服をきたクーリーが四人ついてこれを運ぶのである。この絵のようなかごに乗って私たちは、駅から総督官邸までの一キロを、みごとな月明かりをうけながら数分間でとび越えた。私たちの他には総督府の三人の副官と、ボルシウス家の人びと、それにクレメンティ夫人の友だちであるフランス婦人が同席した。中国にもっともよく精通したヨーロッパ人のひとりであるセシル・クレメンティ卿と話ができたことは、私にとって大きな喜びであった。卿はのちにシンガポール総督になり、私たちはその港を通ったとき、一度、やはり招待をうけたことがあった。

ダグラスとメアリー、バッソンピエール家の人びととともに到着

こうして私たちは香港から横浜へ〈浅間丸〉に乗って航海したわけだが、その途中、上海に寄港したときのことだ。この二番目の「豪勢なお供」にダグラス・フェアバンクスとメアリー・ピックフォードが乗ってきたのである。私はこの年のはじめ、カリフォルニアで彼らに会いそこなっていた。だがこうして思いがけなく知りあいになれ、神戸に着くまで毎日彼らと顔をあわせることになった。ダグラスの話は私の興味をひいた。なぜなら彼はどんなことでも話したからだ……映画以外のことなら。このふたりは、アメリカの鳴り物入りの宣伝で、その来日が予定されていた。日本人の熱狂ぶりはものすごく、〈浅間丸〉が到着したとき、押し寄せる群衆が神戸の波止場をうめつくした。公安官が船への来襲を防いだが、私たちは、迎えに来てくれたベルギー名誉領事メルシオン氏[*3]とともに、波止場から抜け出そうとしてひどく苦労した。翌日、どの新聞もダグラスとメアリーの記事でいっぱいだった。英字新聞『ジャパンタイムズ』は次のような大見出しをかかげていた。「ダグラスとメアリー、バッソンピエール家の人びととともに到着」……。

私たちはベリエ一家と東京で十二月十九日に再会した。私の婿は留守中大使館をよく管理してくれた。彼を補佐していたのはユベール・カルトン・ド・ヴィアール氏で、私の休暇

中、北京公使館から臨時に来てもらっていたのである。ユベール・カルトン氏は新年のいろいろな祝いのあとまで私たちのところに残り、それから中国に戻った。私はもっと長く彼の優秀な協力を得ていたかったのだが、状況がそれを許さなかったのである。

陽気な幣原男爵

一九三〇年一月六日、帝国ホテルでイタリア大使館の晩餐会が開かれたが、これは日伊協会の後援会長梨本宮殿下ご夫妻の主催によるものであった。イタリア大使館は、一九二八年七月から一九二九年秋まで大使を務めたアロイジ氏と、翌年夏にやっと東京に赴任したマイオーニ氏とのあいだの空白期間にあたり、トレント出身のヴァイルショット氏が暫定的に管理していた。一月八日正午に、ベルギー大使館で、私たちの王女のご結婚を祝すレセプションが催された。すべての大公使をはじめ、外務大臣幣原《しではら》〔喜重郎《きじゆうろう》〕男爵や、皇室の高官たちが出席して私たちに祝いのことばを述べてくれた。

幣原男爵は一九二四年に加藤〔高明〕子爵の内閣にはじめて外務大臣として入閣したが、それまではワシントンで大使の職にあった。加藤子爵は幣原男爵と義理の兄弟であった。ともに〔三菱の〕岩崎家から夫人を迎えていたからである。幣原男爵は中国にたいして隠忍自重した政策をとることを主張していた。一九二七年から一九二九年までの田中《たなか》〔義一《ぎいち》〕内閣はそれとは異なる方針をもっていた。しかし一九二九年七月、私の休暇中に幣原男爵は浜口《はまぐち》〔雄幸《おさち》〕内閣でふたたび外務大臣に返り咲いた。私たちはきわめて親しい友人であったので、私は彼のために個人的なお祝いの電報を、協定によって定めた住所の符号Nathenad, Tokioをつけてベルギー大使館あてに打っておいた。この電報には三つの日本語しか書かれていなかった。すなわち、Shidehara《シデハラ》 omedeto《オメデトー》 gozaimas《ゴザイマス》。幣原男爵に私の祝いのことばを伝えよということである。私は婿がこの電報を開いて理解してくれるだろうとあてにしていた。しかし不幸なめぐりあわせで、電報が着いたとき事務所にいたのはただひとり、ほんの数日前に到着したばかりのユベール・カルトン・ド・ヴィアールであった。彼は暗号だと思いこみ、新任者の新鮮な情熱をそそいで、その暗号文解読にとりかかったのである。一時間にわたって商業上のまた機密上の想像しうるかぎりの略号を当てはめようと努めた結果、彼はついにその努力の空しさをさとらねばならなかった。そこで彼は、ベリエに電報をわたした、不成功の言いわけをしながら……。ベリエは一目見てそれこそ常軌を逸した笑いの発作にとりつかれた。その事情を知ったときユベール・カルトン自身も同じように笑いころげたのである……！

幣原喜重郎
（国立国会図書館蔵）

幣原男爵はとても陽気な人柄で、英語を英国人と同じように話した。日本語で「ひ」（英語のHe）は、東京附近では軽い摩擦音を加えて「し」（英語のShe）と発音される。

あるアメリカの女性が、大臣の名前が二とおりに発音されるのを聞いて、あるとき私の前で男爵に正しい発音はどちらかとたずねた。大臣は笑いながら答えた。「どちらも正しいんですよ。私の妻のことを話すときには Shidehara、私のことを話すときには Hidehara とおっしゃればい い……」。

別なとき、日本の地名と人名が頭のなかでごちゃまぜになっているあるフランスの夫人が、大臣に、自分はすでに観光客が見るべき主な場所はすべて行ってきたと語ったことがある。それから彼女は、ほとんどすべての名前を台なしにしながら、こう数えあげた。カマクラ、エノシマ、カルイザワ、それから……シデハラ！*4 大臣はこれがひどくおもしろかったとみえ、上機嫌で笑いながら、みんなにこのことを吹聴してまわったのである。

中禅寺湖畔の夏

私がすでに一九二九年一月にひとりで「野営」したことのある新しい大使館は、私の休暇中に完成していた。私たちはヨーロッパから、まだ不足していた家具類や食器類を持参してきた。

すっかり落ち着くと私たちは、前年大倉［喜七郎《きしちろう》］男爵によってベルギー国王に提供された中禅寺湖の湖畔にある美しい別荘を見に行った。

その夏、東京はひどい暑さで、しかもじめじめしていた。七月二十日から九月二十日まで、シンガポールやバタヴィア［ジャカルタ］ばりの熱帯性気候が東京を支配した。外交団の人びとも他の外国人もこの二ヵ月間、あるものは東京から一時間ほどの鎌倉周辺に点々とする海辺に、あるものは田園へと逃げ出した。山間でとくに避暑地として有名な場所がふたつある。東京の北百六十キロ、日光に近い中禅寺湖と、首都からはほぼ同距離だが北西の浅間山の麓にある軽井沢である。私たちは一九二一年、二二年、二三年の夏を海辺ですごした。一九二五年と二六年は軽井沢の貸別荘で酷暑の季節を送り、一九二七年は中禅寺に滞在した。

中禅寺湖は日本でもっとも魅惑的な景観をもつ場所のひとつである。広大で、出入りが多く、スコットランドやノルウェーの湖を思わせる。鉄道はこの湖までは通じていない。海抜八百メートルの日光が終点である。海抜千三百メートルの湖に行くには、三十回も鋭く曲りくねって山を乗り越えている十二キロの道を通らねばならなかった。この道を自動車が走れるようになったのは、ほんの十数年前からである。湖は、その多くが二千五百メートルを越す植林された山々で囲まれている。

中禅寺の村にはふたつの寺と洋風のホテルひとつ、それにたくさんの日本旅館があって、その風景は絵のように美しかった。少し離れた湖の岸辺に、いくつかの大公使館が夏の別荘をもっていた。英国、フランス、イタリアの各大使館がそうだった。一九二七年に、その名を冠した大企業会社の社長である大倉男爵は、私に、前年［一九二八年］に亡くなった尊父が六十年近くもベルギーと重要な商業上の取り引きをおこなっていたので、この関係を記念して、アルベール王に別荘をひとつ提供し、駐日ベルギー大使館の夏季別荘として使ってもらうことにしたと語った。男爵は、フランス大使の別荘に近い、中禅寺湖畔のじつによい場所だがどう思うか、と私にたずねた。アルベール王およびベルギー政府の同意を確かめたあと私は、この大倉男爵の寛大な申し出を受けた。土地の整備と別荘の建築は、一九二九年夏に使用できるように進められた。私の休暇中仕事を引きうけてくれたベリエ子爵はその年の八月に家族をそこに住まわせた。このときから妻も子どもたちも、毎年夏がくるとこの愛らしい住居を楽しんだ。一九三〇年から三二年までの夏はとくに愉快にすごし、最良の思い出を残すことができた。

ヨット

大使のなかには、大使館の文書の一部や事務所員の一部を夏季避暑地の別荘に移し、酷暑のあいだ、東京にはまれにしか出なくてすむようにする人もあった。しかし私は、個人的には暑さにもかなり慣れたし、それに、そういった同僚たちの真似ができるほど館員が多くなかった。[*5] 私はときに少し延長することはあっても週末しか中禅寺ですごさないようにした。湖畔の生活はじつに快適であった。そこでは水上スキーがさかんだった。外交官と他の外国人とで、二十ないし二十五隻の小さなモノタイプ級のヨットをもっていた。この型は「キャットボート」とも言うが、日本では「ひばり《ラークス》」という名前でよばれていた。「男体山《なんたいさん》」ヨット・クラブとそのバンガローは週一回、ときには毎日連続しておこなわれるレースの中心であった。このレースは長期滞在者たちの大きな気晴らしになっていた。私は二シーズン「古参船長級《コモドール》」であったが、ついでこの地位をイギリス大使に譲ることになった。彼はほとんどいつも湖に出ていて、私よりずっとヨットの練習量が多かった。このサー・フランシス・リンドレーと私が急速に親しくなったのは一九三一年から三四年にかけてで、彼の国際連盟および国際政治に関する見解が私の見解とたいへん似ていたからである。ロヴァット卿の妹であるリンドレー夫人と令嬢のアリスとメアリーもまた私の妻と娘のよい友だちになった。たいへん残念だったのは、サー・フランシスが一九三四年のはじめに引退したことであった。彼の娘のアリスはしばらくして、父の補佐官のひとりオスカー・モーランド氏と結婚した。モーランド氏はやがて奉天領事に任命されたが、一九三八年東京大使館に戻って書記官の任についた。メアリー・リンドレーは上海のジャーディン・マセソン会社の重役のひとりと結婚した。私は一九三九年二月、最後の航海のさい、そこで彼女に会うことができた。

中禅寺湖の常連のひとりはトーマス・バティ氏だった。彼は日本外務省の英国人法務顧問[*6]で、夏中、妹およびアブリコソフ氏といっしょに英国大使館の別荘の近くにある美しい湖畔の家ですごしていた。バティ氏と妹、それに彼らの招待客たちは、他のものより大きい二本のマストのヨットでレースに参加した。その名は「アーク」すなわちノアの箱舟というのである。「ひばり《ラークス》」と違って「箱舟《アーク》」はけっして顚覆《てんぷく》しない。この点で大使の夫人連中はおおいにこれを高く評価していた……。バティ家の東京の家は、その庭が最初のベルギー大使館の庭と接していた。私たちは十八年間、彼らとたいへん仲のよい交際を続けた。バティ氏は国際法の権威であった。彼は国際法黄書《イエロー・ブック》の作成委員会のメンバーで、その報告書の表紙には彼の名が記されている〔黄書とは政府刊行の公式レポートのこと。通例黄色い表紙なのでこう称される〕。彼は『国際法の諸法規 The Canons of International Law』と題する著書を書いたが、そのなかで、一九一四〜一八年の戦争後、国際法で残っているものを定着させようと試みている。たいへんまじめな著作なのだが、この本を、腹の底から笑わずに、三ページと読みすすむことは不可能である。著者が自分の扱う問題を提起するそのやりかたに、冷徹なユーモアがあるのである。信念をもった独身者であるバティ氏の考えはこうだ。もしすべての人びとが自分と同じように独身を守れば、人類は現存の世代が終わると消滅する。それは一度、戦争や、人類を苦しめる他のいっさいの悪に終止符を打つための最良の、あるいは唯一の手段であろう……。

グルー米国大使

一九三〇年のはじめ、さきに一九二二年ワシントンにおいて列強が調印した海軍力に関する諸決議を修正するために、国際会議がロンドンで開催された。アメリカ政府はこの期間中東京へ大使として「ウイリアム・」キャッスル氏を送りこんできた。彼はずっと以前からワシントンで国務次官の職にあり、一時的な任務を終えたあとは、ふたたびもとの地位に戻った。キャッスル氏の先任者たちは、アメリカの古くからの慣習にしたがい、すべて外交官としての教育を受けていない政治家や弁護士で、私は彼らの教育や活動方法と、この新任者のやりかたとのあいだにある相違に非常な興味をおぼえた。一九三二年から私はアメリカの同僚として、私の知るかぎりもっとも華やかな外交官としての経歴をもつ［ジョセフ・］グルー氏を迎えた。母の血筋から哲学者エマーソンの孫にあたるグルー氏はきわめて教養の高い、すぐれた知性の持主であった。

彼は、一九一四年の戦争のさい、まだ合衆国とドイツが敵対関係に入らないときベルリンのアメリカ大使館付参事官であった。ブリューハー皇妃は、のちに出版したこの激動の時代に関するきわめて興味ぶかい私的なノートのなかで、グルー氏の態度やそのやりかたにたいし強い讃辞をおくっている。皇妃はそのくせ大使であるジェラルド氏をあまり認めていないのだが……。

私は一九三九年に任務を終えるまで、グルー氏ときわめて親しい、信頼にみちた関係を保った。

グルー夫人のほうも私の妻の真の友人になってくれた。優美で聡明な夫人は、東京に寄る外国人を温かく迎え入れることによって、アメリカ大使館をひとつの国際的センターにまでしてしまった。令嬢のエルジーは一九三六年にミセス・リオンとなったが、彼女もまた母親を助けて、この役割をつとめたのである。

私が東京を去ったのちグルー氏は私に手紙をくれて、私の例をみて考えるところがあり、アメリカ政府に、自分の外交官としての生命を日本で終えさせてくれと求めたと書いてきた。大使館を任せてくれるなら、ヨーロッパより、ずっとよく日本で活動できると信じたからである。手紙のなかで彼はこう書いている。「私が日本人を愛していることをあなたはよくご存じですね」。彼がみずからに課した大目的は、ペリー家出身のグルー夫人の大伯父ペリー提督によって開かれた合衆国と日本の友好関係を、確固たるものとして永続させることにあったのだ。

その後に展開した一連のできごとは私をひどく驚かせた。私は考えた。もしアメリカ政府がグルー氏や彼のすぐれた協力者の豊かな経験に裏打ちされた助言や忠告より、日本にろくに住みもせず日本人の心理もわからない幾人かのジャーナリストの貧しい結論をとりあげるようなことをしなかったら、と。たとえば『日本の粘土の足』(Le Japon aux pieds d'argile［原著は英語］)の著者フリーダ・アトリー夫人の意見というのがそれである。この女性を装ったジャーナリストは一九三七年、この題で五百ページの本を出版した。そのなかで彼は多数の正確な事実を確証している。しかし正しい前提から彼が引き出した結論は誤っている。彼はあたかも日本人をアメリカ人かヨーロッパ人であるように考えて推論したからであり、しかも日本人はまぎれもなくアジア人なのだからである……［実際にはフリーダ・アトリーは女性である］。

長良川の鵜飼い

一九三〇年七月、大公使とその夫人、および彼らの協力者たち(各国それぞれ一名、夫人同伴も可)は、皇室の招待で岐阜の長良川《ながらがわ》で鵜飼いを観た。

この催しがおさめた成功によって皇室は、これを年中行事にすることを約束した。東京か

（上左）ジョセフ・グルー米大使
（上右）軽井沢でゴルフを楽しむグルー大使
（下）特急〈つばめ〉で長良川の鵜飼いに向かう各国大使（1937年7月7日朝）
向かって右からグルー米大使夫妻、ひとりおいて、ヒュスレヴ・ゲレデ駐日トルコ大使夫妻。なお、この日の夜、盧溝橋事件が勃発するら特別列車に乗り、五時ごろ岐阜に着いた。式部官や侍従たちもいっしょであった。岐阜は京都へ向かう途中の町で、そこを流れる長良川は日本アルプスから絵のような山峡を通って濃尾平野に入り、名古屋市の南方で太平洋に注いでいた。最近、長良川の岸辺に建てられた美しい洋風のホテルに、外交官たちの部屋がとられていた。このホテルの正面が鵜飼いの舟の発着所であった。七時ごろ、みんな平底の舟に乗りこみ、絵画的な着物を着た人足たちが舟を曳き、川の狭いところを急流にさからって数キロもさかのぼるあいだ、すばらしいご馳走にあずかった。八人の人が八本の綱で一隻の舟を引いたが、彼らが土手を走り、浅瀬を渡り、猫のように岩を登り、ときどき独特の叫び声をあげて、小舟の乗客をひやっとさせるのを見るのはじつに奇異な光景であった。暗くなると、小舟の屋根に沿ってずっと付けられた紙のランタン［提灯］に灯がともった。九時ごろ、下船の場所に着いたが、そこには幾羽かの鵜とその飼い主が待っていた。彼らは説明をし、鵜の訓練と、どうやって鳥たちに魚をとらせるかを実演してみせてくれた。鵜は非常に長い頸をもった黒い大きな鳥である。幾本もの長いひもで小舟につけられた鵜は、舟の手すりに沿って六羽か八羽並び、命令一下水中にもぐり、一羽で十四から二十四の「鮎」をとってくるのである。鮎は、型の小さい鱒《トリユイット》である。鵜の頸の下方に輪がはめられ、魚を呑みこむことができないようになっていて、舟の上でそれを吐き出させるのである。漁の季節は五月から七月まで続く。

実演のあと漁船と鳥は上流のほうに姿を消し、招待客たちは岸につながれた舟のなかで待っている。やがてかなたに、川をせきとめるような一列の火があらわれる。それは十隻の漁船が、それぞれの船首に、斜めのマストに釣り下げられた大きなブラセロ〔かがり火、もともとスペイン風の火鉢の意〕をもっていた。その炎が川を幻想的に照らしだしていた。舟は全速力で川を下り、漁師たちは歌いながら舟べりを叩いて調子をとり、鳥たちは舟べりの自分の場所でもぐったり、浮かびあがったりしながら魚をとるのに大童《おおわらわ》であった。漁船は招待客の前を通りすぎたところで止まり、彼らを待っている。招待客たちはそれぞれの舟に乗って少し川を下ると、ふたたび止まった。また漁船が列をつくって川を下るが、それはじつに夢幻とも言うべき光景であった。それから漁師とともに招待客も川を下り、彼らのたいへん興味ある仕事ぶりを近くで観察することができた。こうして岐阜の近くに着くと、そこでは大勢の日本人や観光客が舟の上で、あるいは土手の上で、こんどは彼らが鵜飼いの光景を楽しんだ。一方、ホテルの正面に向きあった山から、美しい花火が打ちあげられた。

このお祭りは十二時前に終わり、翌朝、汽車か自動車で外交団や侍従たちは東京へと戻るのであった。

訪問者たち

一九三〇年の夏に、国際連盟から任命された調査団が極東に来て、アヘンおよび麻酔剤の取り引きの状況を視察した。この調査団はスイスとスウェーデンの外交官と、現在ブリュッセル銀行総裁マックス・レオ゠ジェラール氏の三名によって構成されていた。レオ゠ジェラール氏は、他の同僚ふたりと中国および満洲に関する綿密な調査を終えたのち、数日間日本に滞在した。私たちは彼をベルギー大使館に迎えることができた。同じころ、有名なロシアの医学者ヴォロノフ博士も、愛らしい若い夫人といっしょに東京に滞在した。私たちは彼らに幾度か会い、興味ぶかい会話を交わすことができた。ヴォロノフ博士は私にこう断言した。もし正常な人間が完全に科学的に、しかし行きすぎることなく生活したら、いかなる人工的な若返り法に頼ることなく百二十年から百二十五年は生き延びることができる、と……。

一九三〇年秋、いくつかの中国および日本の大学によって極東で講演会を開くよう招かれた［エミール・］ヴァンデルヴェルデ氏［ベルギーの社会主義者］が夫人とともに数週間日本に滞在した。彼らは九月中旬ころ三日間、東京の大使館の客となった。

私はまた、第二インターナショナルの偉大な指導者とのさらに実りある接触をした。私はすでに一九一四〜一八年の戦争中、ル・アーヴルでしばしば彼に会っていたが、その後は会う機会はなかった。思想的に私たちは距《へだた》っていたが、私はこの偶然の接触が、よくおこるように、私たちの相互理解と個人的友情をいっそう深める機会になったという印象をもった。

浜口首相、狙撃さる

十一月に新たな悲劇がおこった。一九二九年七月以来首相の座にあった浜口〔雄幸〕氏は、一九二二年のワシントン条約に、ロンドンの海軍軍縮会議がおこなった修正を年のはじめに受諾していた。この修正には、海軍の「行動主義者《アクチヴィスト》」や過激な国粋論者を満足させるものはなにひとつなかった。十一月にひとりの熱狂家〔佐郷屋留雄《さごうやとめお》〕が首相を撃って腸に達する重傷を負わせた。浜口氏はきわめて危険な手術を受けなければならなかった。そして数ヵ月間、生死の間をさまよった。首相としての職責は臨時に外務大臣の幣原男爵に委託された。

一九三一年三月、浜口氏はその職務をおこなうほど回復し、議会にも姿をあらわしたが、四月に入って力が尽きてしまった。彼は辞職のやむなきにいたったが、その数週間後に亡くなった〔実際は、浜口は八月に死去〕。若槻《わかつき》〔礼次郎《れいじろう》〕男爵がその後を継いだが、十二月に犬養《いぬかい》〔毅《つよし》〕男爵が代わって首相となった〔犬養は勲一等だが爵位は有していない〕。一九三二年五月十五日、こんどは彼が暗殺されることになるが、これは後述することにする。

＊1　祖父と父は長年にわたってお互いにベルギー軍主計官長であった。祖父は一八三〇年の革命後すぐから、父は十九世紀の終わりに十年間、その任にあった。
＊2　あるいは「人力車」。フランス語で「プース・プース pousse-pousse」。
＊3　もとフランス海軍士官だったメルシオン氏は神戸で「レール・リキッド」会社の日本代理店を経営していた。氏は、オペラ歌手としてすぐれた才能をもつ夫人とともによく東京に出てきていた。
＊4　おそらく彼女は「塩原」と言うつもりだったのだろう。これは秋の紅葉で有名な場所である。
＊5　書記官一名の他に、大使館には日本人の通訳事務官（名誉の等級をもつ）一名、ベルギー

人通訳領事フェルナンド・ブッケンス氏、および二名のタイピストがいるだけであった。フェルナンド・ブッケンス氏はベルギーの医者の息子である。この父親の医者は長く中国にいて、そこで日英混血の女性と結婚した。ブッケンス氏はサン・ミッシェル学院で勉強し、一九二一年までは私の長男と同窓であった。私が彼を知ったのは一九二四年の休暇のとき、外務省においてであった。彼はほどなく東京で翻訳官の職に就き、きわめて熱心に働いてくれた。

＊6〔著者は本文にGaimushoというローマ字を使用している〕外務省には、一九二一年にふたりの外国人法務顧問がいた。バティ氏とフランス人ジャン・レイ氏である。ジャン・レイ氏は現在パリにあり、最近〔一九四一年〕『近代的大国家たる日本』Le Japon, Grande Puissance moderneという本を出版した。これは私が今まで読んだこの主題の書物では最良のもののひとつである。

第六章　満洲問題と三度目の休暇（一九三一～一九三三年）

オルガス家の人びと

グレコのもっとも美しい作品のひとつで、また歴史的な見地からもっとも興味ぶかい絵画は、オルガス伯の埋葬を描いた、トレドの聖トマス《サント・トメ》教会の主祭壇上に掲げられている絵である。この絵は幸いにも市民戦争［スペイン内戦］の惨禍を免れた。私はあの怖ろしい時代を目前にした一九三六年三月に、これを鑑賞することができた。そして偶然にもオルガス伯の後裔と日本で近づきになっていたということで、いっそう深い興味をその絵におぼえたのである。

セラマーニャ伯爵は一九三〇年には、東京のスペイン公使館付書記官であった。この公使館は当時現駐米大使であるデ・カルデナス氏を公使として迎えていた。セラマーニャはベリエの大の親友であり、一九三〇年から三一年にかけての冬は家族をあげてベリエの家ですごしたほどである。その家族は彼の母であるオルガス伯爵夫人、三人の兄弟、オルガス伯爵、ラス・パルマス侯爵、ヴィーヤ・シドロ侯爵、それに彼らの妹マリア、オヨサ男爵夫人であった。思想的にも感情的にも、また趣味の面でも似かよっていたため、私たちとオルガス家の人びとは、最初から強い親愛の心で結ばれたが、その後のさまざまなできごとが、それをさらに堅い友情へと変えたのであった。ベリエ家が一九三四年にマドリッドに着いたとき、オルガス家の人びとは彼らをただちにスペインでもえり抜きの社交界に紹介した。妻と私は一九三六年にこの国を訪れたが、このときも私たちは彼の家で心をこめたもてなしにあずかったのである。

私の婿は、その外交官としての身分のおかげで、市民戦争の恐怖の暗い数ヵ月、この一家の多くの人びとに援助を与えることができて、おおいに感謝されたのであった。

東京着任十周年

一九三一年五月十一日、私たちが東京に着いて十周年にあたり、外交団の私の同僚たちによって六十七人分の席をもうけた大宴会が帝国ホテルの大広間において開かれた。それはまことに楽しかった。私たちのために催されたこの友情あふれる会の音頭をとったのは、ソビエト大使で外交団副首席のトロヤノフスキー氏[*1]であった。彼は即興の演説をしてから、私に、すべての大公使の名において、彼らの名を刻んだ銀製のとびきり上等なシガレット・ケースを手渡してくれた。当時ベルギーはまだソビエト政府を承認していなかったが、私は首席としてトロヤノフスキー氏とは、すでに何年にもわたって、きちっとした交際を保っていた。彼の演説は親切であるばかりでなく感動的でさえあった。日本の高位高官の人たちも私の同僚に加わっていた。外務大臣幣原［喜重郎］男爵、内大臣牧野［伸顕］伯爵、宮内大臣一木《いちき》［喜徳郎《きとくろう》］氏、式部長官で元の駐英大使林［権助］男爵、外務次官で以前ブリュッセ

バッソンピエールを囲む人びと
（左上）アレクサンドル・トロヤノフスキー駐日ソ連大使
（左中）一木喜徳郎（国立国会図書館蔵）
（左下）林 権助
（右上）永井松三
（右下）佐藤尚武（国立国会図書館蔵）

ルの大使だった永井〔松三〕氏、ブリュッセル大使でこのとき休暇帰国中の佐藤《さとう》〔尚武《なおたけ》〕氏、およびその他多くの皇室、内閣関係者が夫人同伴でこの宴会に出席し、幣原男爵は私たちに、日本の友人たちの名を台に刻んだ大きな銀製の「むつみの杯《ラヴィング・カップ》」を与えられた。

一流音楽家が続々と来日

一九三一年の夏、ヴァイオリニストであるシゲティが一連の演奏会を開き、日本で偉大な成功をおさめた。そのなかのある演奏会の間にかなりはげしい地震が感じられたが、幸いにも演奏者は休憩中であった。しかし彼はこれにたいへんな衝撃を受け、つぎの日曜日に鎌倉で会ったときにも私たちにその興奮を語った。ベリエ子爵は六月に家族を鎌倉の海辺に住まわせていたので、私たちはそこで会ったのである。

毎年私たちは東京で誰かしら有名な音楽家の演奏を聴き鑑賞することができた。一九二三年私たちはクライスラーとホルマンを迎えた。その後、ジャック・ティボーが二度来日した。それほど日本人は彼を高く評価していたのである。それからジル＝マルシェ、ハイフェッツ、モイゼヴィッチ、ジンバリスト、大ギター奏者セゴヴィア、ミッシャ・エルマン、シャリアピン、クズネツォヴァその他大勢の演奏家たちが来日した。私たちはいつもこれら音楽界のスターたちを大使館に迎えた。任期の終わりころ、私たちはさらにルービンシュタインとヴァインガルテンという二大ピアニストの演奏を聴いた。後者は一年半、東京音楽学校でピアノ教授を務めた。その少し前、ヴァインガルテン氏はバティアニィ公爵夫人

井上園子

の末娘と結婚していた。この公爵夫人は一九三六年から三七年にかけて日本の彼の家に長逗留していたのである。私たちは夫人とその令嬢とたいへん親しくなった。ヴァインガルテン教授は幾度も大使館で、夕食後演奏してくれたが、同時に東京の著名な眼科医の令嬢で彼の愛弟子である井上園子《いのうえそのこ》もこれに加わった。残念なことに私たちの日本滞在十八年間に、ベルギーの音楽家がひとりもやってこなかった。一九二五年に、現在のブリュッセル音楽院長レオン・ヨンゲン氏が、数ヵ月間サイゴン「現在のホーチミン」の音楽院を指導しに同地におもむく前、ピアニストとして一連のコンサートに参加したことがあった。私たちはできるかぎりのことをして同氏の東京滞在を気もちのよいものにするようにつとめた。

一九三七年六月三日、晴れやかな日のなかで、私たちの大使館では驚くべき組みあわせの人びとが昼食をともにした。フランスのピアニスト、ジル＝マルシェ、ウィーンのピアニスト、ヴァインガルテンとその夫人、ウィーン・フィルハーモニー管弦楽団の著名な指揮者ヴァインガルトナーとその夫人、フィラデルフィア管弦楽団のこれまた有名な団長「レオポルド・ストコフスキー」の細君ストコフスカ夫人、それに日本のピアニスト井上園子という顔あわせである。

ヴァインガルトナー氏夫妻はアジアの巡回演奏会の途中であり、ジル＝マルシェ氏もまた同様の旅先であった。ストコフスカ夫人はヨーロッパへの帰路たまたま東京に立ち寄ったのである。

日本の音楽について

西洋音楽を日本人は非常に高く評価している。ベルギーの王立音楽院に匹敵する東京音楽学校の外にも、外国人あるいは日本人の芸術家によって指導される相当数の私立の音楽学校がある。

夏の盛りを除いて、東京では音楽会がほとんど連日のように開かれている。日本の交響楽団はここ二十年ほどの間に驚くべき進歩をとげた。そのうちのひとつは数年前から、近衛秀《このえひで》麿《まろ》子爵によって指導されてきた「新交響楽団。NHK交響楽団の前身」。彼はヨーロッパ、とくにベルリンでよく知られている。近衛子爵は、京都の公家のなかでも名門の当主で、東《とう》条《じょう》［英機《ひでき》］大将の前に首相を務めた近衛文麿《ふみまろ》公爵の弟にあたる。このふたりの兄弟は、同時に義理の兄弟でもあった。ふたりの夫人が姉妹だったからである。*2

日本の絵画がヨーロッパの絵画と異なっているとしても、日本の音楽は西洋のそれとはさらに遠く隔たっている。

外国の音楽家たちにとって日本音楽は興味ある研究の対象である。それが「平均律音階」ばかりを聴きなれた耳には、ぴったりとはなじまないこと、極東の音楽によく使われる半音よりさらに低い音のずれがへんに響き、あるいは不快の念をおこさせると言われている。

この日本音楽の「無調性《アトナリテ》」が、日本の歌や、日本でもっとも普及している楽器で一種のつま弾きのヴァイオリンとも言える三味線を聴くとき、大部分のヨーロッパ人に抵抗をおこさせるのである。

きわめて現代的な音楽の愛好者のほうが、日本的旋律の、ほとんど多音《ポリフォニー》にならないでつねに「四分音階《エンハーモニー》」での展開に、ずっと容易についていけるし、それに満足することさえできるのである。

外国および日本の作曲家たちは、多くの日本の歌をヨーロッパ風に和声をつけて、私たちに受けいれやすいように、さらに快く聞かせるようにした。

おそらく読者もまた、レコードで、日本の民謡からとった調和した、またメランコリックな歌曲を、テノール歌手藤原義江《ふじわらよしえ》が歌うのを聴いたことであろう。

オペラ『蝶々夫人』はプッチーニが、徳川頼貞侯爵の父［頼倫《よりみち》］が共通の友人サン・マルティーノ伯爵の求めによって送った日本の歌をもとにして作曲したものである。私は、一九二八年の戴冠式に出席し、徳川侯爵家に泊まっていたサン・マルティーノ伯爵の子息から、この間の事情についてくわしい話をきいた。

学識ある音楽理論学者たちは、日本音楽の先祖である中国および朝鮮音楽を基にして、とくに宗教音楽のなかにその表現がみられる五主音音階《ペンタトニック》の基本的な五つの音の段階を発見しようとした。極東の諸楽器の調子《アコール》がこの説に有利な証明を与えている。

伝統的な日本音楽の表記のしかたはたいへん奇妙で、グイード・ダレッツォの標譜《タブラチユア》を真似したのではないかと見まがうほどである。五線も小節の区切りの線も東洋では使われない。中世あるいはギリシア音楽のアルファベットの記譜法《ノタシオン》に近いものと言えよう。日本の伝統音楽は、漢字と同じような文字による記譜法をもっている。そこで門外漢には、ちょっと見ただけでは音楽の楽譜と文学の文との区別がつけがたいのである。日本に固有の記譜法は垂直に書かれるのであって、水平にではない。さらに縦書きの行を、西欧の本のように左から右ではなく、右から左へと読んでいくのである。もっとも目立つ相違点はリズムの指示がないということである。拍子は経験的あるいは伝承的なやりかたでしかとられないのである。

その反面、文字やアルファベット風な記譜法は、強弱のニュアンスを示すために、適切な変化をもたせることができる。

現在では、中国起源の表意文字の書きかたと同じように、日本音楽の書きかたも単純化され、それが邦楽への入門を容易にしている。

ある楽器の楽譜は、西欧のものとかなりよく似た譜表の紙の上に書かれる。いつもこの譜表には、一律に五線を書かず、その楽器の弦の数だけ線を書く。リュートや他の西洋楽器の標譜にも、同じような書きかたをするものがある。横にして演奏する日本の美しいハープである箏は、その十三本の糸にたいしてそれぞれ十三本の線が引かれた譜表をもつ。その譜表の下方の線上に書かれた楽譜は、演奏者にもっとも近い低い線音の糸で弾かれる。原理はかなり単純である。

五線譜の使用は広まっていないが、現代の記譜法はそれが黒あるいは白の円によって異なった長さをあらわすという意味でリズム的である。[*3]

ふたつの結婚式

一九三一年夏、私たちの家庭には大事件がおこった！　ふたりの子どもが結婚したのである。ひとりはベルギーで、もうひとりは日本で。地球の端と端で同じ日に、ふたつの結婚式をあげさせたら、さぞかし独創的であったろうが、これはできない相談である。長男のフランソワは八月四日、ルネに近いシャトー・ド・カルモンで、ローレット・ベアーゲル・ド・ビューレン嬢と結婚した。私たちは不幸にしてその結婚式に出席できなかった。私たちが離れているときつねに子どもたちの親代わりになってくれている義妹のコペ男爵夫人が息子を祭壇に導いてくれた。

二番目の娘エリザベット（ベッティ）は九月二十八日、東京で、二年前からオランダ公使館付書記官の職にあるヨンケール・エドウァルト・テクセーラ・ド・マトスと結婚した。

民法上の結婚式はオランダ公使館で、宗教上の結婚式は東京の司教座聖堂［関口教会］で、シャンボン大司教の司式によっておこなわれた。朝香宮殿下、妃殿下ははじめ教会に、ついで大使館に来られて私たちに祝いのことばを述べてくださった。朝香宮妃殿下［允子《のぶこ》］は明治天皇の四人の内親王のおひとりで、したがって大正天皇の皇妹、現天皇［昭和天皇］の叔母にあたられるが、不幸にして二年後にご他界になった。

娘の証人はジョー・ベリエ子爵とスペイン公使デ・カルデナス氏——現駐米大使——で

あった。テクセーラ氏の証人は一九二三年来のオランダ公使パプスト将軍および幼な友だちの北京オランダ公使館付書記官ド・ビラント伯爵であった。

満洲事変とその余波

一九三一年九月、正確には十八日、柳条湖《りゅうじょうこ》事件が勃発した。それは日本軍による奉天占領ののろしであり、張学良の軍にたいする作戦活動の開始であり、満洲国独立宣言への誘因であった。

国際連盟はこれらの事件への介入を義務と信じた。何年か前に連盟はソビエトの外蒙古合併にたいしては、べつだんこれを気にとめなかった。満洲国についても同様にこれにかかわりをもたなかったほうがよかったかどうか、それは歴史が裁くことになろう。私はここでこの問題について意見を述べようとは思わない。

しかし私たちにとって満洲の事件は、きわめて残念な結果をひきおこした。一九三一年の夏のあいだに私を通じて東京とブリュッセル間で、ブラバン公夫妻がアルベール王の名代として、天皇陛下が皇太子当時の一九二一年にブリュッセルを訪問されたその答礼訪問を一九三二年春におこなうという取りきめがなされていた。

私たちは皇太子を迎えることを予想して心から喜んでいた。じっさい、その訪問は将来のベルギー・日本間の関係にはかり知れないほど有益なものとなったであろう。私は幾週間にもわたって、皇室の式部官たちとともにベルギー皇太子の滞在計画の準備のために働いた。

そしてこの準備が最終段階に入ったその秋、国際連盟の行動の結果、全世界に、とりわけ日本と中国とのあいだに外交上の緊張が高まり、状況が計画された旅行に不適当であることが明らかになった。皇太子ご夫妻が来日する途中にはどうしても中国を通らねばならなかったのだ。

十二月私たちはひどくがっかりしたが、計画をもっと好ましい機会にゆずるという決定をやむをえないものとして受けいれた。だが、ああ！　それはけっして実現することはなかったのだ……。

一九三二年三月二十一日、一九二五年以来大使館付書記官であったベリエ子爵が家族とともにベルギーに帰国し、当然受くべき休暇を楽しんだ。そのあとで彼はパリのベルギー大使館付書記官に任命された。私の妻も娘や孫たちといっしょに、合衆国経由で帰国した。妻は合衆国では、一九三〇年に日本で私たちの同僚であったキャッスル氏夫妻の家に短い滞在をした。

人類学的収穫

オランダの学者で、ジャワ博物館の人類学部門の主任であったファン・シュタイン・カレフェルス氏が一九三二年四月、研究のため日本に滞在した。彼は、すぐれた古生物学者である大山《おおやま》［柏《かしわ》］公爵とともに数週間にわたり横浜の近くで「貝塚」の調査をした。彼はまた東京でいくつか講演会を開いた。

私がファン・シュタイン氏を知ったのは婿のテクセーラの家であった。私は翌日氏について横浜へ行った。そこで氏や大山公爵とともに、かつては海を見下ろしていた断崖の斜面でおこなわれた発掘に参加した。て

私はブリュッセルで、自然科学博物館長の著名な地質学者、リュト氏と知りあっていた。そこでこの発掘が彼の興味をおおいにそそるのではないかという考えを述べた。ファン・シュタイン氏と大山公爵は、彼らが収集した壺や骨のいくつかの標本を私のところに届けると約束してくれた。しばらくたって私はリュト氏にあてたかなり重い箱を二個受けとった。その箱には貝殻や骨や土器の破片のまじった土が入っていた。その混合物があまりにも魅力に乏しいので私はそれをヨーロッパに送ることをためらった。しかし幸いにもベルギーへ行く旅行者でそれを届けようと言ってくれた人がいたので、これらのケースを預ける決心をした。数ヵ月後リュト氏から感激にあふれた手紙を受けとった。その手紙にはこう書いてあった。私の送ったものはこのうえなく彼の興味をそそり、このおかげで、極東の文化がフランドルやデンマーク、ポルトガル沿岸の住民の文化とほとんど同一視していいという論拠を得たというのだ……。紀元前十五世紀ころの話だが!

上海事変と血盟団事件

この一九三二年のはじめの二ヵ月は重大事件にみちていた。日本は熱に浮かされたようだった。満洲問題にたいする列強の態度に激怒し、過激な国粋主義的諸秘密結社にあと押し

された若手の軍人たちは、中国にたいする辛抱強い政策や国際主義、そしてじっさいには、外国に起源をもついっさいの思想や制度——たとえば議会のようなもの——に敵意をもつ傾向をしだいに明らかにしてきたのである。他方中国人のほうは、国際連盟の態度によって立場の有利なことを感じ、しだいに日本人に挑戦できるという自信をもってきていた。一月にはげしい事変が上海におこった。この事変は全面戦争に発展するおそれがあり、列強の私の同僚たちに深刻な不安を与えた。熾烈《しれつ》な戦闘が二ヵ月にわたって日本陸軍と中国軍のあいだでおこなわれた。この戦闘は上海市街を破壊したが、五月のはじめに塘沽《タンクー》で調印された停戦協定によって、日中関係に相対的かつ一時的な平静さがとり戻された。

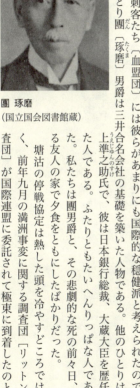

一九三二年冬のこの熱っぽい興奮状態の時期にふたりのすぐれた財政家が東京の路上で暗殺された。刺客たち〔血盟団〕には彼らがあまりにも国際的な穏健派と考えられたのである。そのひとり團《だん》〔琢磨《たくま》〕男爵は三井合名会社の基礎を築いた人物である。他のひとりは井《いの》上準之助《うえじゅんのすけ》氏で、彼は日本銀行総裁、大蔵大臣を歴任した人である。ふたりともたいへんりっぱな人であった。私たちは團男爵と、その悲劇的な死の前々日、ある友人の家で夕食をともにしたばかりだった。

團 琢磨
(国立国会図書館蔵)

塘沽の停戦協定は熱した頭を冷やすどころではなく、前年九月の満洲事変に関する調査団「リットン調査団」が国際連盟に委託されて極東に到着したのと時を同じくしていただけに、かえってその興奮をあおりたててしまった。日本政府はこの調査を受けいれていた。

五・一五事件

妻とベリエ家のものが出発して八週間後、こんどは、娘夫婦のテクセーラが日本を去った。私は彼らを送りに神戸まで行った。彼らは乗船し、私は五月十五日の夕刻東京へ戻った。この日、首都では若い海軍士官のグループによるクー・デタがおこっていた。彼らはいくつかの分隊にわかれ、内閣総理大臣犬養［毅］氏を暗殺し、そのうえ政権奪取をはかろうとした。彼らの「攻撃」はよく連繋がとれずに失敗し、数時間後には全員が逮捕された。しかし日本全土に興奮がわきあがり、日本の一見平穏な社会生活の裏で、重苦しい不満が渦巻いていたことを外国人にも理解させることになった。ナショナリズムの極右の過激派はその情熱のおもむくままに、帝国の軍隊をひどく毒してしまっていた。なぜなら海軍士官たちは、天皇によって任命された首相殺害になんのためらいもみせず、あまりにも理性的、あまりにも平和的な、他の君主の腹心の人びとにも平気で同じ運命を与えようとしたからである。

犬養氏はもと憲政党に加わっていた急進党員であり、「政党的議会政治」の最後の総理大臣であった。彼を打倒した運動こそ、外国起源の政治制度がいよいよおちいっていく不信用の最初の集団的示威であった。一九二一年の原、一九三〇年の浜口の遭難は、すでに精神ににおける動揺のしるしを示している。だがこのふたりの悲劇はそれぞれ、唯ひとりの殺人者によっておこなわれた。つまり彼らは政府の政策を非難することにおいて孤立していたと言えるのである。一九三二年五月十五日の悲劇は、塘沽の停戦後の国粋主義者の失望と、満洲国問題における国際連盟の態度によるいらだちに続いておこったもので、これは異なった性格をもち、全体的な騒乱への決定的な兆候を示す事件なのである。「官僚的」政治が犬養内閣のあとを継ぐのである。

二・二六事件

天皇は最後の元老西園寺公のすすめにより、朝鮮でその強靱な人格を示した斎藤〔実〕退役海軍大将を総理大臣に招聘した。二年間斎藤はその冷静さ、陸海軍部内におけるその絶大な威信、とくに私も朝鮮でその効果を確かめえた、身体から発する威厳によって、日本にしばらく落ち着いた時代をもたらしたのである。盲目的愛国主義者や議会政治反対者たちの熱情も静まったかにみえた。

しかしその熱情はくすぶりつづけていた。そして斎藤海軍大将さえ、いつまでもそれを抑えておくことはできなかった。不幸なことに、彼の協力者たちが全員彼と同じようにすぐれているとは言えなかった。かなり厳しい財政問題がおこったあとで、一九三四年彼の内閣は総辞職のやむなきにいたった〔総辞職の直接の原因は帝人事件〕。岡田《おかだ》〔啓介《けいすけ》〕海軍大将があとを継いだ。反動的な過激な運動が、多数の大胆な秘密結社に力づけられて活発化した。

それら結社は八十歳になる謎を秘めた頭山満《とうやまみつる》なる人物をその指導者、中心としていたし、おそらくいまでもそうであろう。一九三六年二月二十六日、この動揺はついに新たな軍のクー・デタとなった。しかもこんどは、陸軍部隊の反乱という大規模なものであった。この日、制服の帝国陸軍の将校や兵によって、兄とまちがえられた岡田大将の弟〔松尾《まつお》伝蔵《でんぞう》大佐、正確には義弟〕、高橋〔是清〕大蔵大臣、渡辺《わたなべ》〔錠太郎《じょうたろう》〕教育総監、さらに枢密顧問官で内大臣だった斎藤海軍大将が殺された。牧野伯爵はかろうじて暗殺者の追跡を免れた。一九三二年五月十五日のときも暗殺者が彼を探したが発見できなかったのである。忠誠な軍隊が反乱者たちを包囲した。天皇は公に彼らを非難した。反乱が始まって三日後に彼らは降伏した。首謀者らは半年のうちに銃殺された。

一九三二年五月十五日の夜私は神戸から東京に戻ってから昼間の惨劇を知った。一九三六年二月二十六日には、あとで述べるように私はベルギーへ向かっている途中であった。そこで偶然にも私はこのふたつの軍の反乱時に東京を留守にしていたことになる。

日本の変化を要約すれば

一九三六年二月二十六日の悲劇ののち、広田《ひろた》〔弘毅《こうき》〕氏が天皇から、岡田海軍大将の後任として首相に任命された。彼は軍人の尊敬を集めていた。その後一九三七年六月十日に、排他的愛国主義者たちのあいだでなお人気のあった近衛公爵が首相になった。一九三二年の犬養の死後、首相のうちだれひとりとして議会多数派の支持を後ろ盾とするものはなかった。

後継の内閣はすべて「官僚的」であった。しかし国家の表面的な構造には変化はなかった。画期的な改革はなにひとつおこなわれなかった。内閣と議会は相互依存をすることなく、ただ共存しつづけた。政党はしだいに信用を失い、議会はその力を喪失した。こうして政治組織が目だたないように変化し、しだいに、ゆるい独裁体制になっていった。それを戦争が完全な軍部の独裁へと変えてしまったように思われるのである。

私は、現在の日本の国内政治体制をつぎのように性格づけることができるのではないかと思う。すなわち明治の王政復古に続いて「Sui generis」［独特な］議会主義の時代が三分の二世紀すぎたいま、日本は一八六八年に先立つ三世紀の将軍の幕政を思わせるような体制に戻っている。相違する点は天皇がもはやその権力を「将軍」に委ねるということがないということだ。なるほど天皇は理論的にはみずからその権力を行使しつづけている。しかし事実は、ほとんどつねに陸軍あるいは海軍の軍人である首相を代理として行使しているのであり、しかもこれら軍人の首相は、陸海軍の望む方針によって政治をおこない、議会の多数希望に沿ってではないのである。十年以上も前からおこっており、その共鳴者が「第二の王政復古」すなわち昭和維新——明治維新にたいする真の反動——とよぶ運動の結果を要約すれば以上のようになる。

リットン調査団

私はさきにリットン調査団の極東到着のことを述べた。調査団は満洲におもむく前に東京に寄り、一九三二年三月の初め、一週間ほど滞在した。芳沢〔謙吉〕外務大臣は三月四日レセプションを開き、そこで在日外交団は調査団のメンバーと出会った。リットン卿が調査団長だった。もとベンガル総督でスケートの名手として知られた小説家ブルワー・リットンの子孫である卿は、それ以前に一度も極東を訪れたことはなかった。イタリアおよびドイツの団員[*4]も同様である。フランスとアメリカ合衆国の代表は、クローデル将軍とマッコイ将軍であった。前者はかつて天津にしばらく駐屯していたことがあり、後者は一九二三年の震災のあとアメリカ赤十字の調査団を東京につれてきた。

満洲で数週間調査をおこなったのち、リットン調査団は国際連盟に、一九三一年の事変と満洲のそれ以前の歴史について、きわめてこみいった報告書を提出した。その報告書は正確な確認事項が豊富に盛られ、全体として公平なものであったが、結論で日本がけっして認めることのできない一連の処置を提示していた。日本が承認できないということはこの国を知っているものなら、誰にでも明白なことだった。この結論によって翌年国際連盟は満洲の独立承認を拒否することになるが、これについては後述する。

三度目の休暇へ

一九三二年十二月、私は三年続いた滞在を終えて三度目の休暇をとるために日本を離れた。出発前に私のために開かれたいくつかの送別の夕食会のなかで、中国公使蔣作賓《しょうさくひん》将軍が催してくれた会の印象を忘れられない。私はそこで幾人かの皇室および政府の高官に会ったが、中国人と日本人のあいだにみなぎっている礼節の心に胸をうたれた。満洲に関する政治的対立が鋭さの度を加えているとはいえ、冬の上海における血なまぐさい戦闘は忘れられたようにみえた。それから何週間もたたないうちに、熱河《ねっか》で戦闘が再開されようとしていた。蔣作賓に関して言えば、彼は後日国民政府で蔣介石《しょうかいせき》の陸軍大臣となり、熱河事件後の四年休戦協定ののち一九三七年七月にふたたび戦端が開かれたときもその地位にあったのだと思う［正確には内政部長］。

日本の演劇について

私がヨーロッパに発つ前日、一九三二年十二月十五日、メーテルリンクの『青い鳥』がオペレッタの形式ではじめて上演された。この偉大なベルギーの作家は日本で非常に高い評価を受けている。彼の全作品が翻訳され、東京には彼の愛好者の会までできている。

五十の劇場と三百の映画館をその傘下におさめている松竹株式会社の依頼により、私はメーテルリンクから『青い鳥』をオペレッタ形式で上演する許可を得た。この公演は大成功であったが、私は最後の総稽古しか見なかった。

松竹の歌劇《オペレッタ・バレー》団は若い女性だけで編成され、日本風あるいはヨーロッパ風の現代レビューを踊るのである。彼女たちは男性の役を非常にうまく演じるようになった。その幾人かは男役を専門にしている。そのなかでもっとも有名でかつ人気のあるのは水の江滝子である。それはすばらしい女性ダンサー danseuse——いやむしろ男性ダンサー danseur——である！

松竹はまた伝統的な日本の役者たちによる劇団をもっている。歴史物を専門に上演する「歌舞伎」では、女性の役を、中国と同じように、もっぱら男優が演じている。

さらに男優と女優の混合した劇団もあり、現代喜劇の非常にひろいレパートリーをもっている。私たちのおぼつかない日本語の知識だと、他の劇よりも歌舞伎のほうが好きになる。劇場は堂々たるもので、その舞台は世界でもっとも広い舞台のひとつである。少し日本の歴史を知っていれば、かなり容易に筋についていけるし、それにふつうプログラムに英語の要約がついているのである。舞台装置と衣裳は美の極みと言うべく、大御所の役者たちの演技はかけ値なく一級品である。

けっきょくのところ日本では、ヨーロッパのことばで劇が演じられたのは、素人劇を除いては、一度もなかったことになる。しかし私は一度、歌舞伎の役者たちが日本語で演じた「シラノ・ド・ベルジュラック」を観たことがある。シラノの死の場面は、フランス語でもこれ以上感動的に、これ以上劇的に演じられたことはなかった……！

映画館について言えば、これは東京で急速に増えている。そのいくつかは外国映画、とくにアメリカ映画の専門館である。アメリカ映画がヨーロッパに出る前に日本で上映されるということがよくある。映画の大部分は日本のスタジオの作品である日本映画で、その製作は注目すべきものがある。幾人かの日本映画の女性スターは真実美しいが、私の観た映画は、映画の技法という点では興味をひいたが、他のあらゆる国の作品と同様くだらなく、客観的真実からかけ離れているように思えた。そのうえ私は悪い批評家だ、というのはすでに言ったように、私は映画が好きでないからである。

宋子文とチアーノ伯に会う

私はクリスマスを上海の友人、極東不動産銀行の代理人であるボードアン・ギヨーム男爵の家ですごした。この短い滞在のあいだに私は、孫逸仙《そんいつせん》〔孫文〕夫人〔宋慶齢《そうけいれい》〕、蔣介石夫人〔宋美齢《そうびれい》〕、孔《こう》〔祥熙《しょうき》〕夫人〔宋靄齢《そうあいれい》〕の兄弟である宋子文《そうしぶん》と知りあった。彼は当時中国政府の財政部長であった。私は彼とかなり長い話をした。彼は英語を流暢に話したが、中国語はよく話せないそうである。私に、熱河に関する日本軍の意図についてたくさん質問をしてきた。現実にはそのすぐ後に日本軍は熱河を占領することになるのだが。私は彼に言った。日本人は私になにも打ち明けてくれなかった――それはけっして彼らのふだんのやりかたではない――が、しかし私の意見では、熱河は明らかに満洲の一部だから――宋はこれを否定しようとさえしなかった――日本軍は必ずや満洲軍を助けてこの地方を新国家に併合するだろうと。じっさいこれは一ヵ月か二ヵ月後に実現したのだった。

私はまた上海滞在中チアーノ伯爵夫妻の家で昼食をいただいた。すでに何年か前に、私は北京で伯爵を知っていた。彼はムッソリーニの婿となり、そのうちに中国のイタリア公使となったのである。のちに彼はイタリア外務大臣に就任することになった……。

カンボジア

十二月三十日、私はサイゴン、アンコール、バンコックを訪れるために、ふたたびメサジュリー海運会社の商船〈アトスII〉に乗船した。サイゴンからペナンまでは八日間を要する。サイゴンで船を下りると自動車でアンコールに行くことができる。そこで三日間をすごし、鉄道でさらに二日進むとバンコックに着く。そこでふたたび汽船に乗ってペナンへ行く。これが私の計画であった。

サイゴンで私は、インドシナ総督がむりやりに私に提供してくれた自動車を使うことができた。彼は植民地内を巡回中だったので私を迎えることができなかったが、わが国の領事ド・マルテル氏を通じて私が近く着くことを知り、そこでいろいろな指示を与えておいてくれたのである。

朝の十時に着いた私はサイゴン市内を大急ぎで見てまわり、このベルギー領事と昼食をすませると、すぐに出発の途についた。その暑さは、去ってきた上海の気温とはひどく対照的に、おそるべきものであった。私は一昨夜まで毛皮を着ていたのだ!

カンボジアの首都プノンペンには夕方の六時に到着した。それはシャム風の寺院や宮殿のある小ぢんまりとした絵のように美しい町である。私がホテルで夕食をとっていると、人が来て、きょうは国王の誕生日で、夜、有名な舞踊が特別に上演されることになっていると言った。そして私がそれに招待されており、特別な礼装をする必要はないということだった。私は少々日射病気味の感じだったが、夜十時ごろ、城壁のなかに入っていった。そこには王宮といくつかの寺院、それに四方が開けっぴろげになっている広い長方形の講堂が建っていた。そこで舞踊がくりひろげられようとしていた。私は長方形の長辺のひとつに一列に並べられた座席の最前列に坐らせられた。他の三方は住民たちでいっぱいだったが、座席には五、六人の外国人しかいなかった。ほどなく男女の召使いが私のそばに三人のカンボジアの子どもを連れてきた。子どもたちは色とりどりの絹の服を着て、腕と足に金の輪をはめていた。それは国王の子どもだったのだ。年上の男の子が私の隣に坐った。十歳ぐらいだろう。かわいらしかったが、私たちはほほえみを交わすことしかできなかった。彼は私の手のなかに自分の手をおくと、数分後には頭を私の腕にのせ、ぐっすりと眠ってしまった。彼の小さな弟と妹も座席で同じように眠りこんだ。そこで舞踊が中央の舞台でその風がわりな動きを展開している間に、彼らは連れ去られてしまった。国王はまったく姿をあらわさなかった。

上演が終わると私はホテルに戻り、そこではなはだ寝苦しい夜をすごした。暑さがひどかった。いやだが絶対に不可欠な蚊帳《かや》を吊って寝た。というのは、ひどく騒々しく、しかも多種多様な虫が開け放した窓から入ってきて、到るところに落ちるからである。朝、私は弱っていた。そして熱っぽく感じた。私は、三百五十キロも自動車にゆられたらきっと病気になってしまうだろう、医者の手当てもなしにアンコールにとどまらなければならず、ペナンで船に乗りそこなうかもしれない、と考えた。要するに私はこわかったのだ。二日後私のために夕食会を開く計画をしてくれていたバンコックのベルギー公使にお詫びの電報を打ったあと、私は運転手にサイゴンに戻るようにたのんだ。そこで私は大急ぎで〈アトスⅡ〉に乗りこんだのである。海の空気を吸うと私はすぐに正常な状態になった。それからは別に事故もなくマルセイユまで航海を続けた。妻はマルセイユで私を待っていた。私たちはベルギーに帰る前にカンヌで二日間をいっしょにすごした。

日本の国際連盟脱退とベルギー

私がブリュッセルに着いたのはイーマンス氏がジュネーヴに出発する数日前だった。イーマンス氏は国際連盟が満洲の紛争に関するリットン報告書の検討を委託したあの有名な十九人委員会の議長をつとめに行くところだったのである。この委員会がその任務を終了したときに下した決議が思い出される。すなわち、これに参加した列強はリットン報告書の結論を認め、列強の間で事前の了承を得なければ満洲国という新しい国家を承認しないことをお互いに約束したのである。国際連盟の理事会は十九人委員会と同じ姿勢をとった。日本は妥協を拒み、数週間後に国際連盟を脱退した。

私はそのとき、イーマンス氏のはたした役割が、ベルギーと日本の関係に遺憾な結果をもたらすことをおそれていた。しかし幸いなことにこの十九人委員会の議長はおおいに気転のきくところを示したので、日本側の弁明者である松岡《まつおか》〔洋右《ようすけ》〕氏は日本に帰る前わざわざブリュッセルにきてイーマンス氏に個人的に感謝の意を表したのである。松岡氏はイーマンス氏を訪問したあとで、当時のブリュッセル駐在大使――〔一九四三年〕現在はモスクワ駐在の——佐藤［尚武］氏をともなって、アルメ通り《アヴェニュー・ド・ラルメ》の私の家を訪ねてきた。彼はベルギーと日本の関係は、十九人委員会の評決後に東京がどのような決定をしようと、いかなる破綻も生じないだろうと断言した。また彼は、帝国政府は、ベルギーにはいかなる発議権もなかったのだから、委員会のなりゆきについて、まったく責任がないことをよく理解していると言った。

おおいに久闊を叙す

セルクル・ゴロワは一九三三年四月五日毎週一回の昼食会のひとつをその少し前にブリュッセルの日本大使に就任した佐藤氏のために開くことにした。私もこの昼食会に出席した。そこであげた心からの乾杯は、ベルギーと日本帝国のあいだに絶え間なく結ばれてきた友好関係を想起させ、また祝ったのである。

同じころ、妻と私はブラバン公夫妻から謁見を賜った。ご夫妻は私たちに、マレーシア、シャム、フィリッピン、オランダ領東インドの旅行談をなさった。この旅行でおふたりは、前年情勢の悪化で実現しなかった日本訪問の埋めあわせをなさったのである。

私たちは四月に一週間、スヘーベニンゲンにある女婿のテクセーラの家で暮らした。娘の夫は当時ハーグにある外務省の政治局の局長であった。このオランダ滞在中私たちは数回ベルギー公使館に招かれ、マスケンス夫妻に迎えられた、私はオランダ領東インド総督を務めたのち外務大臣になったデ・グレフェ氏を訪問した。私にとって彼は東京における最初のオランダの同僚であった。私はまた首相のファン・カルネベーク氏からもあたたかいもてなしを受けた。彼は一九一九年当時の外務大臣で、パリでは、一八三九年の諸条約の改正に関する交渉の任を負ったオランダ代表団の団長であった。このころ私自身、ブリュッセルの政治局長であり、パリではテーブルの反対側から同じ交渉にあたったイーマンス氏を補佐していたのである。ベルギー人とオランダ人である私たちの意見はまったく一致しなかったが、個人的な関係はつねに礼儀正しく、また心のこもったものであった。

一九三九年十一月に私はハーグの蘭日協会の招きで同市におもむき日本に関する講演をおこなったが、このとき聴衆の最前列にカルネベーク氏の姿を発見してたいへん嬉しかった。

ロンドン滞在では

一九三三年の六月から七月にかけて私はロンドンに短い滞在をした。ここでは国際連盟が音頭をとった国際経済会議が開催されていたが、けっきょくなんの成果もなかった。

七月一日私はトロカデロ・ホテルでイギリスのメアリー皇后［ジョージ五世の妻］の弟であるアスローン伯爵［ケンブリッジ侯爵］の横に坐っていた。それは「全英ローン・テニス・クラブ」の年一回の晩餐会だった。私はロイヤル・ボックスで、ウインブルドン・トーナメントを見るように招待された。そこで私は幾度かそこへ出かけていった。日本のプレーヤー佐藤［次郎］と布井《ぬのい》［良助《りょうすけ》］はきわだっていた。私は彼らにベルギーに来るよう強く誘った。彼らは八月のはじめにズートでデヴィス・カップのベルギー・チームと対戦した。

私はベルギーおよび日本の大使館で夕食をとったり、さらに日英協会の会長スウェイスリング夫人の家でご馳走になったりした。このときにはインド総督ウイリングドン伯爵［フリーマン＝トーマス］の夫人がいっしょだった。夫人は夫に会うためにニュー・デリーへ出発する前日であった。

国王と交わした最後の会話

七月七日にベルギーに戻ると私は、妻といっしょにウエステンデ、ハーグ、それから義弟コペの美しい館、ランに近いシャトー・ド・フールドレンに滞在した。そこで私は八月の最後の週をすごした。不幸にもこの滞在は義父のウート・ド・トリスケ男爵の死によって暗いものとなった。ブリュッセルには九月十七日に戻り、それから十月六日まで、日本に向けての四回目の出発準備に忙殺されながらそこにとどまった。

私はこのとき、アルベール王のもとに暇乞いにうかがった。いつものように興味ぶかい、王の好意あふれる会話がかなり長く続いたあとで、私は王のもとを去ろうとした。そのとき突然私はこの三月にいくつかの植民地新聞が、私になんの相談もなく、またなんの前ぶれもなく、私を空席だったコンゴ総督の地位の候補としてあげる運動をしたことを思い出した。私は王のもとに戻り、リックマンス氏の任命を直前にしてこのキャンペーンに、私はまったく無関係であることを信じてほしいと申しあげた。王は笑いながら、そんな疑いをもったことはないと確言された。それからつけ加えて「場合によっては、このポストについてみてもいいと思うかね？」ときかれた。私は、もしその地位の務めをりっぱにはたすことができるという自信があれば、たしかにこのポストにはおおいに興味がある、しかし一九一四年以来、私はコンゴとの接触をいっさい失っており、私より若い人のほうがはるかにその任にふさわしいと思う、とお答えした。これが私たちの交わした最後の会話になった。王は私に旅行の無事を祈ってくださり、私はこの偉大な君主にお別れのことばを述べた。生きてふたたびお会いできなくなろうとは……。

ブロックヴィル伯爵

ブリュッセルを出発する前々日、私はこれが最後と、当時の首相ブロックヴィル伯爵と、自動車クラブで差しむかいで昼食をとった。彼は一九一四年の戦争前から私を友人として扱ってくれていた。一九一七年に私をル・アーヴルに招いて、モンシュール男爵の後任として政治局長の地位に指名してくれたのは彼だった。私はこの職務を、駐日公使に任命される一九二〇年まではたしたのである。

この昼食のときブロックヴィル伯爵は私にさまざまな将来の計画を語った。しかし不幸にも内政のいろいろな変動のため、それらの計画をすべて実現できる時間が彼には与えられなかった。彼は真の政治家であった。ベルギー国民は彼にかぎりない感謝をささげなければならない。その生前、国民は彼に正しい評価を与えなかったのだ……。一九四〇年に彼が亡くなったとき、私はひどい衝撃をうけた。平和がとりもどせたら、私たちは彼を記念して碑をたてるべきだと思う。その記念碑は未来の世代に、彼らの理想主義の模範とするにふさわしい、あのすばらしい愛国者を想起させることであろう。

ローマ教皇に謁見

一週間パリのベリエ家ですごしたのち――娘の夫は、パリ駐在大使館付書記官であった――、私は妻と末の息子をつれてナポリで乗船し、一九三三年秋、日本に向けて四度目の航海に旅立った。私たちはまずローマに四日間とどまった。そこで私は、一九三九年に教皇ピウス十二世になられる国務長官パチェルリ枢機卿閣下に招かれて長くお邪魔をした。その前日には妻と私は当時の教皇ピウス十一世猊下《げいか》に特別謁見の栄を賜った。

日本の教皇使節は私に、教皇座にたいし、キリスト教徒を含む全日本国民が神社の前で崇敬の礼をささげるよう当局から求められているという問題について私の意見（長く極東に住んだ一俗人信徒の意見）を述べるように依頼されていたのである。この問題は十六世紀来くりかえされてきた難問で、それぞれの宣教修道会のあいだでも意見が一致していなかった。あるものは、キリスト教徒として神社の前で頭を下げるということは異教への同意を示す行為であると言い、あるものはこの種の行為はカトリックの葬儀に来た未信者が司祭に礼をするのと同じようなことで、それほど重大なものではないと主張する。私はこの後者の意見に賛成で、そのことをパチェルリ枢機卿の前で述べ、さらに加えて、私の感じでは、もし教皇庁がこの見解を認める決定をしてくれるようなことがあれば、日本のカトリック教会の発展には大きな助けとなるのではないかという意見を話した。

私の助言がローマにたいして重大な影響を与えるようなことがあったとは思わない。しかしパチェルリ枢機卿は非常な注意をはらって私の話に耳を傾けておられた。そしてたしかにローマ教皇庁は一九三六年春、寛容を重視するひとつの決定を下し、その決定がカトリック教会にたいする日本の軍隊の心証に大きな効果をもった。おそらくそれがのちに教皇庁と日本帝国間に外交関係を開くことを容易にする役割をはたしたのである。

一九三三年十月のこの短いローマ滞在中に私たちはアルベール・ド・リーニュ公夫妻とともに永遠の都とその周辺の主だった遺跡をたずねた。私たちはまたサンタ・マリア・マジョーレ大聖堂のバルコンで教皇みずからが捧げる聖体降福式《ベネディクション》に、驚くべき大群衆にまじってあずかった。これは一八七〇年来はじめてのことだった。幸いなことに教皇座とイタリア王国とのあいだの和睦がその数ヵ月前に成立したところである［正確にはナチス・ドイツとのライヒスコンコルダート。イタリアとの間には一九二九年にラテラノ条約が結ばれている］。

最後に私はキッギ宮で、アロイジ男爵と興味あふれる会見をした。彼は当時ムッソリーニの片腕だった。一九二八年から二九年にかけて彼は東京で私の同僚であったのである。

ナポリからふたたび日本へ

ナポリでは、ベルギー名誉領事と日本郵船会社の代理人を兼ねる愛すべきディ・ルゴ氏が、私たちがこの町に寄るたびにしてくれるように、自動車を一台自由に使わせてくれた。そこで私たちは最小限の時間で、近郊パウシリップやカマルドリ会の修道院、ポンペイその他の名所を見てまわることができた。

ナポリから日本まで、〈筥崎丸〉の航海にはとくになにごともなかった。神戸で私たちは、私たちのドライブ用の小さな自動車――フォードのオープン・カー――をもって迎えに来てくれる運転手を待った。これに乗って私たちは有名な東海道（京都―東京）を上ったが、途中四泊して、まだ知らない歴史的名所を訪ねた。

東京の大使館はきちっと管理されていた。領事であるアルベール・バルバンソン氏が、ベリエ子爵が一九三二年にヨーロッパに発つ直前から書記官の仕事を臨時に代行してくれていた。私の休暇中、代理となったバルバンソン氏を献身的に補佐してくれたのは一時的に大使館に所属したレイモンド・ヘルマンス氏であった。

このふたりの協力者は、一九三四年二月にモーリス・イヴェンス・デックフート氏が書記官として赴任するまで私のところにとどまった。それからはデックフート氏がきわめて熱心に私を助けてくれたが、ありがたかったことに、彼は一九三七年の秋まで四年近くも大使館で働いてくれたのである。

＊1　トロヤノフスキー氏は、一九一七年以前はロシア帝国砲兵隊将校だった。東京を去ってのち、氏は数年にわたりワシントン駐在ソビエト大使を務めた。

＊2　〔豊後〕佐伯の大名毛利〔高範〕子爵の息女。

＊3　上述のように要約はしたが日本音楽について私のもっている知識は、ベリエ子爵に教えこまれたものである。彼は有能なチェロ奏者であると同時に厳密な音楽理論家である。

＊4　外交官アルドヴランディ氏と、植民省の役人シュネー氏。

第七章　ベルギー王室の不幸と日本の生活（一九三三〜一九三六年）

荒木大将と私

ベルギーでの休暇のあいだに私はひとりのジャーナリストから極東の諸問題と、当然のことながら満洲に関する日中紛争について質問をうけた。私はこのインタヴューで、日本にあらゆるあやまちを帰するようなことを言わなかった。その結果、中国の宣伝に乗って、中国の絶対的無罪――日本の絶対的有罪を確信するきわめて過激ないくつかの二流新聞で、私ははげしい非難をうけるはめになった。この論争の反響は極東にまで達した。北京のある英字新聞にとてつもなくくだらない記事を載せ、私が日本に買収されたといい、私が当時の陸軍大臣で日本の国粋主義者の偶像でもある荒木《あらき》〔貞夫《さだお》〕将軍と「親密」であると述べた。その記事は私たちのことを「エサウ荒木とヤコブ・ド・バッソンピエール」とよんだ！〔創世記にみられる兄弟。エサウが弟ヤコブにレンズ豆の皿と引き換えに長子権を譲ったという故事から、だまされて結んだ取り引きのことをエサウという〕。私は荒木大将をほとんど知らなかっ

荒木貞夫
(国立国会図書館蔵)

た。一度か二度、公の席上で握手を交わしたくらいである。しかし私は彼の部下のひとりでフランス語を流暢に話す人をよく知っていた。問題の記事を帰国早々にみせられた私は、それをこの将校を通じて荒木大将のもとに送った。大将は私と同様これをおもしろがった。彼はその部下を通訳としてつれ、私を訪ねてきた。私はその訪問のお返しに十二月二十八日、陸軍省に行った。そしてそこを出るときにはほとんど凍りついていた。というのは将軍の部屋には暖房がなく、温度はせいぜい五度どまりだったからである！　私たちはお互いに署名のある写真を交換し、かなり親しい間柄になった。私は彼がたいへん親切な人であると思った。「みんなが私のことを人喰い鬼《オーグル》のように言いますがね、私ははえ一匹殺せやしない！　戦争は避けるべき恐ろしい禍いです。しかしいかなる犠牲をはらっても避けるべきだということはない。名誉は平和よりもさらに貴重なものです」。将軍はこう私に語った。

一週間後、荒木大将は病気になった。彼は凍死するにちがいない、そうなっても私は驚かない！　その翌月、彼は陸軍大臣を辞任した。それ以後もう第一線に立って表立った役割は演じなかった。しかし彼は国防の最高会議のメンバーとしてとどまり、その名はつねに国粋的な青年将校たちが私淑する指導者のひとりとして口の端にのぼりつづけた。

皇太子ご誕生

日本に帰国後一ヵ月たった一九三三年十二月二十三日、すでに四人の内親王をおもちの皇后陛下が皇太子［明仁親王、現天皇］をご出産になった。筆には尽くせないような熱狂が日本全土を支配し、この皇位継承者の誕生を祝った。一九三四年一月三日の夜、外交団首席として私は東京のラジオを通じ日本国民にお祝いのことばをおくった。私の話を息子が日本語でくりかえした。あとで知ったことだが、全国の家庭がこの話を聴き、息子の日本語がなめらかでしかも正確なのにびっくりしたということである。

アルベール王崩御

一九三四年二月十八日の午後二時、ふたりの日本人ジャーナリストの訪問をうけた。彼らは今ラジオできいたばかりだが、アルベール王が亡くなったという悲しいニュースが入ったと言った。私も、家族のものも、全在住ベルギー人も、そしてあえて言うなら、全日本国民もこれに驚愕した。私がこの致命的なニュースを知った時刻は、ブリュッセルでは朝の五時（両首都の時差は九時間）であった。あとで私は、ブリュッセル市民の大部分より先にこの突発した悲劇〔王はベルギー南部のマルシュ・レ・ダムの岩場を登ろうとして遭難した〕を知っていたことに気がついた。彼らは翌朝の新聞ではじめて知ったはずだからである。

二月十九日、私は、もったいなくも天皇、皇后、皇太后からの特使を相次いでお迎えした。彼らは私に陛下やその他からのお悔みのおことばを伝えた。すべての皇族方、すべての外交団のメンバー、大勢の外国人、日本人が大使館に弔問にみえた。宮中は十五日間の喪に服された〔『昭和天皇実録』には二十一日間の喪を仰せ出されるとある〕。二月二十二日、私たちは東京の大聖堂で荘厳な追悼のミサをあげていただいた。教皇使節マレッラ閣下が司式され、東京大司教シャンボン閣下がたいへん感動的な追悼の辞を述べられた。日本の全官庁や多くの同僚、白耳義協会その他から贈られたすばらしい花輪の数々が白木の大きな台の上にのせられ、内陣の周囲を飾っていた。霊柩台の上には、横浜の匿名の一少女が贈ってきた百合の花束がおかれていた……。

天皇の弟宮秩父宮殿下と妃殿下は天皇・皇后両陛下のご名代として列席された。ベルギー大使館員といっしょに、大戦の連合国フランス、英国、イタリアの老軍人たちが制服姿で列席した。そこにはこれも制服をつけたふたりのベルギー将校がいた。ドーフレーヌ・ド・ラ・シュヴァルリ大佐（現・中将）とベルギー海軍少尉のその子息である。すべての日本の新聞がマルシュ・レ・ダムの悲劇と東京の葬儀にたいし、故き王への同情と尊敬にあふれた記事をのせていた。

日本のプレスへ

二月二十五日、『ジャパン・タイムズ』社長で、前ブリュッセル駐在日本大使館付参事官であった芦田《あしだ》〔均《ひとし》〕氏が、ラジオを通じて、王についての感動的な講演をおこなった。

私は報道関係者に感謝すべきだと思い、しばらくたって芦田氏と東京の主な新聞の代表者を招待して昼食会を開いた。私は彼らにつぎのように話した。

「アルベール王は、悲劇的な、思いがけない運命で、この地上から去ってしまわれた。彼はベルギーの独立とその安全を保持するという誓いを堂々と実行されてきた。王は偉大なさむ

（上）ベルギー国王アルベール一世
（下）小石川区関口台町の教会でおこなわれた国王の追悼ミサに、昭和天皇の名代として参列した秩父宮夫妻を見送るバッソンピエール大使（1934年2月22日）

らいだった。彼の死はわが国にとって苦しい試練である。その試練はすべてのベルギー国民に深い苦悩を刻みこんだ。ただこの試練のなかにひとつだけ慰めがある。それは王の死が世界におこしたひろい同情の念である。とくに日本において私たちは感動的な、一致した哀悼の心がおこったのを目のあたりにした。大小を問わずすべての新聞が私たちの君主について、尊敬をこめた心やさしいことばをかけてくれた。私が今日みなさんをお招きしたのは日本の新聞に感謝するためである。心から私は、ベルギーの名においてみなさんに感謝の意を表したい。大戦中、『朝日』は私たちの王に礼刀をおくった。ここにおられる杉村《すぎむら》〔楚人冠《そじんかん》〕氏は当時ロンドンの『朝日』特派員で、みずからブリュッセルにおもむかれ、王に、『朝日』の偉大な創始者村山《むらやま》〔龍平《りゅうへい》〕氏——ああ！ 彼もまた昨年他界された——の名において、王に刀を手渡されたのである。戦後、下村〔宏（海南）〕氏と町田〔梓楼《しろう》〕氏が、こんども『朝日』の名において、王に、平和の到来を記念してその刀をいれる漆塗りの台をおくるために来られた。『万朝報《よろずちょうほう》』は戦争中、同じように王に礼刀をおくるため、その購読者の間で寄金の募集をおこなった。こうした賞讃すべき数々の行為についての思い出は王の心につねに生き生きと残っていた。ベルギーはこのことを忘れない。諸君、私は王とわが国にたいする日本の新聞の親愛の心に深い感謝をささげるものである」

「ババール一家の使節団」

一九三四年四月に、カナディアン・パシフィック会社の豪華船〈エンプレス・オブ・ブリテン〉号が世界一周航海の途中、横浜に寄港した。それには多くのベルギー人が乗船しており、数日間を東京ですごした。そのなかに、アレクサンドル・ド・カラマン・シメー公爵夫妻、ド・カテール男爵夫妻、エルネスト＝ジョン・ソルヴェイ氏がいた。別に日本を訪れたアントワーヌ・アラール氏は、同じころ私たちの客となり、五月の終わりまで東京に滞在した。私の義弟コペの甥であるジャン＝マリー・ローランツもまた私たちのところに泊まったが、彼はすでに一九三〇年に一度東京に滞在したことがあった。

五月三十一日、アメリカから日本に王からの特別使節団が到着した。この使節団はベルギーでおこなわれた王位継承を公式に日本の皇室に報告する使命をもっていた。団長はウイリアム・タイス氏で、彼は特命全権大使の資格を与えられていた。夫人とその令嬢も同行していた。ダナン・ド・ムールケルク伯爵が特命大使の参事官、ティエリー・デュアール男爵が大使付武官、ド・ウート男爵（私の義弟）とジャン＝マリー・ローランツは大使付文官であった。ド・ムールケルク夫人とデュアール夫人も使節団に同行していた。鍋島侯爵の子息にあたる宮内省式部官の直泰氏と皇太后宮事務官長西邑《にしむら》［清《きよし》］氏、公使書記官井上氏が天皇の命によって、使節団の日本滞在中、その世話にあたった。

横浜で船を下りた使節団はそこで思いがけない喜びを味わった。港には、市内の学校の生徒たちが大勢ベルギーの旗を振りながら歓声をあげて彼らを迎え、一方オーケストラが国歌「ラ・ブラバンソンヌ」を演奏していたからである。皇室さしまわしの車でタイス氏とその一行は、彼らのために部屋が用意されている東京の帝国ホテルへ向かった。

天皇陛下による使節団の荘厳な歓迎の式は、翌日六月一日の昼間、宮中においてとりおこなわれた。

私はタイス氏を陛下にご紹介し、タイス氏は陛下に特命全権大使としての信任状を提出し、ついでご挨拶を申しあげた。陛下のおことばがあってのち、タイス氏は団員の一人ひとりをご紹介した。皇后陛下との謁見はすぐそのあとでおこなわれた。

同じ日、両陛下によって午餐会が催された。両陛下は、王の使節団のメンバーにたいし特別なご厚意をお示しになった。その一人ひとりに、儀礼式上の順位に応じた勲章を賜ったのである。

全員がほぼ百八十五センチという使節団員の稀にみる背の高さは、日本人をひどく感嘆させた。タイス氏は午餐会の席で、ベルギーではこの使節団に「ババール一家の使節団」というあだ名をつけたというお話をして両陛下をおおいに喜ばせた。彼の説明によると、ババールというのはヨーロッパの子どもたちのあいだで絶大な人気をもつお話の主人公、象のことである。彼はまた、アメリカから乗った船の上でおこなわれた救難訓練のことをお話しして両陛下を笑わせた。訓練中彼らは、自分たちが入れるほど大きな浮袋を見つけることを諦めざるをえなかったというのである……。

東郷元帥の葬儀

私たちはこの王の使節団のために、幾回も夕食会やレセプションを催したが、なかでも

ウイリアム・タイス特使夫妻と令嬢

信任状と新国王レオポルド三世の親書を捧呈するため帝国ホテルを出発するタイス特使

ガーデン・パーティはすばらしい天気にも恵まれて大成功をおさめた。内閣の主な閣僚が出席したが、なかに一九三二年五月以来首相の地位にある斎藤海軍大将の姿もあった。斎藤首相とはすでに一九二六年に朝鮮で会ってから、きわめて親しい交際を続けていた。日本の主な財政官、実業家もまた参加していた。タイス氏は六月四日、すべての日本の各関係当局の好意にみちた歓迎に感謝するため、帝国ホテルで盛大な宴会を催した。招待客は一人ひとり、新国王レオポルド三世の頭文字の入った銀の灰皿を贈られた。ついで使節団は満洲、中国に行き、それから上海で乗船してヨーロッパに戻った。

だが東京を去る前に使節団は、亡くなったばかり［五月三十日没］の対馬の勝利者東郷元帥の葬儀に参列した。使節団の使命はすでに終わっていて、タイス氏はもう特命大使の資格をもたなかった。しかし外務省の儀典課は、外交公使たちの意見に同意し、式にあたっては公使の前、すなわちふつうに東京で信任された大使の後にタイス氏が位置をとることを認めたのである。

極東フランス艦隊の司令官リシャール元帥はその幕僚といっしょに参列していた。フランス、英国、イタリア、アメリカの各海軍の分遣隊は葬列について行進し、墓地まで元帥の柩を送った。その柩は大砲の台の上に置かれ、日本海軍の軍人がこれを曳いたのである。

赤十字世界会議

赤十字の世界会議は一年おきに開催されていた。一九三四年の会議は東京で十月におこなわれ、世界各国から多くの代表を集めた。私たちは数多い会合で彼らに会った。ベルギー人はつぎの人びとである。会期中大使館に泊まってもらったノルフ博士、フェトウー少佐、フォン博士夫妻と令嬢、サンド氏。このサンド氏は、ギールガッド夫妻（英国）とともにジュネーヴの赤十字社の国際委員会を代表していた。

佐藤夫人はしばらく前から日本におけるベルギー赤十字社の常任代表委員であった。彼女はこの資格で会議に参加した。

フランスは多くの代表者を送ってきたが、なかにノワイユ侯爵夫人がいた。メイリッシュ夫人はルクセンブルクの赤十字を代表していた。スペイン代表団のなかに美しいイエベース伯爵夫人がいたが、彼女はラ・ヴィナッサ伯爵夫人の令嬢であった。ラ・ヴィナッサ伯爵はベルギーのスペイン公使であったから、夫人もブリュッセルではよく知られていた。私たちは一九三六年の春マドリッドでイエベース伯爵夫人に再会した。また一九四〇年の六月と七月この町に滞在したときには幾度もラ・ヴィナッサ伯爵夫人に招かれて、ビアリッツにある彼女の美しい別荘を訪れた。

仏教に触れてみたが

仏教界は一九三四年、ゴウタマ・ブッダの生誕二千五百年祭を祝った。ブッダはインドの王子で、仏教《ブディズム》の名で知られる哲学の始祖であり予言者であった。東京では十二月のはじめに、興味ぶかい式がおこなわれ、私もそれに招かれた。そのさい、仏教に関してもっともすぐれた書物を著した外国の学者たちに十個の金のメダルが授与された。その十人のなかにベルギー人がいた。それはガン大学のド・ラ・ヴァレ・プーサン教授であった。私はうやうやしく、彼に与えられた金メダルを受けとった。それから私はそれをベルギーに送った。こうした機会にあって私は、仏教界の注目を集めたというド・ラ・ヴァレ・プーサン教授の著作を読んでみようという気をおこした。私はもっとも基本的なものから始めた。それは一種の仏教の予備的な解説を内容とする小さな本だった。私はそれでやめにした。私にはこの小さな本を読み終えることさえできなかったのである……。仏教は私にとってはアインシュタインの理論と同じく不可解な、むしろずっと退屈なものであるが、けっきょくのところ、外交官がそれを深くきわめてもまったくなんの役にも立たないものだ。私は熱心な仏教徒にふかい尊敬を抱く。私は仏教に帰依したと称するキリスト教徒にもよく出会った。そしていま私はそうした人びとがたんに時流を追う人か、あるいは名前だけの信者であることを知っている。

停年まで東京で

一九三五年のはじめ、私は当時の外務大臣イーマンス氏に手紙を書いて、ヴァチカン大使就任への懇請を辞退することを伝えた。当時の大使は七月に停年で辞任することになっていたのである。私はすでに、私が候補となる場合、充分にその希望がかなえられるという確約を得ていた。私にはもう停年までに三年と少ししか残されていなかった。この年月をすでにある程度経験を積んだポストですごしたほうがよいのではないかと思われたのである。いまのポストなら私は「好ましき人物」persona grata であったし、ほとんど周囲の人を知らない別の町に家族をつれていくよりもはるかにいい。それに、その新しいポストの仕事に精通したり、私にとってまったく未知の世界になんらかの影響を与える時間などほとんどないわけである。

私に返事をくれたのはイーマンス氏の後継者ヴァン・ゼーラント氏であった。彼は私があげた理由をよく理解し、私は停年まで、すなわち一九三八年八月まで引きつづき東京で働くように伝えてきた。また残された年月を二分し、一九三六年に一度休暇をとる許可を与えてくれた。

そこで私は一九三五年には日本にいた。そのためブリュッセルで開かれた美しい万国博覧会やそこでおこなわれたさまざまな催しをまったく見なかったのである。

満洲国皇帝来日をめぐって

この年の春、一九〇八年から一二年まで宣統帝の名で北京にあり、退位後天津に溥儀の名で閑居し、さらに一九三四年、彼の古い満洲の祖先が占めていた帝位に就いた最後の中国（清）皇帝が、日本の天皇を公式訪問するために東京に来られた。天地開闢《てんちかいびゃく》以来はじめて、中国の皇帝と日本の皇帝が一堂に会されるのを見ることができたわけで、この光景は私の興味をおおいにそそった。不幸にして満洲国にたいする国際連盟の方針により、ジュネーヴの機関に加わっている国の代表者は満洲国の君主のために開かれたレセプションに出席することを許されなかった。日本外務省の儀典課はこのあいだの微妙な関係を理解し、康徳帝《こうとくてい》［溥儀のこと。康徳は満洲国の元号］と東京で信任された外交官が会う機会をすべて除いていた。日本以外のすべての国が新しい満洲国を承認していなかったのである。外交団首席としての立場から私はとくに慎重でなければならないと思われた。そこでこの機会をとらえて私は、皇帝の日本滞在中、北京へ急行するという事実上の休暇をとったのである。私は四月七日の朝東京を去り、神戸に向かった。私といっしょだったのは、ロンドンでおおいに人気のある、歌手で劇作家で、また詩人、俳優としてもすぐれたノエル・カワードであった。私はその前夜、グルー家での夕食のさい、彼に会ったのだ。その夕食後、彼はずっと歌いつづけていた。ノエル・カワードはアメリカで大成功をおさめたあと、来日してきたのだ。彼は私と同様中国に行くところだったが、私が大連、天津を通って行くのにたいし、彼は上海を経由することになっていた。大連で私はバイエンス男爵の家に泊まった。彼はのちに日本に滞在することになる[*1]。北京では私の同僚であるジュール・ギヨームの家で二日間をすごした。私たちはそこで私たちふたりのポストに関する一連の問題や、東アジア全般の政治、経済の状態について有益な会話を交わした。私は南京、上海を経て日本に戻った。けっきょく、十日間で中国の海岸を一巡したことになる。南京へ行ったのははじめてだったが、そこではベルギー大使館の参事官テルヴォー・ド・ファンフ氏の家に泊まった。その翌日、大使館で中国の外務次官王揖唐《おうゆうとう》と昼食をともにした。

私の留守中、東京に残っていた家族は、康徳帝の到着に、内密に参列することができた。日本の天皇は満洲国皇帝を出迎えるため、その場にふさわしく飾られた東京駅に行幸になった。お二方の君主は、オープンの馬車で、騎馬隊に前後を護衛されながら皇居に向かわれた。私の妻と子どもたちは、東京駅附近で天皇の行列を拝見することができた。幾人かの特別な人だけが、行列の通る道路や広場に出ていた。というのは天皇の行幸時の習慣にしたがって、これらの道路は完全に交通が遮断され、群衆はそれと垂直に交わる道路に遠ざけられ、その前に彼らに向きあった、つまり天皇の行列に背を向けた警官による警戒線がしかれるのである。同じくこれも慣習によるが、行列の通る沿道の建物ではすべての階の窓を開けることを禁止される。日よけやカーテンもすべて閉めなければならないのである。

行幸について

この伝統的なやりかたに例外が設けられることは私の知るかぎりきわめてわずかしかなかった。まず一九二一年九月に裕仁皇太子がヨーロッパ旅行から帰国されたときである。このときは、民衆は東京駅と皇居のあいだの道に沿ってお迎えすることが認められ、声をあげて歓迎することが許された。その歓声は熱狂的で、あたりにとどろきわたった。

そのころ日本政府はなお、従来からの「西欧化」に力をそそいでいた。これに続く数ヵ月間に、さらに幾回かの摂政宮のおでましがあり、そのときにも道路を空にするというようなことはなかった。しかし一九二三年の十二月、国会の開会式のために議会に向かわれた皇太子の乗用車に、ある若い暴漢がピストルを発射した〔難波《なんば》大助《だいすけ》によるいわゆる虎ノ門事件〕。弾丸は自動車のガラスを貫通して、皇太子のすぐ前に当たった。私はこのときの殿下の冷静さに感嘆した。それから十五分後、慣習により外交団とともに制服を着用してお待ちしていた議会で私は、皇太子がお入りになるお姿を拝見したのである。私はおこったばかりのできごとがわからなかった。摂政宮殿下のご態度のなかには、私たちになんの疑いを抱かせるものはなかった。殿下は静かな調子で国会の開会を告げられたのである。この式が終わってのち皇室の式部官から私たちは暗殺未遂事件を知らされたのであった。

この事件があってから、天皇の行幸にたいしては昔からのしきたりに戻ってしまった。この暗殺を企てたのは若い無政府主義者であった。彼は数年間の禁錮刑しか受けなかった。その間彼は模範囚であり、その過激思想を離れた。刑期を終えて彼は出獄した〔実際には、犯人は翌年絞首刑に処せられた〕。

溥傑夫妻

満洲国に関し国際連盟がベルギーにたいしてとった姿勢のおかげで、満洲国へのいっさいの旅行が私たちには不可能になった。それは一九三四年、「溥儀氏」が康徳帝となった年からである。東京で信任を受けた大使にとって日本の友好国、同盟国の君主を無視するということは、いくらその君主が自分の国内にいるといっても、じっさいに、はなはだ都合の悪いことであった。

満洲国皇帝との公式な謁見を願いでることは、「ジュネーヴのサンヘドリン」〔サンヘドリンとは古代ユダヤの法廷〕の眼には有罪と映るのである。

しかし私はこの最後の「天子」に敬意を表したいと心から願っていた。そして尊敬と同情をこめたことばをお伝えしたかった。その感情は『紫禁城の黄昏』(Crépuscule dans la Cité défendue〔原文は英語。二七七頁参照〕)の読書や、芳沢氏、バイエンス氏、とりわけ宣統帝の英語教師だったサー・レジナルド・ジョンストン氏の話から得たものであった。平和がもどったら、そんな機会もあるだろうが……?

皇帝ではないが私たちは皇弟や皇妹にお会いする機会があった。皇弟の溥傑《ふけつ》殿下は東京の陸軍士官学校で勉学され、一九三七年にはある日本の華族の令嬢〔嵯峨《さが》侯爵家の浩《ひろ》〕と結婚した。バイエンス男爵はこの中国の皇族一家と不断の関係をもっていたので、私たちに溥傑殿下ご夫妻と彼の家で一夕をすごす機会を与えてくれた。

皇帝の妹は数年前に、もと皇帝の中国人教師で満洲国の国務総理となった鄭孝胥《ていこうしょ》の孫と結婚した。

私たちは一九三八年のある晩、この夫妻とバイエンス男爵の家でともに夕食をとった。その翌日私は東京のクラブで、この「鄭氏」とテニスをし、夫人は私たちとお茶をともにした。満洲の絹の紗綾形《さやがた》の服をつけられた鄭夫人は、りっぱで優雅で、上品で、ヨーロッパのどこに行っても、きっと注目と賞讃を集めることだろう。たとえ彼女がふつうの人で、中国皇帝の妹でなかったとしても。

社交界

一九三五年は東京では、社交とスポーツという点ではもっとも活気にあふれた年であった。冬のあいだ、この都会の年中行事には画期的な仮装舞踏会が連続して開かれた。皮切りはウルグアイの代理公使アルテア氏の主催する帝国ホテルでの舞踏会だった。さまざまな衣裳はおとぎ話や伝説に登場する人びとを思わせた。ついでフランスの大使館付海軍武官ド・ラ・ノエ伯爵の家で「ミュゼット舞踏会」が開かれた。主催者の夫人はすばらしい美声の持主で、そのみごとな歌で参加者を魅了した。フランス大使館付書記官ジェイムス・バイエンス男爵邸における「鉄道舞踏会」、同じくフランス大使館で当時の大使ピラ氏による「ばらの舞踏会」があとに続いた。ピラ氏の若い夫人はフランス人とシャム人の混血で、東京の有数の美人のひとりであった。ポーランド公使館のミシェル・モシツキイ公使夫妻のもとではダンス・パーティが開かれた。モシツキイ氏は二年後にブリュッセルで大使を務めることになる。同じくダンス・パーティがスペイン公使館のメンデス・デ・ヴィゴ氏夫妻、ルーマニア公使館のストイチェスコ氏夫妻のもとで催された。ストイチェスコ氏のもてなしぶりは伝説になっている。これらの会で私たちはある晩、同時に石油業界の大立者の夫人であるレイディ・デターディング［ヘンリー・デターディングはロイヤル・ダッチ・シェルの創設者］と、アメリカの資産家のひとり娘にして当時ムディヴァーニ公妃という称号をもっていた有名なバーバラ・ハットン嬢とに会った。後者はこの自称「グルジアの王子」と結婚しており、それからすぐにフォン・ホグイッツ伯爵夫人となって三、四年をすごした……。私は彼女のその後の「変化《へんげ》」を追うことをあきらめた！　彼女は私にはたいへん優しそうにみえた。とても優雅で宝石に飾られ、すばらしくダンスがうまかった。

東京にあるほとんどすべての大公使館は美しい庭をもっていた。そこで春から十一月まで野外レセプションが相次いで催された。日本人の大邸宅でもそうだった。数多いガーデン・パーティ、週一度のレセプション、テニスの試合、あるいはフランスとアメリカ大使館にある美しいプールでの水泳。

ポーランド大使館は、ふつうポーランドの国家的祝祭日である五月三日に野外のレセプションを開いた［ポーランドも五月三日が憲法記念日である。一七九一年のポーランド憲法は近代的な成文国民憲法としてヨーロッパ最初のものである］。私たちは一九三五年にそこでナディーヌ・ド・ロイヒテンベルク・ボーアルネに再会した。彼女は一八三一年にベルギー王位の候補者であったロイヒテンベルク公爵の孫で、ジョゼフィーヌ王妃の曾孫にあたる。ド・ロイヒテンベルク夫人は傑出したピアニストで、二年前にロシアのすぐれたヴァイオリニスト、モギレフスキーの連続演奏会の伴奏をするために東京へ来た。そのうち彼女はモギレフスキーと結婚した。そして彼は最近、ブリュッセルの音楽院に匹敵する東京音楽学校の教授に任命された。

私たちが一九三九年に日本を去ったとき、モギレフスキーはまだその職にあった。

かった。

葉山・川奈・箱根

一九三五年の夏のあいだ、ブラジル大使館ではマルティンス・ペレイラ・デ・ソウサ夫妻が「君臨していた」。その後数年にわたり、こんどはブリュッセルがこの夫妻の豪華さと親切さを知ることになった。デ・ソウサ夫妻は葉山にある神田［盾夫《たてお》］男爵の別荘を借りていた。この家は庭が小岩の散在する太平洋の海岸に沿っており、そこからの眺望はすばらしかった。

土曜日と日曜日には大勢の友人たちが葉山に押しかけ、そこでおおいに気がねのない歓待をうけた。昼食をしたり、泳いで日中を過ごしたり、海岸の岩の上で日光浴をしたり、庭の日蔭になった芝生の上でブリッジをして遊んだりして、客はおおいに楽しんだものである。

週末の東京には、さらに数えられないほど遠足に行く先がある。太平洋に沿っては首都から車をとばせば一時間で行かれる鎌倉、逗子、葉山その他がある。少し遠出すれば熱海に行けるが、とくにスイス人の経営する最新の設備を誇る川奈《かわな》の美しいホテルは、ゴルフの愛好家のよく集まるところである。川奈ホテルは太平洋を望む五十数メートルの高台に建てられており、そこからは類い稀な景観を楽しむことができる。眼下には相模湾が広がり、近くに大島がみえる。大島の三原山《みはらやま》の火山はいつも立ちのぼる煙におおわれている。大島の背後には伊豆諸島が散在するが、旅行者にはほとんど知られていない小さな楽園である。ホテルの左右にはすぐにふたつの申し分ないゴルフ・リンクが開けている。その少し先は見渡すばかり、緑の岬とアドリア海の青さを思わせる湾である。ホテルのうしろには伊豆半島の山々が連なり、そこに富士山の巨大な円錐形が君臨している。

海に心ひかれぬものには、遠足にいい山がいっぱいある。東京の南西、箱根連山のなかに海抜五百メートルの宮ノ下温泉場がある。そこにすばらしい富士屋ホテルが建っているが、ここは日本で最高の料理を出し、熱い温泉が三つの気もちのいい浴場に供給されている。それは庭にひとつ、ホテルの地下にふたつある。ホテルがたくさんある箱根の湖［芦ノ湖］はそれより少し遠く、海抜一千メートルの地点にある。東京の西方、多摩川と馬入川［相模川］の峡谷とは同じ距離、すなわち自動車で首都から二時間である。東京の南東の大きな房総半島には絵にかいたような美しい場所がたくさんある。首都の北方百六十キロには、日光、中禅寺、湯元、軽井沢、伊香保《いかほ》の避暑地が、日本人、外国人のツーリストたちの人気を分けあっている。

道路事情

日本の道路は私たちが一九二一年に日本に着いた当時は、自動車で旅行するにはかなりひどいものだった。狭くて曲がりくねり、よく整備されていなかったものである。修築中の木の橋があって道を引きかえすということがよくあった。行きたい目的地に着けるという保証は、東京を出るときには必ずしも確実でないのである。しかし一九二三年の大震災後、大幅な道路改修が政治によって計画され、数年後にはコンクリートの美しい道路が日本の主要地を結んだ。東京から宮ノ下まで（百キロ）、一九二一年には自動車で五時間かかったが、一九三八年には一時間半ほどしか要しなくなったのである。

クスナハトの悲劇

一九三五年の夏は異常であった。それはふたつの傷ましい死別によって終わることになったのだ。ああ！

クスナハトのおそろしい悲劇の知らせがとどいたのは八月二十九日の夜だった。私たちは日本の劇場で芝居をみていた。そこに誰かが、なにか重大なことがおこったらしいという知らせをもってきた。私たちは劇場を出ると道路に大使館の書記官が待っていて、そのおそろしいできごとを詳細に教えてくれた〔アストリッド王妃がスイスのクスナハトで自動車事故のため逝去された〕。

十月十日私たちは東京の司教座聖堂で追悼の荘厳なミサをささげてもらった。これには天皇の弟宮高松宮《たかまつのみや》［宣仁《のぶひと》］殿下と［喜久子《きくこ》］妃殿下が、天皇、皇后、皇太后の名代として出席され、シャンボン大司教、マレッラ教皇使節が、前年の王の葬儀と同様に式を司式された。葬儀の間私の傍にはエリザベット皇太后の腹ちがいの妹の子息であるウラハ公爵と、アストリッド王妃の故国ということでスウェーデン公使が立っていた。ウラハ公爵とはしばしば会っていたが、公爵は数ヵ月前、ドイツの諸新聞の特派員として東京に来ていたのである。彼は王の近親として、王家を代表したいという希望を述べた。東京や横浜にいる十名ほどのベルギー人がすべて、アルベール王のときと同じように集ってきていた。それに続く喪の期

（上左）ベルギー国王レオポルド三世とアストリッド王妃
（上右）麹町のベルギー大使館に掲げられた半旗
（下）広田弘毅外相の弔問を受けるバッソンピエール大使

間、当然のことながら私たちはかなり引きこもった生活を送った。私たちは週末にいくつかの小旅行をして慰めた。私たちがまだ訪れたことのない場所、とくに富士周辺の絵のような湖の数々、本州の北にある美しい十和田湖、名古屋近くの湾に面した景色のいい蒲郡《がまごおり》に足をはこんだのである。蒲郡では二日間を友人の徳川頼貞侯爵夫妻とすごした。

十一月二十八日、皇室では二番目の皇子［正仁《まさひと》、常陸宮《ひたちのみや》］がご誕生になり、全日本国民に大きな喜びを与えた。

ベルギー貿易使節団きたる

一九三五年十一月に、ベルギーの十五に及ぶ商会や会社の代表者三名のベルギー人が東京に着いた。このグループは日本、とくに満洲国において、彼らの言う「経済調査」をおこなった。この団長はボリヴィア領事、博覧会見本市ベルギー委員会会長のロドルフ・ヴァン・ロー氏で、他の二名はいくつかの会社の社長シャルル・セリース氏、エンジニアのアンリ・ドゥモル氏であった。

この調査団については、私はすでに外務省からの要請を受けていた。彼らは一九三六年五月まで極東にとどまった。きわめて活動的な働きをおこない、日本の商・工業者と多くの関係を結び、ベルギーに注目すべき調査資料を報告した。私の館員も当然彼らの活動を容易にしようと努め、その仕事に関係あるあらゆる分野の人びと、とくに満洲の人びとに、この私たちの同国人を紹介したのである。十二月五日、私は夕食会を開いてヴァン・ロー氏とその同僚を、当時の南満洲鉄道総裁松岡〔洋右〕氏と駐ベルギー大使に任命されたばかりの来栖《くるす》〔三郎《さぶろう》〕氏に引きあわせた。一九三六年はじめに神戸に向かうさい私は、〔大阪〕商業会議所の会頭をつとめ、有力な貴族院議員、同時にベルギー名誉領事である稲畑《いなばた》〔勝太郎《かつたろう》〕氏、『東京日日新聞』、『大阪毎日新聞』という大新聞社の経営者で、一九〇五年のリエージュ博覧会における日本側の代表だった岡《おか》〔実《みのる》〕氏を招いて昼食会を開き、その席上ヴァン・ロー氏の調査のことを話し、その紹介をしておいた。

ヴァン・ロー調査団はベルギーの商業関係の発展に重要な効果をもたらすことができたはずであった。だが満洲国問題における国際連盟の態度が、わが国の産業界、財界の強力な勢力のなかに、日本にたいする敵意、とまでは言わないまでも、ある惜しむべき慎重な雰囲気をつくっていた。ヴァン・ロー、セリース、ドゥモル諸氏の帰国後の努力も、こうした情勢下では、非常に見すぼらしい結果しか得られなかったのである。

王正廷

十二月、中国における私の故き同僚の夫人ド・ヴァルゼ男爵夫人が東京にわずかな期間滞在し、ベルギー大使館に泊まった。同じころ、現代中国でもっともよく知られた政治家のひとりで、外交部長や駐米大使を務めた王正廷氏が日本に立ち寄り、十二月五日、私たちおよびド・ヴァルゼ男爵夫人と昼食をともにした。王正廷はすばらしい英語を話し、その会話は教養ある中国人の多くがそうであるように、きわめて多彩かつ興味にみちたものであった。

＊1　バイエンス男爵は、もとベルギー銀行、ソシエテ・ジェネラルの総裁の子息である。彼は一九三三年から三九年まで六年間を極東ですごした。彼の息子ジェイムス・バイエンスは選択特権によってフランス人となり、一九三三年に駐日フランス大使館付書記官に着任した。古くからの友情のきずながこのバイエンス男爵家と、宣統帝の教師であった中国の偉大な文人鄭の家を結んでいた。彼はその教え子が一九三二年に新京［満洲国の首都、現・長春］の帝位［このときは執政］に登るとその国務総理となった。この関係は北京―漢口間の鉄道建設の時代までさかのぼる。このためにバイエンス男爵はその後数年にわたり満洲のベルギー宣教師たちに特別な便宜をはかることができたのである。満洲は私の職域外だったので、私はなんの援助もできなかった。中国のベルギー大使はさらになにもできなかった。日本軍が占領していたからである。バイエンス男爵は老齢にもかかわらず、冬でもスクート会神父の求めに応じたり、あるいは彼らの裁判の弁護をするために新京におもむいたり、苦しい道のりを東奔西走することを辞さなかったのである。この奉仕に報いるため、すでに一九一四年から一八年の大戦中シュヴァリエ・ド・ロルドル・ド・レオポールの受勲者であったバイエンス男爵は、一九三八年、オフィシエに昇勲された。

第八章　日本におけるスポーツ

水泳王国

スポーツマンにとって日本は理想的な国である。ここではあらゆるスポーツが愛好されている。ここ数年来、すべての分野で日本は驚くべき進歩をとげた。とくにすべてにおいて秀でようと望むこの国民の誇りと、一度目標に達しようと考えたときの彼らの全力を傾注する精力と忍耐を知らないものにとっては、じつに驚くべき進歩をとげたのである。

開国以前には、日本人はヨーロッパのスポーツを知らなかった。しかし彼らには、連綿と伝えつづけてきた国民的スポーツがあり、そのいくつかは、外国とくにアメリカの競技が流行しているにもかかわらず、今日なお依然として盛んなのである。

いつの時代でも日本人は水泳の名手であった。それは島国であり、湖や流れの速い川に恵まれている環境からすればむしろ当然である。だれでも三歳か四歳で泳ぎを始める！　中世の戦争の間に、見つからないように音をたてずに流れを横切り、あるいは両腕を使って武器や旗を濡らさずに運ぶため、新しい泳法が編み出された。このいわば「さむらいの」泳法はいまでもおこなわれており、もっとも現代的な水泳の競技会などで、私はよくそのきわめて興味ある模範演技をみた。

最近の十年間で日本は国際的な水泳選手のなかでも第一級の位置を占めるようになり、オリンピックではすべての挑戦者を打ち負かした。こうした決定的な成果をあげたのは、なるほど水泳だけである。しかし間もなく他のスポーツでも同じ成果をおさめることは確かだと言えるだろう。

弓、打毬、蹴鞠

重要なスポーツについて述べる前に、もう少し古くからの国民的スポーツのことを記してみたい。

立って、あるいは馬に乗って弓を射る競技が、おそらくもっとも名誉とされているものであろう。これには詳細にわたる作法があり、弓の競技会は外国人の眼には一種の宗教的儀式のように映る。きびしい規則によって弓を射る人の衣裳や位置も定められており、射る前、射るとき、射たあとに、いくつかの形式作法があって、これを守らねばならず、こうしたことが宗教の儀式と似ているのである。

的は厚い藁束をまとめて丸くしたもので、同心円の円がいくつも描かれている。弓を射るのはつねに水平で、ベルギーのように「鳥打ち」をすることはけっしてない。観衆はじっと沈黙を守っている。

京都の宮廷の貴族たちは、ごく稀ではあるがいまでも特別な外国人に見せることのある二つの遊戯をおこなっていた。まずポロ［打毬《だきゅう》］——インドのポロとはまったく異なる——それにフットボール［蹴鞠《けまり》］——この名の英国の競技とは似ても似つかない——である。

ポロは古代の衣裳を着て馬に乗って競技する。高さ三メートルほどの板塀に直径三十センチの穴をあけたものが二枚あって、これが的である。五人ないし六人から成る二組の騎手たちが相対し、相手の的の穴に、その穴に「すれすれに入る」程度の大きさの球を打ちこみあうのである。球は、騎手ひとりひとりのもつ長い木槌、あるいは「クラブ」と言ってよかろうが、その丸みをおびた先端に取りつけられた半硬質の小さい網ですくわれ、そして、このいわゆるクラブで穴に向かって打ちこまれるのである。相手の騎手たちがこれを妨害する。競技はアメリカやヨーロッパで採用されているインド式ポロにくらべてはるかにスピードに欠けるが、非常な技巧を必要とし、また見てたいへん美しいものである。

宮廷のフットボールはポロと同様千年来の伝統により、必ず特別な衣裳［蹴鞠装束《けまりしょうぞく》］を着ておこなわれる。六人から十人の演技者が一組になり、ある間隔をもって円形をつくり中心を向く。革製のボールはサッカーボールほどの大きさだが硬くはない。その革は柔らかであり、その「両極」に小さな穴、あるいは裂け目があいている。それは空気を出したり、また同時に入れるためである！　競技が始まるとボールはもう地上に落ちてはならない。それは競技者の足もしくは頭で蹴りかえされ、打ちかえされるが、それでも部分的にしかへこまない。ボールに与えられた力が適当に空気を「吐いたり」、「吸ったり」させるのである。地上にボールを落とすと一点を失う。

闘いの技術

闘いに慣れたり、鍛えるために日本人は剣術をもっていて、じっさいによくおこなわれている。さらに柔術があるが、これは外国人にもよく知られており、ここではその名をあげるにとどめよう。さいごに「相撲」がある。これはヨーロッパのレスリングとは似ていない。相手を地上にかいた丸の外に押し出すことで勝負が決まるからである。こう書くとじつに幼稚っぽく思われる。しかしじっさいには、しばらく見なれて、その力強さ、相手を観察するのに要する知的、心理的要素がわかってくると、これはじつに興奮にみちたスポーツなのである。「取組み」に関する規則はじつにきびしい。職業的な相撲取りは、いくつかの大都市のなかで、一種の特別な世界をつくっている。独特な栄養の補給によって彼らの身長はずば抜けて高く、その体重は百二十五キロから百五十キロに達する。大きな試合は一年に二回、一月と五月に東京の特別な円形の建物［旧両国国技館］のなかでおこなわれる。ここは枡席、階段座席あわせて五万人の観客が収容できる［実際は一万三千人］。観客は弓の場合とは逆に、尋常ならざる熱狂ぶりを示し、叫んだり、歌ったり、飲んだり、食べたりしながら一日をすごし、ひいきの力士を激励し、その勝利をたたえるのである。

競馬と狩猟

すでに言ったように、現在あらゆる外国のスポーツが日本で「自国民化《ナシヨナリゼ》」されている。競馬もさかんにおこなわれてファンも多い。まったく近代的な競馬場が大都市の到るところにある。血統馬の飼育も進歩している。はじめの馬はアメリカとオーストラリアから買い入れたのである。現在では厩舎もたくさんある。その大部分は日本人が所有しているが、神戸や横浜では外国人の所有する厩舎も少なからずある。賭金もよく管理され、競馬賭金計算器のアメリカのシステムにしたがって厳しく制限されている。「のみや《ブックメイカー》」はいない。

狩猟は日本では皇室の広い御料地を除いてはまったく自由であった。その結果、都市の近郊では獲物が少なくなった。獲物を得るためには遠くに出かけねばならない。そこで外国人で狩猟に行くものはほとんどいない。途中で「野営」するようなことにもなりかねない長い費用のかかる複雑な遠征に二の足をふむものは、たくさんの水鳥やいろいろな種類の雉を撃ちものにする。ウサギやウズラはたいへん数が少ない。山の多いところでは鹿や熊にであうことがある。本州では、ときどき温泉の近くにあらわれる小型の熊がいる。彼らは臆病でほとんど危険はない。北海道（蝦夷《えぞ》とよぶことがある）には大きな褐色の熊がいて、これは狂暴である。日本人より古い土着民アイヌは北海道や樺太《からふと》に数千人残っているが、彼らは熊を崇め、毎年、たいへん変わった儀式のなかでそれを犠牲にささげる。

鴨猟に招かれる

上流階級の日本人は昔、きわめて奇抜な方法で狩猟をした。それは手に網をもって鴨をとらえるのである。一年に一度、外国人外交団は、天皇からのお招きでこうした狩猟に参加している。この方法は現在では皇室の独占になっているのである。これは二月におこなわれ、毎週一度で、四週にわたって実施される。毎回五人か六人の大公使とその夫人が、それぞれ館員を一、二名つれ、特別列車で、東京の北五十キロにある越谷《こしがや》のご猟場へ行く。皇室の高官が彼らを案内する。そこには、よく設備のととのった狩小屋があり、彼らといっしょに狩りに参加なさり、昼食会を主催される皇族のおひとりが妃殿下とともに待っておられる。

鴨の猟場は、何千羽という野生の鴨が冬を越すために集ってくる広い沼地である。茂みにかくれるように、沼地をつっきって小さな運河が掘られている。この狩猟のために訓練をうけた鴨が、野生の鴨をさそい出し、それを、竹の柄についた大きな網——それはえび取りの網を思い出させる——を手にした猟人たちがとらえる……かあるいはとり逃す。それは鴨たちが、小さな運河に沿った手すりの背後に物音をきいて飛び立ってしまうときである。とり逃した鴨を、こんどは訓練された鷹がとらえる。一日に、午前午後、十回ほどの狩出しをする。猟人たちは十人ずつ組をつくる。「活動」しないものは話をしたり、日本風鴨料理——美味である——を食べたり、天候によっては散歩したり、トランプをしたり、ベビー・ゴルフをしたりする。一日が終わると「成績表」をつくり、受賞者名簿を読みあげてから、東京に戻る。招待客は、その資格に応じた数の鴨をおみやげにもって帰る……。大使は五羽、公使は四羽、その他三羽といったぐあいに！

釣りと船

釣りは日本中到るところでおこなわれている。人口の少なからぬ部分がこれで生計をたて

皇室主催の鴨猟。この写真はレオポルド三世が国王を退位した後、来日したときのもの（1961年3月）。向かって右から皇太子明仁親王（現天皇）、義宮正仁親王（現常陸宮）、レオポルド三世、皇太子妃美智子（現皇后）

ているという意味で、国家的産業といってよい。それはまたスポーツでもある。日本人は、外国で用いられている、鱒《ます》、鮭《さけ》その他のあらゆる釣りの方法を急速に採り入れた。鵜飼いの起源は中国である。これについてはすでに書いた。

外交官仲間の釣りの愛好家のために、中禅寺に、ぜいたくなハウスをもった「釣りクラブ」がある。このクラブは養鱒場《ようそんじょう》を所有し、湖の周囲の川や谷川に釣りの独占権をもっている。クラブの書記のハンター氏は日英混血の愛すべき人物だが、彼は湖をとりまく山々や、そこに注ぐ川の動物や草花については、右に出るもののいない一大権威である。

「漕艇」は大きな大学の学生たちがやっている。一九二一年にはヨットはほとんど知られていなかった。例外は中禅寺湖で、すでに述べたようにそこでは外国人が二十あまりの小さい「キャットボート」や一人乗り《モノプラース》ヨットをもち、「男体山」ヨット・クラブの旗のもとに集まっていた。神戸や横浜にも、外国人在留者で組織されたヨット・クラブがいくつかの小さな海用のヨットをもっていた。

しかし日本人は少し前までヨットには興味をもっていなかった。だが少し興味をもちはじめたと思ったら、たちまち普及し、いまでは、人の集まるあらゆる海岸に美しいスポーツ用のヨットがいくつも見られるのである。

冬のスポーツ

冬のスポーツは日本の青年たちに信じがたいほど愛されている。十二月の週末には臨時列車が何千というスキーヤーを、東京の北二百キロにある山々のすてきな斜面に恵まれた場所へと運んでゆく。夜汽車に乗り、日曜日の一日スキーをやり、日曜から月曜にかけての夜東京に立ち、朝疲れはてて東京に戻ると、それから学校へ行ったり会社へ出かけたりするのである！

東京そのものは、気候が温暖なので、野外スケートはとてもできない。しかし、一九三八年に首都には四つか五つの人工スケート場があったし、日本南部のあらゆる大都市もこれをもっていた。すばらしい男女のスケーターがおり、私はスキーと同様スケートでも日本人は将来オリンピックで頭角をあらわすだろうという印象をもっている。

一九四〇年のオリンピック

一九四〇年のオリンピックは東京で開催されるはずだった。私は東京が、オリンピック招致を希望している他の都市にさきがけて選ばれるよういささかの努力をした。私は日本オリンピック委員会に、国際オリンピック委員会会長アンリ・ド・バイエ＝ラトゥール伯爵を招待し、日本の首都のもつ利点を彼自身によくわかってもらうよう示唆を与えた。アンリ・ド・バイエ氏は一九三六年の春来日し、——不幸にも私は最後の休暇に出発したところだった——非常な歓迎を受け、視察したものすべてが気にいった。この訪問が、日本に一九四〇年のオリンピック開催を委任した国際オリンピック委員会の決定に、大きな効果をもたらしたことは確かである。残念ながら政治的なできごとがこの計画を挫折させることになった。

ベースボールとサッカー

日本人をいちばんとらえている外国のスポーツはアメリカのベースボールである。これは現在日本では合衆国と同じくらい人気があり、また普及している。同じような熱狂があり、同じような大観衆を集めるのである。

フットボールもひろく普及している。とくに「アソシエーション・フットボール（サッカー）」がそうである。なかなかいいラグビーのクラブもあるし、アメリカン・フットボールをやるクラブさえある。バスケットボールは、五、六年前からたいへん人気がでてきている。

驚くべきテニスの水準

私は一度も日本でクリケットをみたことがない。しかし、ローン・テニスは野球と同じくらい、ひろくおこなわれている。ローン・テニス・クラブは文字どおりの盛況である。東京で外国人がいちばんよく行き、またもっとも古いもののひとつは「東京ローンテニスクラブ」である。これは最初のベルギー大使館のすぐ近くにあり、私はその会長を十年つとめた。

クラブの副会長は堀田《ほった》［正恒《まさつね》］伯爵で、幾年も海軍省の［政務］次官の任にあった。私たちは一九三四年に独創的なダブルスのトーナメントで優勝した。これはペアーの年齢をあわせたものが百歳以上でなければならないというものであった。英国大使と合衆国大使も私と

同様参加者となった。堀田伯爵と私の年の合計は百二歳であった！［正確には百八歳］

日本代表としてデヴィス・カップの国際トーナメントに参加したプレーヤーの多くも、この「東京ローンテニスクラブ」の会員で、定期的に練習に来ていた。クラブの書記だった朝吹《あさぶき》［常吉《つねきち》］氏はすばらしいスポーツマンであった。日本人と外国人を問わず、すべてのメンバーのあいだの開けっぴろげな友情関係がクラブを支配していた。大使も商会の代理人《エイジェント》も日本の大華族もサラリーマンといっしょにクラブのチームとして、他のクラブとの対抗試合に参加した。私はこうした集まりを気もちのいいものにしていた打ちとけた雰囲気や、楽しい仲間たちの思い出をかぎりなく愛している。山岸、花岡、川地、松平侯爵、長崎、中《な》上川《かみがわ》、大山公爵、野村等々……。すべて東京クラブの私のパートナー、あるいは相手だった人びとである。

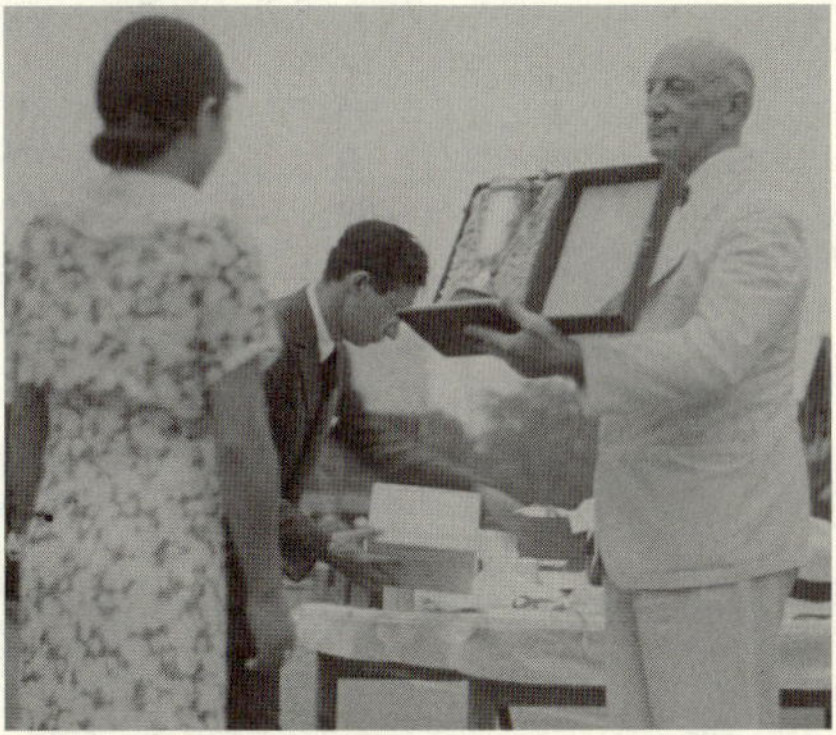

軽井沢テニスコート・トーナメントでカップを授与するバッソンピエール大使

　六年前、新しい日本人のクラブが東京の郊外の田園調布に設立された。このあたりは大震災後に発展したところである。このクラブには三十五面のコートがあり、パリのローラン・ガロー式の大きなコロシアムが設けられていた。私はこの新しいクラブの「アドヴァイザー」に任命された。私が最終的にヨーロッパに戻ったのち、日本大使の来栖氏がベルギー・ローン・テニス連盟に、私の長年にわたる日本ローン・テニスとの「つきあい」を記念する文字を彫りつけた銀製のりっぱなカップを寄贈された。連盟は、この美しいトロフィーを、加盟クラブ一部《ディヴィジョン》の年次トーナメントに用いることにした。このカップは一九三九年七月、その年の優勝ピエール・ゲーラントとそのチームに、来栖氏と私自身の手から、はじめて、荘厳に手渡されたのである。

日本におけるテニスの水準は非常に高くなった。正直に言って、これほど第一級のプレーヤーを多くもつ国はないだろうと私は思う。彼らは、少し特別な訓練をすればウインブルドン、パリ、あるいは合衆国での大きな国際試合でりっぱな成績をあげるにちがいない。たとえば、いままで日本がデヴィス・カップをもち帰ったことがないといっても、それは国が遠くてヨーロッパやアメリカに、六ヵ月ものあいだ、同じ程度の第一級のチームを送っておくことがひどく困難だからだ、と私は思う。日本には純粋なアマチュアのプレーヤーしかいない。彼らは大部分、若い大学生か会社の勤め人で、長く留守にはできないし、なによりもそんな経済的な余裕をもたないのである。こうしたハンディキャップにもかかわらず、国際的大プレーヤーなら誰でも、熊谷《くまがい》［一彌《いちや》］、清水《しみず》［善造《ぜんぞう》］、佐藤（次郎）、布井［良助］、山岸［二郎］たちのすばらしい価値を知っている。彼らはそれぞれ、ある時期に、世界の優秀プレーヤーとして折紙をつけられたのである。

女性たちも

私が日本に着いた一九二一年は、若い日本女性がようやくテニスを始めだしたころにあたる。このころはまだ女子のための日本選手権はなかったが、それでも関東（つまり東日本の意）選手権とよばれるトーナメントが存在していた。私の長女は一九二三年春にこの選手権を危うく獲得するところだった。彼女は準決勝で、田村という若い日本女性に敗れた。スコアは6－4、4－6、6－4、つまりわずか二ゲームの差であった。彼女は決勝では相手をストレートで破った。その代わり娘は、横浜のスイス人ストレーラー嬢と組んでダブルスの選手権を獲得した。この一九二三年から、日本人の女子は急速な進歩を遂げた。一九二七年の日本選手権は森分徳子嬢が獲得した。彼女はすでにその生地ハワイの選手権保持者であり、その後八年にわたってその座を譲らなかった。彼女はまた外国のトーナメントに参加した最初の日本女性であり、ニューヨークにまで足をのばした。中野夫人となった彼女は一九三九年にはそこに住んでいた。

一九三六年には岡田早苗《おかださなえ》嬢が日本女子最優秀選手となった。この年、もし費用の問題さえなんとかなれば、彼女はウインブルドンへおもむいていたことだろう。

私が十月にヨーロッパから戻ったとき、東京にはティルデン、ヴィネス、それにアメリカ女性ミス・ヘレン・マーローが来ていた。彼女も他のふたりと同じく職業選手で模範試合の巡回中であった。彼らを招待したのは『読売新聞』であった。この新聞には岡田嬢が定期的にスポーツの記事を寄稿していた。このアメリカの女子プロフェッショナルに太刀打ちできるプレーヤーがいなかったので、岡田嬢に依頼がきた。彼女はじつにみごとなプレーをみせた。彼女は相手と同じだけのセットをとったのである。またこの三人の職業選手とダブルスをおこなったが、その試合は入場料をとった。

このあと日本の連盟は岡田嬢を職業選手であると宣告した。入場料つきの試合に参加したという理由でである！　ところが彼女はこの収入からびた一文手にしていないのである。この日本連盟の決定を覆すべきチャンスはたしかにあった。しかし、問題の渦中にあった彼女は私にそうしないでくれと頼んだ。いっそのこと、これからテニスで身を立てたほうがいいと考えたからである。一九三六年から三九年にかけて私はしばしば、職業プレーヤーとしての彼女とゲームをした。これはじつにすばらしかった。しかし私はアマチュア・テニスが岡田嬢を失うことによって、第一級の国際的女子チャンピオンを約束されたプレーヤーを失ったことを残念に思っている。

彼女は佐藤次郎の生徒――であり、またフィアンセ――であった。しかしこの佐藤は神経衰弱となり、一九三四年四月、デヴィス・カップの日本チームをヨーロッパにつれていく途中、マラッカ海峡に身を投げて自殺してしまった。そのひと月前、佐藤は私に、自分のために造らせた特製のラケットを贈りものにくれた。それを製造した会社フタバヤは、私が最後に日本を去るとき、同じ型のラケットを一ダース私に贈ってくれたのであった。

日本でローン・テニス・クラブが愛好される理由のひとつは気候の温暖なことである。このため東京地方から最南端まで、一年中野外でプレーすることができるのである。

ゴルフとビリヤード

ゴルフは、テニス、野球とともに、こう言ってよければ、日本が外国から熱心にとり入れたスポーツの三位一体をなしている。一九三八年には、東京の中心から三十キロの範囲にゴルフ・リンクが二十あった。そのいくつかはヨーロッパ最高のリンクに匹敵するほどぜいたくなものだった。他のものはまったく質素で費用がかからなかった。というのは、ゴルフはアメリカと同様、あらゆる階層の人によっておこなわれているからである。ゴルフ、テニス、その他すべての競技、スポーツの用具は日本で大々的に製造されている。東京には他では見たこともないスポーツ用品のデパートがいくつもある。

ビリヤードについても一言述べておこう。一九三八年に、日本には二万五千以上の、アメリカで言う「ビリヤード・パーラー」があった。それは主として、フランスの撞球台で四球使ってプレーをするアメリカ式ビリヤードである。イギリスのビリヤード（ポケット付きの）も、とくに大きなクラブで採り入れられている。

何年か前、ベルギーのオールマンがはじめて世界チャンピオンになったとき、「ジュニア」選手権をとったのは日本の杉村であった。彼は東京に撞球台を三十備えた撞球場と、それに附属する撞球の学校をひとつもち、その主任教授であった。彼はまた重要なビリヤード製造の工場主でもあった。ベルギー大使館に杉村氏は撞球台をひとつ贈ってくれた。これは今でもあるが、すべすべしたチーク材の動かせる蓋がついていて、すばらしく豪華な卓と見まがうばかりである。このまわりで外交官たちによるビリヤードの会がなんども開かれた。私たちの大使館から百メートルほどのところにあるスイス公使館のトゥンナー公使は、私が東京ですごした最後の二年間、冬の夕方よく訪ねてきてはビリヤードをやりながら私としゃべったものであった。彼は現在、夫人とともに駐英大使の任にある。妻と私は一九四〇年そこで二日間彼の家の客となった。

飛行機操縦

私は飛行機操縦について話さなかった。一九三九年に私が出発するまで、これは日本ではスポーツではなく、きわめて大げさなことであった。一九三五年に、ドーフレーヌ将軍の息子ギィ・ド・ラ・シュヴァルリが獲得に成功した民間航空免許制がもちろんここにもあった。しかし個人の飛行にたいする規制があまりにも多いので、スポーツとしての飛行機操縦の入る余地はないのである。

一九二一年は、「マスター・オヴ・センピル(現在はロード・センピル)」が日本海軍航空隊の英人教官の長であった。彼は私たちが到着したあと、しばらくはまだ日本にとどまっていた。私たちはときどき会った。偉大な画家サー・ジョン・レイヴァリーの娘である夫人もいっしょであった。彼の話の端々から判断すると、彼は日本人が将来飛行家として大成するとは信じていなかったと言わざるをえない。彼の意見というのはこういうことらしかった。

つまり日本人は、危険をあなどり、まるでそれを意識しないようであり、したがって無鉄砲である、と。

〈神風号〉の偉業は一九三七年四月、東京―ロンドン間を九十四時間で飛んで達成されたが、それは日本人を凡庸な飛行家だと考えていた人びとを驚かせ、彼らが有能であるという将来への予想を抱かせることになった……。

第九章　四度目の休暇と最後の日本滞在（一九三六〜一九三九年）

招き猫と小便小僧

前の年に決めておいた計画にしたがって私は、一九三六年早々に、妻とともにヨーロッパで最後の休暇をすごすため日本を去った。

私たちは大阪に三日間滞在した。領事館におもむいたのち私は、ベルギー名誉領事で商業会議所会頭の貴族院議員稲畑氏と、大阪毎日新聞社社長岡氏を招いて、最近建てられた近代的な「新大阪ホテル」［リーガロイヤルホテルの前身］で昼食をともにした。翌日私たちは大阪でもっとも著名な建築家木子《きご》［七郎《しちろう》］氏のもとを訪ねた。氏はずっと以前から私たちの訪問を待っていたのだ。彼はたいへん変わったものの蒐集家で、その部屋のひとつを石膏製、木製、陶器製の「招き猫」でいっぱいにしていた。それは坐って前肢のひとつで人を招く動作をしている。日本で「おいでおいで」という動作は、ヨーロッパで「あっちへお行き！」といいながらする動作と同じである……。猫は un chat、招くは inviter、「招き猫」はしたがって un chat invitant ということになる！　この小さな像は村の宿屋とかお寺とか、ときにはもう少しいかがわしいところの看板に使われる。ちょうど同窓生の永井［松三］氏が大使でいたころ、ベルギーを訪問した木子氏は、われわれのもっとも古い同胞人に夢中になった。おそらくその名が彼の「まねきねこ」という名を連想させたからであろう〔ブリュッセルの名物小便小僧はマヌカンピスとよばれる〕。彼はなんとかしてその複製を手に入れたいと思った。永井氏のおかげで彼は、ベルギーのマヌカンの正確なブロンズ像を得ることができた。それはシェーヌ通りのそれのように石の台の上にのっていたが、ただし大きさは実物の半分しかなかった。そこで木子氏は大阪の家の露台のすみに、自分で製作した像をつくり、それをおおいに自慢したものである！　彼のマヌカンはブリュッセルの実物とほぼ完全に同じ衣裳をもっていた。木子氏は、いろいろな衣裳を着た小便小僧の像の写真十二枚がカラーで印刷されているりっぱなハンカチを百枚つくらせた。私たちの市長マックス氏や他の偉い人たちもこの寄贈のハンカチを受けとった。私たちももちろん……。木子氏はフランス語をよく話す、たいへん陽気な人である。彼は私にブリュッセルの町に、日本紳士の完全な衣裳と、他の記念品を贈りたいが、それを届けてくれと依頼した。私はベルギーに着くとまちがいなくそれをマックス氏に手渡した。それ以前にすでに二回にわたって私はブリュッセルに、日本の新聞と他の機関からの寄贈品として日本の衣裳を送ったことがある。その結果、少なくとも三着の完全な日本の衣裳が、ブリュッセル市庁舎の衣裳戸棚にあるはずだ。不幸にして中世期の甲冑《かっちゅう》は、わが国民的英雄にはいささか大きかった……！

マカオ

大阪から私たちは神戸に行き、そこで神戸―ボンベイ航路の小さい汽船〈銀洋丸《ぎんようまる》〉に乗船し、香港に向かった。この汽船を選んだのは、これで行くと香港で十日間ほど自由になり、広東やマカオへ行けるからである。私たちが長崎に近い崎戸《さきと》という島の小さな港に石炭を積みに寄港しようとしていたとき、はげしい嵐――「台風の翼 aile de typhon」――がおこった。この小さい港には大型の汽船は碇泊することができなかった。港の入口がとても狭く、海の状態によっては近寄ることもできないのである。そこで風を避けるため近くの島かげに錨を下ろしてその夜をすごした。それは平戸の島で、聖フランシスコ・ザビエルが一五五〇年に滞在したところであった！

翌日船は崎戸で石炭を積んだが、この間、妻と私は船の「パーサー」といっしょに島の丘に登った。島は絵のように美しかったが、しかも観光客にまったく知られていないのである。島には余白というものがまるでなかった。崎戸の通りは幅が二メートルしかなく、島には歩行者や自転車のための小道があるだけだった。大きな道路もなければ自動車もないのである。

香港で私たちは、〈銀洋丸〉から降りた。この船は私たちにとってまるで自家用のヨットであった。旅客はボンベイに行く、子どもをふたり連れた一組の夫婦しかいなかったからである。天候が悪くて広東行きが二日遅れた。しかし二月一日に私たちは香港からマカオに行く小さな汽船に乗ることができた。船は数時間、広東の河の河口にある小さな美しい島々のあいだを進んだ。東京のポルトガル公使がすでに私たちの行くことを知らせておいてくれたおかげで、私たちは二十一発の礼砲によって迎えられた。この植民地の総督バルボーザ氏が副官をつれて乗船し、私たちに歓迎のことばを述べた。それから、彼は官邸に案内してくれた。それは三百年も昔に建てられた古い宮殿で、私たちにはだだっ広い部屋が与えられた。その部屋は、縦横十メートルはあって、まるで天上にあるようだ！　日中の暑いときにはとても涼しいが、夜になると凍りついた……。

賭博場

私たちは船上で夕食をした。それから少し食後休みをし、一時間ほど総督夫妻と話したあと、私たちは官邸の役人たちの案内で、マカオの名物「公共賭博場《ファンタン》」のひとつに行った。植民した人びとは、かつてはこのゲームで収入をはかっていたが、いまではすべてが変わってしまった。総督は貿易をさかんにし、マカオをポルトガル植民地のなかでもっとも繁栄した土地にしてしまった。バルボーザ氏はそのことを少し得意げに説明した。かつては巨額の富をもたらしていた公共賭博も現在の利権者には取るにたりない収入しか与えていない。しかし、賭博のテーブルに集まる中国人群衆の光景は、この町の大きな見もののひとつであることに変わりはない。

賭博は運任せのゲームである。賭ける人と取締官がとりまいているルーレット台のような長いテーブルの端に胴元《バンカー》が控えている。彼の前には容器があって、それには本物そっくりの小型のコインか、あるいは米粒がいっぱい入っている。彼はこのコイン（あるいは米粒）を両手でつかみとり、それを前に積みあげる。つぎに小さい棒を使って、賭ける人の前でその山を四つに分け、さらにそのひとつを四分するというふうに続けていく。最後にゼロ、一、二、あるいは一個コインが残る。0、1、2、3という数字の枠が書いてある台の上に賭金が置かれる。残ったコインの数に合った数字の上に賭金を置いたものが勝ちである。彼らは規約にしたがって賭金の一、二、三、あるいは四倍を受けとる。賭金はコインの山をつくる前、ときには後から胴元が合図を送るまでに出さねばならない。

私たちが連れていってもらった賭博場はマカオでもっとも優雅な、一種のカジノのなかにあった。そこでは別な賭けもやっていた。高さ三メートルほどの部屋の周囲には側廊があり、ひもでくくられたコインの袋をもった人びとでいっぱいだった。ときにはたまたま儲かった金が送られてきてこの同じ袋や籠におさまるのが見える。

翌朝私たちは、親切な総督、夫人、幕僚たちといっしょにマカオの町をすっかり見物してまわった。ここはアジアでもっとも古いヨーロッパの植民地で、古い教会や、カモンイスがウズ・ルジアダス〔ポルトガルの愛国的叙事詩。一五七二年〕を書いた洞窟といった歴史的な遺跡、ヨーロッパ風の街並みがある。その家々には、いかにもポルトガルだと思わせるような明るい色を塗った格子つきの窓がついている。また高台の上の美しい庭にかこまれた近代的な別荘や広い公園がある。一言で言えば、よい気候だけでも、マカオは魅力的なところである。

官邸でも私たちはポルトガルの司教をはじめ、主だった在留者に会った。みんなベルギーとその代表者たちのために競って好意を示してくれた。

〈靖国丸〉船上で二・二六事件を知る

午後私たちはふたたび船に乗って香港に向かった。総督は港まで私たちを送ってくれ、私は彼とともに波止場に並んだ儀仗兵たちを閲兵した。また礼砲と「ラ・ブラバンソンヌ」が私たちの出発に挨拶を送った。中国沿岸を航行する船はどれもそうだが、この船も、後部甲板、水先案内人の持場と、乗客たちのいる場所とのあいだに鉄の格子がはまっており、それを武装した見張りが守っていた。これは香港周辺の湾でいまなお仕事をしている海賊のための不可欠な用心なのである。海賊たちはよく、船を乗っとるために乗客にまぎれこむことがある……。

香港で私たちは〈靖国丸《やすくにまる》〉をみた。これは日本郵船会社の二隻の美しい最新型船のひとつであり、横浜から私たちの大荷物と日本人の小間使マスさんを乗せて香港に着いたばかりであった。マスさんが私たちについてヨーロッパへ行くのはこれが二度目であった。私たちは乗船し、船は翌朝錨をあげた。私たちの航海は東京で二月二十六日におこった悲劇の知らせで暗いものになった。これをラジオで聴いたのは船がペナンを出たばかりのときだった。私はすでにこの事件がどうして私の友人である斎藤子爵の命を縮めることになったかを記した。彼の妻は夫を守ろうとして負傷した。最初に聴いたニュースでは牧野伯爵も同じように難を受けたと伝えていた。私たちはこのできごとに茫然とした。私たちといっしょに航海中だった日本人の衝撃ぶりは、筆舌に尽くしがたいものがあった。彼らは日本の帝国陸軍の将校たちが暴動をおこし殺人を犯したことを考えてがっくりし、恥じ入っているようにみえた。彼らは事件のことについて他の旅客の前で話すのを避けていたが、日本人同士では、これが流血革命の始まりになるのではないかと話しあっていた。私はコロンボで旅を中止し、東京に戻ろうと考えた。しかしセイロンに着く前に私たちはもう反乱の鎮圧と事件の落着を知らされていた。

スペイン市民戦争のただ中で

ヨーロッパに向かう残りの航海には格別に変わったこともなく、いつものようにすばらしかった。私たちは、今回はマルセイユからさらに進んで、三月十三日、ジブラルタルに上陸した。そこには当時マドリッド大使館付参事官だった私の婿のベリエが、スペイン南部の領事館訪問をすませたのち、娘といっしょに私たちを待っていてくれた。船員や乗客に別れを告げ大急ぎで町を見物し、それからアルヘシラスの美しいレイナ・クリスチーナ・ホテルで昼食をした。このホテルは一ヵ月経たないうちに、市民戦争のため破壊されることになった。

アルヘシラスから私たちは、太陽のふりそそぐ海岸沿いに進み、午後マラガに着いた。途中の海岸には廃墟になった「ムーア人の塔」がいまなお海を見張っていた……。翌日、山道を通ってグラナダまで進んだ。そこにはアルハンブラの赤い色が明るい光の下でキラキラと光って、それをとり巻く空の蒼さや、この景観を支配するシエラ・ネヴァダの汚れない白さとすばらしい対照をなしていた……。一日アルハンブラを訪ねると、前日放火で焼け落ちたひとつ、ふたつの教会の残骸から煙のあがっているのが見えた……。もうここにも！　前日、地方警察を援助するために駆けつけたマドリッド警察の警官たちと偶然いっしょにいたジプシーのところで一時間をすごした。それから日曜日、ミサが終わってから、自動車で、プリモ・デ・リヴェラ［スペイン首相、一九二三〜三〇。独裁的政治手法で知られた］のおかげでできた堂々たる道路を五百キロ走り、カスティリア、ラ・マンチャ、シエラ・モレナを通り抜けてマドリッドに夜の十時に到着した。驚いたことに町の道路はほとんど無人状態であった……。暴動と銃撃が夜その少し前におこり、道が空っぽになってしまったのだ。私たちはそれを翌朝知った。

私たちは三週間、マドリッド、トレド、サラマンカ、アヴィラ、アランフェスの名高い場所を訪ねたり、オルガス家の人びとや、幾人かのスペイン人の友人に再会したりしてすごした。そのうちのあるものは私たちの出発後、悲劇的な運命に見舞われることになった。これは教会の火災が相つぎ、絶えまなく暴動がおこっている時期だった。こうして次の夏のおそろしい殺戮が準備されていたのである。私たちが着く前、選挙の誤りによって左翼は一、二週間権力を握っていた。あたりには恐怖がみなぎり、不幸にもカナリア諸島に送られたフランコの名が、スペインの待望する救世主として人びとの口の端にのぼっていた。しかし全体として正常な生活は脅かされたままだった。

ベルギー大使館でエヴェール氏夫妻が、新しい総理大臣アサーニャ氏と幾人かの主な閣僚との夕食会に招いてくれた。私たちはまた日本公使館、オランダ公使館、アメリカおよび英国大使館にも迎えられた。英国大使は当時サー・ヘンリー・チルトンであった。私たちは昔、彼がベルギー駐在英国公使館の書記官だったころからの知りあいで、彼はブリュッセルのいろいろなサロンで、私の妻のピアノを伴奏によく歌ったものである。

世界は狭い

私は幾度もラ・ポルタ・デ・ヒエロのクラブでテニスをした。このクラブは大学の学生会館の近くにあった。この会館のある地区は翌年マドリッドでもっともひどい流血の惨事がおこったところで、このためクラブは完全に破壊されてしまった。ある月曜日、私はそこで、長いあいだスペインの最優秀プレーヤーであったアロンソ兄弟に会うことになっていた。妻がスペイン人で、現在マドリッドに住んでいる私の婿のテクセーラの兄が、車で私をクラブまでつれていってくれようとして迎えにきた。彼は私にこう話した。前夜暴徒がマドリッドの中心にあるサン・ヒエロニモ教会に放火しようとしたが、アロンソの弟が他の青年たちといっしょに教会を守った。ところが警官は彼を禁止されている武器携帯のかどで逮捕してしまったというのである。「たぶんテニスの試合はできないと思います」と彼は話をむすんだ。クラブに着くとアロンソ兄弟がもう練習をしているのがみえた。弟のほうが笑いながら、日本のベルギー大使とテニスができるように自由にしてくれたのですよ、と言った。ただし条件は、あとで刑務所に戻ることだった……！　一週間後私はふたたび彼に会った。彼は刑務所に戻らず、警察は彼を忘れてしまったようだという……！　革命はまだその狂暴さの頂点には達していなかったのである。

私たちは東京でひとりのスペイン人修道女を知っていた。彼女は私たちにマドリッドに住む母親に贈るおみやげを託した。この夫人に手紙を書くと、彼女はぜひお茶を飲みにくるように私たちを招待してくれた。約束の日の前日、私たちはサラマンカへ行った。それは日曜日で、私たちはあるにぎやかな街の教会でミサにあずかった。ふつうの参列者のなかで、私たちの近くに坐っている上品な、りっぱな顔立ちをした夫婦が目についた。それから、この夫妻は私たちと同じホテルで昼食をとった。翌日私たちはマドリッドへ行き修道女の母親の家を訪ねた。彼女は私たちに引きあわせるため家族のものを幾人かよんでいた。私たちは、前日サラマンカで見かけた夫婦が入ってくるのを見た。それは東京の修道女の兄と義姉だったのである！　世界は狭い、じっさい……。

私たちが四月六日にスペインを去ったとき、汽車はスペイン人でいっぱいだった。彼らは、その後二年以上も荒れ狂ったおそるべき無政府状態へと急速に落ちこんでいく祖国から逃れようとしていたのである。私たちはそこに、心配ではあったが、仕事をもつ家族の一部を残してきた。彼らは義務をはたさねばならぬ……。

英国の旧同僚たちに再会

五月十二日、私はブリュッセルで、レオポルド三世にはじめて謁見した。王はまだ喪に服しておられたが、私は王が最近のアジアでおこったさまざまな事件にヨーロッパのそれと同様の注意をはらっておられることが、よくわかった。王は私から、日本の政治の状態や、日本にたいするベルギーの輸出について、話をお聞きになった。また、私の報告書にはあまねく目を通し、おおいに関心をいだいているとお話しになった。

中央産業委員会の求めに応じて、私は五月二十日、デュカール通りにあるその建物でたくさんの招待客を前に、演説をした。数字をあげながら私は、ここ数年間におけるベルギーの日本向け輸出のめざましい発展をあきらかにした。

それから、妻と私はロンドンへおもむいて、七月中そこに滞在した。ロンドンでは、私の婿のテクセーラが最近オランダ公使館の書記官に任命されていた。私たちは、オランダ公使ファン・スゥインデーレン氏の家や、ベルギー大使ド・カルチェ男爵の家でごちそうになった。私は、停年ですでに引退した日本における英国の旧同僚たちに再会した。このころ、東京の英国大使は、一九三四年に、彼らのあとをついだ、サー・ロバート・クライヴであった。三十年来の友人である、サー・ジョン・ティリーは、その職歴が私のそれとたいへんよく似ていた。またウィンチェスターに近い美しい田舎屋に、家族といっしょにおちついていたサー・フランシス・リンドレーとは、すばらしい一日をともにすごした。

一九一三年に、私たちはサー・ジョン・ティリーと——彼は当時、外務省の部長で、私のほうはブリュッセルの外務省で同じようなポストを占めていた——毎年、数ヵ月間、長女を交換し、お互いの国のことばを勉強させようと思った。しかし一九一四年の戦争が、この計画をだめにした。もし神がつぎのようなことを知らせておいてくださったら、私たちはどんなにびっくりしたことだろう。一九二六年から三〇年まで私たちはともに駐日大使であり、また、私たちふたりの長女は、数ヵ月の間をおいて、ともに東京で結婚式をあげたのである……。

レジナルド・ジョンストンに会う

ロンドンのレイディ・スウェイスリングの家で昼食にあずかっているとき、もと中国皇帝の英語教師で『紫禁城の黄昏』Twilight in the Forbidden City と題する本の著者であるサー・レジナルド・ジョンストンに会った。彼の書物は今世紀のはじめから極東でおこったできごとに、黄昏どころか、あかるくはっきりした照明を当てている。私はすでに、サー・レジナルドと知りあいであった。彼の著書が出たあとで私は彼と手紙を通じて、交際をしていた。ついで、一九三五年八月から一九三六年一月まで、日本および満洲に滞在中、彼は東京の私のところへ会いにきた。この滞在の大部分を、彼は、新京の宮殿で、満洲国の康徳帝となった昔の教え子とともにすごした。彼の目的は、皇室の古い文書を整理し、一六四四年に明を倒して中国を征服する以前の、清王朝の初期の君主たちに関する知られざる歴史を書くことにあった。サー・レジナルドが東京に戻ってきて私たちが再会したとき、彼は康徳帝とその家族についてたいへん興味ある詳細な話をしてくれた。そして満洲には第一級の歴史資料が集められていると語った。不幸にしてこの尊敬すべき人物は、彼の計画を充分にはたすことができないうちにこの世を去った。

彼と会ったロンドンのレイディ・スウェイスリングの昼食会で私はまた、外務省の重要な役人のひとりであったサー・ロバート・クレイギーに会った。彼は翌年東京で私の同僚となるのである。一九四一年十二月に始まった英国と日本との戦争を、彼はこの職にあって迎えたのである。

七月のはじめ私はウインブルドンのテニス・トーナメントを見に行き、そこでサー・サミュエル・ホア［英国の政治家。外相、海相、内相など歴任。このときは海相］に会った。ついで私は妻といっしょにベルギーに戻り、その月をすごした。

日本の駐ベルギー大使たち

このころ、うれしいことに来栖氏夫妻と子どもたちがベルギーに来た。私たちは彼らを両親や友人に紹介した。来栖氏は東京で四年間外務省の通商局長であった。私たちは親しい家族づきあいをした。彼がブリュッセルに来たのは日本大使としてであった。ここで彼は、私たちがはじめて日本に着いて以来、五人目の日本の代表者となるわけである。四人の前任者たちはいずれもすぐれた、気もちのいい人たちであった。まず安達［峰一郎］氏で、彼は一九一六年のル・アーヴル以来ヨーロッパにとどまった。永井［松三］氏は帰国後、外務次官になった。有田《ありた》［八郎《はちろう》］氏と佐藤［尚武］氏はベルギー大使のあと、ふたりとも外務大臣になった。来栖大使と、アメリカ生まれの夫人［アリス］と、愛らしい令嬢ジェイはブリュッセルでたいへんに人気を博した。彼らはそこに一九三九年の夏まで住んだ。したがって私が最終的にブリュッセルに戻ったとき、彼はまだそこにとどまっていたのである。たいへん残念なことに、彼らはすぐそのあとベルリンに移動したが、そこには一九四〇年九月の日独伊三国同盟の締結まで、わずか一年しか滞在しなかった。

戦争はすぐそこで

一九三六年八月のなかばごろ、妻と私は自動車で、婿のテクセーラがアルンヘムの近くに所有していた美しい別荘に出かけ、まず一週間を娘のところですごした。そこからミューズ州の渓谷を通って私たちはランに近いシャトー・ド・フールドレンに住む義弟のコペ男爵のもとにおもむいた。途中、リエージュ近郊のジュヴィル修道院に一時間とどまり、そこで一九三二年まで東京のベルギー大使館のタイピストであった日本人修道女に会ったのである。二番目の息子に別れを告げるため私たちはナミュールに一泊した。彼はこの町の第二猟騎兵団で兵役をつとめていたのである。

八月の終わり、私たちは車でフランスを縦断し、娘が子どもたちと住むサン・ジャン・ド・リュズに最後の滞在をした。彼女の夫のベリエはここからベルギー大使館の夏の移動先であるサン・セバスチャンまで、とてつもない距離を毎日通っていた。ほどなく彼はマドリッドに戻った。市民戦争はスペインで猖獗《しょうけつ》をきわめていた。私たちがサン・ジャン・ド・リュズに滞在中フランコの軍隊がサン・セバスチャン、およびフランスにいたる北部全域を取りもどした。私たちはほとんど毎日のようにアンダイエに出かけた。そこからはイルンやオンダリビアでの戦闘のようすが見えるのであった。九月四日妻はビダソア川の岸から焔につつまれたイルンの写真をとったが、それはじっさいすさまじいものであった。翌日、人民戦線の側の橋がフランコ軍によって占領された。勇敢に戦った共産軍最後の抵抗者たちはベルギー人だったらしい……。

最後の日本滞在に向かう

九月八日サン・ジャン・ド・リュズからただひとり私は自動車で出発し、ルルド、ツールーズ、カルカッソンヌ、モンペリエ、アルルを経てマルセイユに着き、十日、そこで〈靖国丸〉に乗船した。ジブラルタルで私たちを降ろしてからこの船は、ロンドン、アントワープをまわってきたわけで、これから日本まで航海し、往復を完成するのである。私は船上で一九三三年の日本のデヴィス・カップ・チームの三番目のメンバーであったテニスのプレヤー伊藤《いとう》［英吉《えいきち》］に出会った。彼は英国に三年滞在してこれから帰国するところであった。私たちはいくつかの寄港地でいっしょにプレーをした。ポートサイドで私たちはエジプトの選手権保持者ガランギオティスと、これも地方クラブの優秀選手のひとりベルギー名誉領事メイリエと対戦した。スコアは10－8と4－6だった。香港では私たちは中国チャンピオンのクム・ジョンと英国人スーヴェルを7－5で破った。

妻はクリスマスに東京へ来た。彼女はロンドンで次女が男子を出産するまで、ヨーロッパ滞在を延ばしていた。それからただひとりで、優秀な奥野氏を船長とする〈照国丸〉に乗ってきたのである。

日独防共協定

十月なかばに東京に着くや私は、同僚の誰よりも早く、日独防共協定に同意するという日本の決定を知った。そこで最終的な調印がなされるほぼ一ヵ月前、十月二十日すでに私は海底電報でベルギー政府にそれを知らせることができた。のちの情勢に大きな影響をもたらすこの協定の重要性は、遺憾ながら直接の関係諸列強によって過小評価されたのではないかと思う。もちろん枢軸側は別だが。一九三八年春、ドイツ大使フォン・ディルクセンは東京からロンドンに移され、五、六年前から大使館付陸軍武官だったオットー将軍が東京でドイツ大使として任命された。意図的な任命、少なくとも前例のない任命だった。数ヵ月後、日本は同じようなやりかたでベルリンの大使に、しばらく前から同地の陸軍武官だった大島《おおしま》［浩《ひろし》］将軍を任命した。このふたりの将軍は、現在この文を書いているときには、なお両国それぞれの代表者として東京とベルリンにいる。私はオットー将軍とは、彼がたんなる陸軍大佐、大使館付武官であったときにも、彼が大使となり、私が［外交団長として］彼の上席となったときにも、礼儀正しい関係を結んでいた。個人的には私は彼に心からの友情をもっており、またお互いにそうであったと信じている。

フランス大使館の年越しパーティ

私の休暇中にフランス大使が代わった。ピラ氏と交代してカムレ氏が就任したのである。カムレ氏は、エジプトのファード王の援助で出版された、古代からの紅海、アラビア、アビシニア［エチオピア］史の著者である。日本におけるカムレ氏の任期はたいへん短かった。一九三七年に彼は停年に達して引退したからである。彼の後継者はシャルル・アルセーヌ＝アンリ氏であった。私たちは一九二一年、彼がフランスの商務参事官であったときからの知りあいである。彼は現在なお東京の大使である。アルセーヌ＝アンリ夫人は旧姓をヨランド・ドルメッソンといい、そのピアニストとしての才能をブリュッセル市民は忘れていなかった。市民は彼女の父親ドルメッソン伯爵がベルギーのフランス公使として在任中彼女を知ったのである。

カムレ夫妻は一九三六年十二月三十一日、年越しのパーティを催したが、これに出席したものはその思い出を今でももちつづけているであろう。英国大使館の書記官アッシュュレー・クラーク氏が、横浜のハンバート氏、フランス大使館のダンデュレン氏、ジェイムス・バイエンス氏とともに爆笑をさそう喜劇を演じたのである。少し概要を書いておこう。

ある若い夫婦が幸福なできごとを待っている。夫は女の占い師にうかがいをたてる。彼女はもし生まれる子どもが男なら、その父親は誕生と同時に死んでしまう、と宣告した。もちろん夫は思い悩み、そのことを友人に話す。友人もすっかり驚いたようだった……。気を紛らすためにふたりは魚釣りに行った。だが心配ごとがどうしても彼らの会話や態度にあらわれてしまう。出産のときがきた。分娩室の隣の部屋でふたりはびくびくしながら知らせを待っている。突然ドアがあき、医師が入ってこう言う。男の子でした！　そのとき、飲みものをのせたお盆を運んできた給仕頭が急にひっくりかえって死んでしまった！

フランス語で上演したあと、同じ俳優たちは古い堂々たる衣裳をつけて、奇妙な日本語でこれをくりかえし、満場の笑いをさそったのである……。

相次ぐベルギー人の来日

ブリュッセルのルーマニア大使の兄弟でローマの高位聖職者であるギカ司教が、いくつかの宗教調査のために日本を訪れたのは、一九三六年の私の休暇中のことであった。しかし私がヨーロッパから戻ったときにもまだ日本におられ、けっきょく一九三七年まで滞在されることになった。私たちは幾度も司教にお目にかかる機会があった。司教は教皇使節マレッラ司教のもとに止宿しておられ、私たちはおふたりを、家にお迎えした。マレッラ閣下と私たちとはたいへん親しくいつまでもおつきあいをした。

一九三七年二月マニラの典礼会議の閉会とともに少なからぬベルギー人が太平洋、合衆国経由でヨーロッパに戻る途中東京を訪れた。私たちは数週間大使館に、私の妻の遠縁にあたり長い間の友人であるヴァン・デル・ブリュッゲン男爵夫人と、その甥コンラッドを迎えた。この青年のほうは世界見聞の旅であった。

二月十八日私たちはテベネ夫人といっしょに、アメリカ大使館の昼食会へ行った。それは大使グルー氏がマニラの教皇使節オダガティ枢機卿と、典礼会議に同行した六人のアメリカ高位聖職者たちのために開いたものであった。お天気は上々で、食後グルー氏は庭でみずから招待客をカラーの映画におさめた。司教方の赤や紫の衣が大使館の白い、日をいっぱいにうけた壁にくっきりときわだっていた。全体が豪華な戴冠式の絵のようであった。

かなり多数のベルギー人が、横浜に船が寄港している間だけ東京に来た。彼らを迎えたのは二月二十六日の午後であった。このグループはひとりのフランス人ベルナール・ド・ベアルン伯爵と旧姓ムロードといった同夫人、ヴァッセージュから来たふたりの令嬢、ストラッブ夫人、アリーン・ヴィザール・ド・ボカルメ嬢、ポール・ド・グラン・リ嬢、イヴァン・プリサール夫人、ユブルー神父ともうひとりの神父であった。

一九三七年の初め、ベルギーの細密画家コルフ氏が来た。彼は日本人幾人かの肖像画を描いたが、そのなかには三井男爵とその家族のものもあった。私たちは彼を日本の人びとに知ってもらおうと、彼の以前の作品の展示会を前もって大使館で開いておいたのである。コルフ氏は一年ほど日本に滞在した。

ずいぶん努力したにもかかわらず、私はベルギー絵画の展覧会を日本で開催してみたらおもしろいということをベルギーの関係者に納得させることができなかった。それでも一九二四年、わが国の一団の芸術家が絵画、彫刻、デッサンを、前年九月一日の大震災の罹災者にたいする日本の救済委員会あてに送ってきた。これらの作品は東京で展示されて大成功をおさめ、すべて、いい値段で売りつくされた。皇室もいくつかお買いあげになったのである。一方、私は、一九二九年の休暇の帰り、ヴァン・デ・レーネのいくつかの作品をもちかえった。私は個人的にこの画家を知っていた。彼は日本の芸術に関心を抱いていた。私は彼のために東京で個展を開いた。その絵の半分以上が日本人や外国人の愛好家によって買われた。文芸愛好家ハンター氏のごときは一日に四枚も買ったのである！

私はここで日本絵画について語るつもりはない。これについては無数の著述がある。木彫りの芸術についても同様である。私は日本の芸術や歴史や習慣については次の場合以外には語らないという規則をみずからに課している。すなわち、それらが私の個人的な思い出につながる場合、および私がそれについて、まだ誰も言っていないこと、少なくとも私がそう思っていることをなにか言える場合にかぎる、と！

日白芸術文化交流

二年前から私たちは王室の喪や私の休暇などで大きなレセプションを一度も開いたことがなかった。一九三七年のこの冬、私たちは以前より客をもてなすことができるようになった。そこで一連の公式の夕食会を催したが、そのそれぞれに、皇太子殿下が幾人かの外国公大使や日本の高官たちとともに、おでましになるという光栄を得た。こうした夕食会のあとではいつも音楽の演奏か、伊藤夫人によるシャムあるいはジャワの踊りの披露があった。伊藤夫人はアメリカ生まれの日本の芸術家で、インドシナ、マライのさまざまな地方の舞踊芸術について深い研究をした人である［舞踊家伊藤道郎の妻ヘイゼルのことか］。

一九三七年、日本の偉大な蒐集家である根津《ねづ》〔嘉一郎《かいちろう》〕氏は、世界のいくつかの大都市の美術館に、中国の山西省の洞窟から発掘された石の仏像を寄贈したいという意向をもらした。私はさっそく氏をブリュッセルの王立美術・歴史博物館に紹介した。根津氏は私を通じて、能面と、能に用いられる簡素な衣裳のコレクションに加えて、これらの有名な胸像のひとつを贈ったのである。私たちの美術館が私の在任中日本の芸術愛好者から寄贈をうけたのは、これが唯一のものではない。一九三八年、三井《みつい》高陽《たかはる》男爵は王立美術・歴史博物館に、すばらしい古い家具を寄贈した。また「国際文化交流協会」は一九三三年に、古代の彩色した屏風や写本からなる寄贈品を贈ったのである。

上記の美術館のアジア部門の担当者であるボンメル氏は一九三四年、日本に数週間滞在し、わが国のコレクションにたいする日本の知識人、芸術家の関心を高める援助をしてくれた。彼の仕事はウーユー嬢によってさらに長く続けられた。彼女は一九三七年から三八年までカパール氏によって東京に派遣されていた女性で、一年以上を日本ですごしたのである。彼女は日本でわが国の美術館のために、いくつかのうまい買い入れをしたのである。

夏の軽井沢

一九三七年の夏のあいだ、妻と私の手もとには子どもたちがひとりもいなかった。末の息子はブリュッセルに高等法文試験を受けに行ってしまっていた。私はほとんど中禅寺へは行かず、週末の大部分を軽井沢や鎌倉、逗子、あるいは最近建てられておおいに繁昌しているすばらしいホテルのある川奈ですごした。

八月にヨーロッパから、ピエール・アッティリオ・フォルトンム氏が到着し、モーリス・イヴェンス・デックフート氏に代わって大使館の書記官となった。イヴェンス氏は私の協力者として四年間もよく勤めてくれたが、東京の気候が彼の健康には堪えきれなくなったのである。イヴェンス夫妻と子どもたちは夏のいちばん暑いさかり何週間も軽井沢の来栖氏の別荘で過ごした。九月に彼らはヨーロッパに向けて発った。

軽井沢はもともと、さまざまな派のプロテスタント宣教師らの一種の夏の所領地であった。彼らは日本各地から休みをすごしにここへ集まってきていた。この場所は彼らによってある意味で受けもたれていたのである。少なくともテニス・クラブのようないくつかの施設については一九三七年でもまだそうだった。それらは日曜日には閉められてしまったのだ！しかし、しだいにカトリックの宣教師があらわれるようになった。一九二五年から、私たちといっしょに軽井沢に来ていたヴァルラヴェンス神父が私の家や、ホテルのなかでミサを捧げはじめるようになった。信者たちも大勢みえるようになって、わずか数年後、カトリックの聖堂建設が決定した。チェコ系のアメリカ人設計家レイモンド氏が設計を担当した。彼は一九二八年にベルギー大使館の改築工事をおこなったことがあった。彼は、ノルウェーの「スターヴェキルケ」様式に近い美しい木造の聖堂を造った。私はその献堂式に出席した。彼はここには毎年夏に、大司教によって東京から送られてきた宣教師がひとり臨時の主任司祭になった。一九三七年には、東京のイエズス会に属するベルギー人、エーレンボッシュ神父がその任にあたった。ガンの上院議員を父にもつエーレンボッシュ神父は私たちの少しあと一九二一年に日本へ着いた。すぐれた言語学者である神父は十七ヵ国語を知っており、その多くは完全によくこなすことができた。そのなかにハンガリー語があるが、それは彼がブダペストで何年かをすごしたことがあったからである。これらの言語を忘れないためエーレンボッシュ神父はミサの終わりの祈りを、そのうちのどれかひとつを使ってとなえることを習慣にしていたのである。

その夏のある日曜日、軽井沢に避暑に来ていたバッティアニイ公妃が私たちといっしょにミサにあずかっていた。そして例の祈りが母国語でとなえられるのを聞いてびっくりしてしまった！

彼女は自分の耳を疑った。それからエーレンボッシュ神父とハンガリー語で話し、すっかり喜んでしまったのである。数ヵ月後、彼はイエズス会神父でアイスランド人のスヴェンソン神父とアイスランド語の勉強を始めた。スヴェンソン神父は八十二歳の高齢で日本に来て数週間をすごしていたのである。神父は青少年むけの愛すべき小説を書く作家でアメリカでもヨーロッパでも非常に高く評価されていた。[*1] 私たちは東京で神父と知りあい、その身の上話をおおいに興味をもって聞いたのである。

一八七〇年、彼が十四歳のとき、フランスで奨学資金を獲得した。フランスへ行く途中コペンハーゲンでフランスとプロシアの開戦を知り、デンマークで平和が恢復するまで待たねばならなかった。ついで彼はフランスでたいへんよく勉強した。そのフランスで彼は母親の同意を得たうえでカトリックに改宗し、ついでイエズス会に入会した。数年後家族とともにアメリカへ移民した母親についに再会することはなかった。彼女はときたま彼に便りをした。しかし息子と会うことなく母は死んだ。ほんの数年前アイスランドは、世界最古の議会「アルティング」の千年記念を祝った。この機会にアイスランド政府は、科学、文学、音楽その他の分野で名をなしたすべてのアイスランド人をレイキャビクに招待した。もちろんスヴェンソン神父もそのひとりだった。彼は子どものとき以来、はじめてアイスランドにおもむいた。レイキャビクに着いたばかりのとき、他の招待客を乗せたアメリカ汽船が港に入ってきた。スヴェンソン神父は通りで、この一団のアメリカ人とすれちがった。彼をみてそのひとりが仲間からはずれて通りを横切って近づいてきた。「あなたはスヴェンソン神父ではありませんか？」と彼は英語でたずねた。神父は答えた。「そうですが、どうしておわかりになりました？」このことばにその見知らぬ人は彼の腕のなかにとびこんできて、アイスランド語でこう叫んだ。「私ですよ、弟のエリックです」……。一八七〇年、エリックは一歳だった。兄弟はじつに七十年近くもお互いに会ったことがなかったのである！

カトリックの神父たち

イエズス会は東京で大学をひとつ経営している。その名を「ソフィア〔上智大学〕」という。一九三八年には日本人学生が五百人いた。この修道院はライン管区に所属している。

もっとも多いのはドイツ人だが、アメリカ人やアルザス人もおり、私たちの任期の終わりころにはベルギー人も三人いた。エーレンボッシュ神父はそのひとりである。

たいへん広いこの大学は、東京のベルギー大使館から六百メートルのところにある。大使館の近くにはなお四つの修道院、あるいはカトリックの小聖堂がある。すべて一キロ足らずの距離である。イエズス会の小聖堂〔クルトゥルハイム聖堂〕の他には、大きな女子の学校〔四谷の雙葉学園〕をもつサン・モール〔幼きイエズス修道会〕のフランス人修道女の小聖堂、スペインの聖体礼拝会（これはベルギー系のある院長によって創立された）のそれ〔戦災で焼失。練馬に移転〕、さらにカロリナ会のスペイン管区の小聖堂と、聖テレジアに献げられた麴町の新しい小教区聖堂がある〔戦災で焼失。すぐ近くに移転して現在の聖イグナチオ教会となる〕。

妻と私は、極東におけるすべての宣教師にたいして大きな尊敬と強い親愛の情をもっていた。彼らについてはベルソールがきわめて感動的な文章を書いている。私たちは彼らの仕事に強い関心をもった。日本のカトリック教徒は二十万人を超えていないが、そのなかには多くの重要な社会的地位をもつ人がいる。長く天皇の侍従武官を務めた山本《やまもと》〔信次《しんじ》郎《ろう》〕海軍少将は日本のカトリック青年会の会長である〔正確には皇太子時代の昭和天皇にフランス語を教え、訪欧の際に随行した〕。二世紀半におよび、きびしく追放されてきたカトリックが、しかも絶えることなく生きつづけていたという歴史は、私にはいつも、ほとんど超自然的な現象だと思われた。私はそれを親しく学んだ。この問題についてこれ以上私がここに記さないのは、それがあまりにも厖大《ぼうだい》な主題で、これにかかわると際限がないからである。いつかあらためてとりあげることにしよう。

私の妻はとくにマリアの宣教者フランシスコ修道会の修道女たちの援助にあたっていた。この会は東京で一九三一年以来、美しい病院を経営している［中落合の聖母病院］。私たちはその定礎式に出席した。院長はブリュッセルの美術・歴史博物館長カパール氏の義妹にあたるベルギー人であった。

外国人と結婚した日本の外交官

数年間私たちがよく会ったもうひとりのベルギー人婦人が、長い病床生活ののち一九三七年鎌倉で亡くなった。それは堀口《ほりぐち》夫人［スチナ］で、彼女の夫［九萬一《くまいち》］はもとルーマニア駐在日本公使、ついで引退前、ブラジル公使を務めた人である。堀口夫妻にはいわという娘がいたが、彼女はブカレストで、もとブリュッセルのルーマニア大使の息子と結婚した。しかし、一九三二年に彼女は夫と別れて両親といっしょに東京で暮らしていた。日本人よりベルギー人に近い顔立ちをした堀口いわはブリッジ、テニスのプレーヤーであり、上手な水泳家であった。彼女は東京や鎌倉で開かれるスポーツ社交の集りには欠かさず参加していた。鎌倉に夏、両親が住んでいたのである。たいへんに情にあつく、いつもよく人に尽くしていた彼女は、両親が長く病気だったとき、涙ぐましいほどその世話をしていた。

外国人と結婚した日本の外交官で高い地位に登った人はごく稀である。おそらく例外を除いては。結婚した相手が必ずしも昇進にとってふさわしい人でないということもあるだろう。私は外国人である日本大使夫人を三人しか知らない。ベルギー人である堀口夫人、アメリカ人である来栖〔三郎〕夫人〔アリス〕、それに現在の東郷〔茂徳〕外務大臣夫人（〔エディ〕ドイツ人）である。

一九三七年十月、妻と私はポーランド公使の大使昇格を記念するド・ローメル氏の夕食会に出席した。彼は一九三六年、ブリュッセルに移ったモシツキイ氏の後任として日本駐在公使に就任した。この夕食会には、外務大臣広田〔弘毅〕氏とともに、フランス、ルーマニアの代表者アルセーヌ＝アンリ氏とストイチェスコ氏が出席していた。私はその席には外交団首席として出席していたのである。この晩、もし予言者がいて、二年後ポーランドがほとんど一日一日ヨーロッパの地図から消されていく、と告げたら、どんなに疑いの眼をもってみられたことだろう……！

ブリュッセル会議と日本

一九三七年のこの同じ十月に、ブリュッセルでは国際連盟によって国際会議が開催された。その目的は（一九二二年ワシントンで調印された中国に関する九ヵ国条約にもとづき）、その七月に条約国である中国、日本間におこった紛争を平和的に解決する方法を見出そうとすることにあった。この会議に代表を送るよう招かれていた日本はその招待を辞退し、会議が提示したあらゆる仲裁策を斥けてしまった。日本はこう判断したのである。九ヵ国条約はブリュッセル会議に、当時まだ条約に加わっていないソビエトの代表を招かねばならないと考えた時点で「ab ovo」〔初めから〕破られてしまっている、と。しかし日本はこの事実を拒絶の理由の説明にあげなかった。日本は中国における態度を正当防衛であるとして正当化し、九ヵ国条約には抵触せずと述べ、ブリュッセル会議は、いかにそうではないと断言しても、国際連盟によって招集されたことは明らかで、日本は正当で公平な結論を期待しえないと主張したにとどまった。英国は日本に考えを変えるよう多大の努力を払ったが、その結果はかえって両国の関係の溝を大きくすることになってしまった。この溝はすでに一九二一年の日英同盟破棄によってつくられ、一九三一年から三三年にかけての満洲問題で大きくなっていたのである。

幸いだったのは会議に出席した外国の代表のなかには極東問題について事情に通じたものがいたことである。そのなかのとくにノルウェーとデンマークの代表は、それぞれ三年か四年のあいだ、東京で私の同僚だった人たちである。とりわけオーベル氏について私は、彼が駐日ノルウェー公使であったとき（一九三〇〜三五年）のその良識、判断力をおおいに買っていた。彼はその拒否権によって会議に出された多くの提案を妨げた。それらの提案はまったく不必要に日本の恨みをかきたてるばかりのものだったのである。

慣例によって議長には、開催地がブリュッセルであったためスパーク氏がえらばれていた。しかし彼の慎重さやその巧みな気転によって、この会議がベルギー、日本関係に根強い悪影響を与えることは避けられたのであった。

ジャーナリスト

中国における日本軍の作戦を取材するために『リーブル・ベルジック』紙は極東にロベール・ルールケン氏を派遣した。彼はもと砲兵将校だった。彼はこの使命を巧みにはたしたので、その記事はヨーロッパにおけると同様、日本の総司令部によっても認められた。彼が東京に来たのは一九三七年の秋だった。ルールケン氏はここで諸方面と関係を結んだので、その結果、一九三九年に英国とドイツのあいだに戦端が開かれたとき、日本の大日刊紙『朝日新聞』によってヨーロッパ戦争の特派員に選ばれたのである。

ルールケン氏が東京を訪れた最初のジャーナリストではなかった。ピエール・デイとシャトゥルー（シャリュー）男爵が大使館の私の部屋で出会ったのは一九二六年の秋だった。彼らはふたりともブリュッセルにいながら、それまで知りあっていなかったのだ。私たちはいっしょに夕食をとった。

私の知っているフランスの文筆家やジャーナリストも、十八年間の任期中、よく日本にやってきた。とくに『マタン』紙の編集者ソーエルヴェン氏は二度東京に来た。二度目は一九二七年だった。モーリス・デコブラは一九三四年一月、フランシス・ド・クロワセは同年四月に来日した。この三人はともにベルギー大使館で私たちの客となった。デコブラは私たちのアルバムに署名するとき、自分の顔の漫画をかいている。彼の知識と教養は、彼の小説のいくつかしか知らないものを驚かせるに充分である……。私はフランシス・ド・クロワセを青年時代ベルギーの海辺で知った。その後彼はフランス国籍をとったとき、本名をやめてペンネームを使うようになった。大戦中私たちはル・アーヴルで再会した。それから、妻と私は、ちょうどロアン＝シャボ家出身のミュラ公妃[*2]がロシアから帰国したとき、クロワセ夫人に招かれてパリのホテル・リッツの部屋でお茶をご馳走になった。ミュラ公妃はサンクト・ペテルブルクでおこったできごとについてたいへんおもしろい話をしてくれた。

一九三八年、クロード・ファレールが日本で巡回講演をおこなった。私は華族会館で彼がロティについて話すのを聴いたが、どうも『お菊さん』の著者にたいする讃美は私のそれをはるかに上まわっていると言わざるをえない。

北海道旅行を計画したが……

一九三八年の春、上院議員のド・ドルロド男爵が夫人同伴で、世界見聞旅行の途中日本に立ち寄った。私たちは彼らに少しは日本の芸術、芝居、とくに舞踊、それに東方アジアの政治問題について教えることができたと思う。

同じ年の六月私は日本列島北部の最大の島である北海道旅行を計画した。北海道の気候も産物も、他の地方、とりわけ東京のそれとはたいへん違っている。

私は十日ほどそこですごすつもりで妻といっしょに出発した。ところが北海道に上陸して早々、妻がホテルの階段から落ちて脚を折ってしまった。私たちはやむなく東京に戻り、そこで夏をすごした。

硬骨漢・尾崎行雄

八月の終わりになってはじめて私たちは数日間逗子へ出かけることができた。九月一日の晩おそろしい台風が来てあやうくホテルを吹きとばすところだった……！　それは同じく逗子で遭ったあの大震災の、日時も同じ十五年目の記念日であった。その翌々日、私の最愛の友であったフェルナンド・ペルツァーの未亡人が日本に来た。彼はブラジル駐在大使だったがその前年、退官したあとで亡くなってしまったのだった。夫人は私たちのところで六週間をすごした。彼女は私たちに、ベルギーが七月に見舞われた地震の揺れについてこと細かに話してくれた。彼女はこの現象を日本でよくおこる地震と比較してみたいと思っていたのである。しかし夫人はがっかりした。その滞在中、ほんの二回軽い揺れがあっただけで、しかも彼女はそれに気づきもしなかったのである。夫人が去った十二月のはじめ、きわめて強い地震がおこり、ひと月の間毎日十回以上もの微震が続いたのである！［実際には、この年の十一月五日に「塩屋埼沖地震」が起きている］

私たちは逗子で日本政界の長老尾崎行雄《おざきゆきお》氏に再会した。彼は逗子の山のなかにある大きな別荘「風雲閣」に住んでいる。彼と会うたびに私はいつも大きな喜びを感じた。尾崎氏は私たちが日本に着く前、東京市長、また何度目かの大隈内閣時代には司法大臣をすでに歴任していた。その創設から加わっていた衆議院議員団の長である尾崎氏は、みずからの思想に忠実で他からの圧力に屈しない人として知られていた。私は日本人の間にきわめて稀なその勇

尾崎行雄

気に感服していた。

尾崎氏はその勇気をもって、たとえ自分の意見がそのときの有力な意見と合わないときでも、断乎としてそれを主張し弁護したのである。日本の盲目的な愛国者は「インディヴィデュアリスム」を嫌う。尾崎氏はまったく遠慮なく、公に、「個人主義的に」彼らの大げさな国家主義を批判した。彼は軍部の横暴を歯に衣をきせずに非難した。一九三六年の反乱［二・二六事件］がおこったとき尾崎氏は英国にいた。彼の辛辣《しんらつ》なインタヴューの記事が公表された。このため近親者たちは彼の生命を心配し、日本への帰国を遅らせるように忠告するものもあった。しかしそれから数ヵ月後、彼は日本に戻った。私はそのころ、華族会館でのある結婚式で彼に会ったときのことを思い出す。フロックコートの釦穴に大きな白い花を挿し、唇に嘲笑的な笑いを浮かべ、何人《なんぴと》といえ襲いかかるものにたいして挑戦しているようなようすだった。八十歳の彼は六十にしかみえない。私は彼のあからさまな勇気が、敵対する相手にさえ賞讃と尊敬の念をおこさせるのだと思う。

五歳になられた皇太子

一九三八年十二月、私たちはジャン＝マリー・ローランツ氏を大使館に迎えた。一九三〇年にはじめて訪れてから四回目の訪問であった。こんどは前年パリで結婚した若い夫人を同伴していた。ローランツ夫妻は私たちといっしょにクリスマスと正月をすごした。

一九三八年の終わりころ、五歳になられた皇太子は、殿下のためにととのえられた御殿に住まわれていた。それは式部官、女官、秘書等をもった完全なひとつの宮家なのである。これは新しい改革であった。過去においては、天皇が皇位継承者をご自分の親しい人物にあずけ、そこで最初の教育を受けさせるということがあった。現在の天皇陛下の場合がそれで、陛下はご幼少のころ何年間か、もとの海軍卿川村［純義］伯爵のもとで、家族の一員として育てられたのである。川村伯爵の子息で、幼い皇太子よりずっと年上だった大寺男爵は、よくそのころの父の家における皇太子のご生活ぶりについて興味ぶかい話をしてくれたものであった。

暇乞い

私の任期も終わりが近づいていた。私は一九三八年八月三日で停年に達し、出発は翌三九年二月に決められていた。ローランツ夫妻の滞在後私たちは皇室や多くの日本人の友人、同僚たち、他の外交団のメンバーに暇乞いを始めた。私たちのためにいくつもの宴会やレセプションが、外交団により、私が十年間会長だった東京倶楽部により、カトリック信者により、白耳義協会により、あるいは天皇陛下ご自身や皇太后陛下、また多くの皇族方によって開かれた。

一月二十六日、私たちふたりは、東京から六十キロ離れた山の麓にある大正天皇の［多摩」御陵の前に花輪をささげた。私はご在世中のこの天皇に拝謁したことはなかったが、一九二一年から二六年まで、その治世下に大使として信任されていたのである。私は皇太后陛下に、私がけっして先帝を忘れていないことをなんとしてもお示ししたかったのである。

天皇陛下が、出発を前に私たちに拝謁を賜ったのは二月二日のことであった。皇后陛下はご懐妊中でこの謁見の席にお出になれなかった。これは内輪の昼食会というかたちをとった。私たちが唯一の外国人であった。他には皇弟高松宮殿下と妃殿下がご出席になった。陛下は私たちを長くお引き留めになられ、王やエリザベット王妃およびフランドル伯にたいするご好意のこもった伝言を私たちに託された。陛下はまた、心から私たちが日本を去るのはたいへん残念であるとおおせになり、私はそれをうかがって長かった滞在の思い出が胸にこみあげてくるのをおぼえた。私は陛下に信任状を提出した最初の外交官だった――それがもう十八年前のことだ――私はまたご即位に祝詞を捧げた最初の外交官だった。天皇陛下のおことばに私たちはこれらの記憶を感動とともに思い起こし、将来なんとかしてふたたびお目にかかりたいと熱烈に願ったのである。私たちは陛下に、皇后陛下に、お別れのご挨拶と、また出発前に拝謁できなかったことを残念に思っている旨をお伝えくださいとお願いしてから、感激にあふれつつ皇居を辞した。

さらば太陽の国

一九二一年の私たちの到着以前から大使館で働いていた者もいる忠実な家の使用人たち

に、つらい思いで別れを告げてから、私たちは二月十六日の三時に汽車で東京を去った。政府や宮中の人びとを含むヨーロッパや日本のたくさんの友人——ほぼ三百五十人——が駅で私たちに旅行の無事を祈り、花や贈りものを贈ってくれた。プラットフォームにはカトリックのボーイ・スカウトが整列し、汽車が出発したとき、いっせいに太鼓を打ちならした。それは美しい出発とよべるようなものであった。

ある朝刊は、私たちが東京を去ると、首都の名物がひとつ減ってしまうような気がすると書いていた……。神戸から私たちは日本の汽船で上海へ行った。そこからはジャワ・中国・日本航路のオランダ船で、マニラ、セブ、マカッサルを経てバリまで行った。私たちはバリやジャワの島々をこまかく見て廻り、それからシンガポールに戻り、そこで〈箱根丸《はこねまる》〉に乗船し、一九三九年四月二十四日マルセイユに着いた。私たちが最初にアジアに向かって出発してから十八年と一ヵ月が経っていた。

翌日私たちはブリュッセルで親類や友人たちに迎えられた。そこにみたものは、長い駐日大使の職を終わるにあたって王が私に授与されたレオポルド二世勲章の大綬章であった。

*1 「ノンニ」というペンネームをもつ。これは彼の子どものときの名で、この名を最初の本の題名に使った。

*2 のちド・シャンブラン伯爵夫人となった。ド・シャンブラン伯爵の『マリーへの手紙』Lettres à Marie は彼女にあてたものである。

（上）離任前日のバッソンピエール夫妻
（下）大使を退任、特急〈富士〉で神戸に向かうバッソンピエール夫妻
（1939年2月16日、東京駅）

エピローグ

世界の最強国のひとつの首都で、またもっとも古い歴史をもつ王朝の君主のかたわらで、ヨーロッパのきわめて小さい国家を十八年間代表してきたあとで、私は、読者に、そう言ってよければ全ベルギー同胞に、私が長いアジアでの任務から、またわが国に四十二年間奉仕してきた体験から引き出した結論にともに加わっていただいて、この思い出話を終わりたいと思う。

結論はこうである。ベルギーは弱小国ではない。未来の世界を再建しようとする諸会議がベルギーを、無視しうるものと考えるとすれば、それはまったく不当である。反対の意見を私はよくベルギー人自身の口から聞いた。それは誤りであり、打破されねばならない。

国際連盟の政策を嫌うものでさえ、連盟が毎年発表しているすばらしい統計は認めねばならない。それによるとベルギーは一九三八年には全世界で、合衆国、大英帝国、ドイツ、フランスについで第五位の経済規模の国であることがわかる。

人口わずか八百万のわが国が、少ないものでもその六倍を有する大人口をもつこれら四大国のすぐ後についてきているのである。日本、イタリア、スペイン、ロシア、中国、ブラジル、アルゼンティン、大国しかあげなくても、これらの国々はすべて世界の経済強国のなかでは、われわれに後れをとっている。人口数の割合から言えばベルギーはじっさいには世界で第一位なのである。

私は日本にいていつもこのことを思っていた。また折にふれてそれを外に向けて話したこともあった。幾度も私は、日本人でも他の列強の人間でも、私のこの話から、非常に強い印象をうけたことを認めた。私はすべての同胞の心のなかに、この考えをしっかりと根づかせたいと思う。それはそこに、たんなる誇りだけでなく、未来にたいする楽観と信頼への断乎とした原動力を見出すためなのである。世界はよきにつけ悪しきにつけ、つねに、世界第五位の経済国をあてにし、その絶対的また相対的重要性によって当然占めるべき位置を与えるであろう。平和がもどったら私は生きているあいだに、ベルギー人がその美しいモットーを実行に移し、王と政府について一致して進み、愛する祖国の繁栄を実現する力を彼らに与え、来たるべき新しい世界のなかで、かつて占めていた栄光の場を保持するのを見たいものだと願っている。

付録

天皇の即位式

(『ルヴュー・ベルジュ』一九三〇年十一月一日号所載)

＊

日本の天皇が父祖の皇位を践《ふ》むことを「津々浦々に urbi et orbi」宣言されてから、この十一月十日でちょうど二年になる。当時、京都でくりひろげられたもろもろの祭典に、職務柄特別な資格で出席できたひとりの目撃者がその印象を述べる時期としては、おそらくけっして遅すぎるということはあるまい。

私はそのころ、ヨーロッパやアメリカの新聞、雑誌に掲載された多数の記事を読んだ。その大部分は、戴冠式のさまざまな行事がおこなわれた場所のようすを正確に伝えてくれたし、その行事について充分にはっきりと説明してくれていた。これらの記事は、じっさいに、式の前であれ後であれ、その場を訪れ、そこで必要な説明を受けた人物の手によって書かれている。しかし、私の眼についたかぎり、そのいずれの描写も、これらの行事そのものに直接参加した目撃者の印象を再現するものではなかった。

私は本稿の表題に「戴冠式 Couronnement」という語を使ったが、これはじつは適当な表現ではない。「即位式 Intronisation」というほうが、よりわかりやすい。日本における天皇権の帰属は、自動的に、かつ瞬間的におこなわれる。父天皇の崩御の瞬間に、推定皇位継承者であられた摂政宮裕仁殿下は、天皇位に属するいっさいの権力、いっさいの特権を「事実それ自身によって」ipso facto 授与されたのである。皇位のしるしである剣[草薙剣《くさなぎのつるぎ》]と宝石[八尺瓊曲玉《やさかにのまがたま》]は、邇邇芸命《ににぎのみこと》がその祖先、太陽の女神天照大神《あまてらすおおみかみ》から受けたもので、命はこれを「人間としての」皇統第一代である子どもの神武天皇に、伝統にしたがって委ねたのである。この神器は、大正天皇の崩御された葉山に、ご生前から移されていた。「父天皇の崩御後、時を移さず」それらは、皇位の若い継承者に荘厳に手渡されたのであった。

しかし、新しい君主の登位は、伝統にしたがって、一年間の喪に服した後おこなわれる一連の儀式によって盛大に祝われねばならない。

ほとんど二年目いっぱいかかって典礼上の準備や序式がおこなわれたのち、これらの儀式は秋にその絶頂期を迎えた。それはまず二種類の儀式に分けられる。第一は宗教的性格をもつもので、天皇が皇祖天照大神にその即位を報告し、皇統の連綿たること、臣民の幸福なることを祈願する。第二は一般的な儀式で、天皇が国民に即位を告げ、国民からの祝福をうけるものである。これらふたつの儀式は、一九二八年十一月、前者は午前、後者は午後におこなわれた。

大嘗祭《だいじょうさい》は純粋に宗教的な第三の儀式で、これは夜、陪席者なしにおこなわれた。すなわち、天皇みずから天照大神、および祖先の神々にその年の稲の穂を献げられるのである。これはこのために設けられた二重の神殿で行なわれるが、そこには天皇以外だれも中に入れないのである。

それから祝賀の宴が、天皇によって臣下のために催され、偉大な即位の喜びを分かちあうのである。

＊

通常、東京に外交団をもっている外国の君主、国家は、ほぼ一名ずつが代表としてこの即位式に出席した。ただ例外としてオーストリアはスウェーデン公使にその代表を委任した。

即位式がおこなわれた日本の古い都京都には、洋風のホテルや西欧人むけの建物がかぎられた数しかない。したがって日本で正式に信任された外交団に、あらたに特命大使が加わるということになると、その宿舎をみつけることが、不可能とはいわないまでもはなはだ困難であった。帝国政府が、こうした条件下にあって、友好国の君主、元首があらたに使節を派遣するより、既存の外交団に特使の資格を与えるほうを望んでいるということは、いわば公然の噂であった。そしてこれはそのとおりになった。一九二八年に日本に常駐の外交官をおいていた他の二十五ヵ国と同様、ベルギーも東京の大使に特使の資格を与えて即位の祝典における代表者とした。

十一月六日、天皇皇后両陛下は盛大な見送りを受けて東京をご出発になり、途中、名古屋で夜をすごされたのち、翌七日京都にご到着になった。

十一月八日朝八時、こんどは外交団が特別列車で東京を発ち、同日の夕刻、京都に着いた。京都のふたつの最高級ホテルがすべて外国大公使館の宿舎にあてられていた。各大公使はそれぞれ完全な一室を与えられ、また、皇室さしむけの自動車を自由に使用することができた。彼らの随行員も同様だった。随行員は大公使館の参事官、書記官、それに陸軍および海軍武官であった。

十一月九日の昼間は地方諸官庁の儀礼訪問についやされた。

十日朝八時、外交団は警官に護衛されながら長い自動車の行列をつくって御所に向かった。ここでは——例外的なご厚意により——天皇しか出入りをなさらない中央の門から入ることが許された。大使、公使および随員は、歩いて賢所《かしこどころ》におもむいた。

広大な長方形の内庭の一辺に、杭の上に建てられた四角い神殿があり、その周囲にほぼ二メートルほどの高さの回廊がめぐらされてあった。神殿の背後の階段へ通じているこの回廊に、やがて天皇、皇后両陛下がお出ましになることになっていた。

神殿の中央の戸の前には蔽いのない通路が入口までのびており、その両側には長い垣根がつくられていた。この通路の左右には白い木綿を敷きつめた屋根つきの床の広々とした特別席が設けられていた。この特別席は三千人にのぼる招待された人びとでいっぱいだった。そのなかには外国外交団や帝国の諸大臣、高位高官が含まれていた。宮中の上級二階級の身分をもった日本人とその夫人だけがこの儀式に招かれていた。すべて制服姿で、夫人たちは金の模様の入った厚い絹の古い宮中服を着ており、その編んだ髪が背中にさがっていた。

古い宮中の音楽が奏でられた。列をつくって神官が廊下を通って神殿にお供物をもって入った。それからしばらく時をおいて、古い衣裳をつけた皇族殿下、妃殿下方が同じ回廊を通って神殿を回られ、建物の内部の席におつきになった。皇族方は黒い漆の木靴をお履きになり、うやうやしく、ゆっくりとお進みになった。ふだん、日本人の顔は物に動じない平静さをもっており、それが荘厳さを増すことになるのだが、西欧風の生活になれた皇族方の幾人かのお顔には、つまずきはしないか、そのおみ足にはいささか大きい木靴が途中で脱げはしないかという心配そうな表情がお見受けされた！　だが、幸いにもなんの失敗も起こらなかった！

最後におごそかに天皇がお出ましになった。式部長官、侍従長、宮内大臣、首相がすべて礼装でその先導をつとめた（天皇陛下は白衣、他は黒衣であった）。彼らもまた神殿内に姿を消し、また陛下にしたがった皇后陛下とその女官もあとに続いた。神殿の戸は開かれたままであった。

それから長い静寂が続いた。もしこの季節にハエがいたら、そのとぶ音さえ聞こえたであろう。ただ公園に住みついた雀たちのさえずりだけが、参列者の上にひろがっている宗教的な、ほとんど苦痛にも似た沈黙を破っていた。

やがて、天照大神に語りかけられる重々しい天皇のお声が神殿から、われわれの耳にかすかに聞こえてきた。それから規則正しい間隙《かんげき》をおいて、がらがらという音がなった。またしばらく沈黙があったのち、天皇の行列が入るときとは逆の順序で神殿から出てきた。すべての参列者はそのお通りに頭を下げた。

合図で、空になった神殿にふかく礼をしたのち、招待された人びとは秩序正しく退出した。外国の大使たちがはじめに、起立している人びとの前を、列をつくって通った。時刻は午前十一時三十分であった。

ホテルで昼食をすませ、しばらく休憩したのちわれわれは、午前と同じ礼式で御所に戻った。

こんどは、日本語で紫宸殿とよばれる玉座のある部屋に通された。その部屋は少し長い四辺形で、黒、金、赤の漆塗りの玉座［高御座《たかみくら》］がふたつあり、その上に天蓋がかけられ、周囲には紫色の絹の幕がめぐらされており、囲われた日除つきの椅子のようであった。そこに両陛下は後方からお入りになることになっていた。このふたつの玉座は部屋の長い辺の中央に、隣あって設けられていた。

外交団が入室したときすでに、部屋の両側面には夫人同伴の日本の高官たちが位置を占めていた。われわれは彼らの前、天皇の玉座の右手三メートルの場所に先任順に列をつくって並んだ。

玉座正面の部屋の仕切りは完全に開け放たれ、そこには銅の飾りがついた木造の高く急な階段があり、壁のない廊下にかこまれた内庭へと通じていた。その内庭の中央に、部屋に向かって垂直に二列に並んで絹製の寓意的な旗［旛《ばん》］がたてられていた。それらの旗は、帝国の建国にあたり神武天皇が天から受けたという幸福の前ぶれを象徴するものであった。それらの旗のまわりにはそれぞれ、きわめて美しい甲冑をまとい、中世紀の射手の衣裳を身につけた衛士《えじ》が立っていた。

周囲の廊下には、玉座のある部屋に場所のなかった招待客の姿がみえた。

皇族方は外交団に続いて、同じく部屋の奥から入室され、階段の上方の左右におならびになった。天皇の玉座の側には殿下方、皇后の側には妃殿下方がおつきになったのである。

それから天皇皇后両陛下が後方からお入りになり、それぞれの御座につかれたが、参列者にはお姿が見えなかった。古代の服装をしたふたりの司式者がゆっくりと近づき、おじぎをすると、玉座の紫色の幕を上げ、それを天蓋の支柱にゆわえた。両陛下のお姿があらわれた。天皇陛下は白衣に明るい褐色（日の出の色）の絹のマントをまとわれ、皇后陛下は紫と金色の大きなケープにつつまれておられた。

内大臣牧野［伸顕］伯爵は古風な衣裳を身につけ、なかば平伏するように進み、陛下に巻物をお手渡しした。それには宣言の文が書かれ、陛下はそれをお読みあげになるのである。重い沈黙がしばしばあたりを支配し、それからドラが鳴りわたる……。

ご自分のご生涯にとって重大なこの瞬間に、天皇陛下がなんの感動もおもちにならなかったとすれば、むしろおかしい。われわれのように陛下のお近くにいたものには、軽い震えが陛下の全身を走るのが眼にみえたほどであった。陛下はすぐにご自分をおとりもどしになり、元気よくお立ち上がりになると、即位を告げる勅書を、あたりの静寂をついて遠くまでとどくようなしっかりした、明るい声でお読みあげになった。

勅語の朗読が終了すると、この儀式になんらかの役割をもつ人びとがすべてそうであるように、古風な装いをした総理大臣田中［義一］男爵がゆっくりと進み出て、陛下の正面に位置をとり、日本国民の名においてご祝賀のことばを読みあげたのである。

総理大臣はついで階段を降りて内庭に出ると、「万歳」と書かれたふたつの旗のあいだに立った。そこで、三時ちょうどに、彼は三回万歳を唱え、参列者すべてが熱狂的な感動をもってそれに唱和したのである。

その瞬間、日本国中で祝砲がなり響き、国全体の営みが三十秒間停止し、「万歳」の叫びにおおわれたのであった。

われわれは御所の囲いの外に集まっている群衆のどよめきをはっきり聞きとった。そのどよめきは首相が万歳の先唱をする少し前に、すでに起こっていた。はきつけない履物に困って大臣が階段を降りるのに、儀典係が予測したより二、三秒多くかかったのだ！

儀式はきわめて簡素ながら、真に印象ぶかい荘厳さをもっていた。絶対の沈黙、あらゆる動きの極端な緩慢さ、古風な飾り、両陛下、皇族方、宮中の高位高官、日本の婦人たちの衣裳、それらが一体となって、アジアの古い宮廷以外にはどこにも見出せないような雰囲気をかもし出していたのである。

＊

私は大嘗祭の式典について書くことはできない。それには参列していないからだ。しかし十一月十六日、十七日の皇室の大祝宴［大饗《だいきょう》の儀］について語ることが残っている。

祝宴のために、どこからどこまで、まぎれもない宮殿が、天皇の歴史的な京都の住居［京都御所］をとりまく広々とした美しい公園［京都御苑］のなかに特別に建てられていた。

この仮の宮殿には、祝宴場の他にも、三千人の招待客のための多数の控え室や化粧室、両陛下とその随行員の休憩室などがあった。どれもこれも、たっぷりした広さがとってあった。

最初の祝宴は十一月十六日の昼、日本風におこなわれた。

外交団は千二百人の日本人招待客とともにそれに全員出席した。行列をつくってその特別な宮殿におもむくと、式部官の出迎えを受け、それからふたつの控え室に導かれた。その部屋はうす暗かったが、優美に飾りつけられていた。控え室のひとつは大公使とその夫人、他のひとつは随員のためのものであった。

随員たちはほどなく祝宴場に案内され、それぞれの食卓の前に立った。他の日本人招待客も同様だった。

全員が位置についたとき、大公使とその夫人たちは特別室に導かれた。天皇皇后両陛下が皇族殿下妃殿下をしたがえて、その部屋をお通りになり、そのさい大公使一人ひとりと握手をなさったのである。

大公使はそのあと列をつくって、玉座の後方にある入口から祝宴場に入った。入って一目みわたすと、それはまさに夢の世界であった。この驚くべき場所以上にすばらしく、これ以上に壮麗で豪華で、これ以上に美しく装われ、輝くばかり明るい広間を想像することも不可能だし、いわんやそれを描写するのは至難の業である。

その場所の見取図は大小ふたつの四辺形が重なったもので、内部の四角は朱塗りの柱が二重に立っている回廊にとりまかれた神殿の庭に似ている。柱廊の中央には砂利を敷きつめ、その上に、朱と金に塗った美しい欄干で縁どられ、緑のじゅうたんに蔽われた壇が設けられていた。その背後には、儀式用の巨大な太鼓がふたつ、金の太陽を上にいただいた色彩ゆたかなスペードのエースに似た輪郭を浮かびあがらせていた。この場所で聖なる舞いがおこなわれるのである。たいへん甘美な古い音楽が聞こえてきた。壇と背景をなしている大きな垂れ幕とのあいだに、なかば隠れて楽師たちの姿がみえる。

この中央の四辺形を囲む柱廊のまわりはすべて、いわゆる祝宴場になっている。すなわち四つの長方形にわかれているわけだ。この長方形のうち太鼓の正面にあたる場所が、天皇陛下ともっとも重要な招待客の席になっていた。他の三つの祝宴場にくらべて、この場所の飾りつけはとくに華やかであった。そこには色塗りの格天井が張られていてすばらしい効果をあげていた。朱と金のつづれ織りの壁は、その上部から三分の二ほどを、緑と金のデッサンのある白絹の幕で蔽われていた。その幕は、菊の花の形をした金色の金具で装飾された珍しい木の支柱に下げられていた。一段高くなった朱と金の玉座の後方には、美しい白絹の幕があって、日本で最高の画家のひとりがその上に黒でふたつの巨大な樅の木を描いていた［松の木か？］。この幕が、玉座の周囲に座の設けられているこの部屋の中央の背景となっているのであった。

床はすべて赤いじゅうたんが敷きつめてあった。白い木綿で蔽われた白木のテーブルには、招待客一人ひとりのために日本料理を置く漆のお盆がのっていた。そのお盆の後には、象徴的な小さい樅の木があった。食卓の単純な赤い陶器類と、食卓そのものの素朴さが、周囲の豪華さとコントラストをなしていた。日本の有する陸海、民間の知名の士がすべて制服姿で食卓に沿って立ち並び、婦人たちは金の錦織りのそれぞれニュアンスの異なる絹の着物を身につけていた……それはまさしく、色彩と光と美のスペクタクルであった。

招待客はすべてテーブルの一方にだけ平行に並んだ。すべて、両陛下の玉座と中央の柱廊のほうを向くようになっているのである。

外国の代表団が入ったときには、両陛下のふたつの食卓、もっとも近親の方々の六つの食卓、それだけが空席であった。大公使はそれぞれ夫人を傍に、着任順に、各ブロックの第二、第三列を占めていた。もっとも古いドイツとベルギーの大使は、中央柱廊にすぐ近い第一のテーブルについた。ついで十人の妃殿下方が西欧風の装いでご入場になり、この同じテーブルにおつきになり、十五人の殿下方は正面第一列に席をおとりになった。

それから完全な沈黙があった。全員が頭を下げている間に、大元帥の制服を召された天皇陛下が、白絹に包まれた箱に入った剣と神器を奉持したふたりの高官に先導されてお入りになった。天皇についで皇后陛下が、引裾のある白と金の錦のお召し物で、王冠と輝くばかりの首飾りをおつけになってご入場になられた。著名な政治家の養子になってその名をもった式部長官伊藤《いとう》［博邦《ひろくに》］公爵が、陛下に歓迎のおことばを書いた書き物をお手渡しし、陛下はそれを全参列者、とくに友好諸国の代表者たちに向かってお読みあげになった。

つぎに総理大臣が、両陛下の正面に進み出てから、日本語で陛下のおことばにたいする答礼の辞を述べた。ついで外交団首席のドイツ大使が同じ場所で、こんどは外交団からの答辞をフランス語で読んだ。

最後に両陛下がお着席になり、参列者もこれにならった。まず、うやうやしくお酒が注がれた。このお酒は「このために」ad hoc 特別に選び、耕作したふたつの田［主基《すき》田と悠紀《ゆき》田］からとれた米でつくったものである。それから食事はいつも宮中での宴会のように進み、参会者たちは、ふつうの声でお互いに話しあった。

食事のあいだに、四つの舞踊がいずれもすばらしい古式の衣裳で上演された。はじめの三つは四人の職業舞踊家により、最後の舞は、京都の古い公家のなかから選ばれ、一年にわたってこの祝宴のために準備してきた五人の若い令嬢たちによって演じられた「五節《ごせち》の舞《まい》」。これらの踊りは即位式のときしかおこなわれないものである。それらは神武天皇や、はるか昔に起源をもつ伝説の故事を思い起こさせるものである。素朴さと壮麗な美しさをもつこの踊りの伴奏は、少しメランコリックで古臭さをもつメロディのなかに、ときとしてグレゴリオ聖歌を思わせるような音楽であった。

その場の神々しい瞑想的な雰囲気を描写することはむずかしい。両陛下を含むすべての参席者が、牧神のフルートや、祭礼の太鼓の音につれて男女の踊り手たちが示す象徴的な緩慢な動きを追うのであった。

招待客はそれぞれ祝祭の記念として、銀無垢の桜の枝と、金の不死鳥［鳳凰《ほうおう》］の飾りがついた繊細な白磁の酒杯を拝領した。

＊

十一月十七日の七時に「ヨーロッパ風の」宴会が、天皇陛下の主催により、外国の代表者にたいして開かれた。

百三十名の招待客がそれに出席した。皇室のご家族と大公使夫妻に加えて、日本の諸大臣および、元大臣、それに帝国の高位の勲章所持者が含まれていた。

宴会の部屋は前日使われた祝宴場の一部であったが、注意ぶかい観察者だけがそれに気づいた。じっさい、前日壁を飾っていたのとはまったく違う錦の壁掛がこの部屋を他の部分から切り離していた。そのうえ、いっさいの装飾が変わり、テーブルの配置が違っていたので、この場所を見わけるのがむずかしかったのである。

宴会ののち、しばらく休憩があり、ついで十時に中央の壇上で戦争と平和を象徴する神聖な古い踊り「太平楽《たいへいらく》と万歳楽《まんざいらく》」が披露された。朱塗りの柱廊は幕をうまく使って周囲から切り離されていた。両陛下とその三千人の招待客が、柱廊の下にある、壇をとりまく席に並んだ。これを詳細にみると祝宴場の広がりがわかる。その中央部だけで、列席者全員を収容していたのだから。

ついでまた休憩があり――、そして十一時半に最後の食事が出された。こんどは祝宴場がすみからすみまで開放された。柱廊の席も、仕切りの幕も「消えうせて」いた。小さなテーブルが六つか八つずつグループになり、主な招待客たちは、広間の「陛下の」場所にも散らばっていた。

柱廊のまわりの他の場所には、もう少し大きなテーブルがいくつか置かれ、三千人の招待客がその身分階級に応じて位置を占め、あるものは坐り、あるものは立ち、またあるものはダンスに加わっていた。柱廊を通してみると、見渡すかぎり、どこもかしこもテーブルと招待客ばかりであった。

天皇陛下と皇后陛下は、前日の祝宴のさい玉座のあった場所に近く、一段高くなったテーブルにごいっしょについておられた。大使、公使、その夫人たちは、皇族の殿下妃殿下と代わりあっては両陛下のお席にもっとも近いテーブルへやってきた。

天皇皇后両陛下は翌日、京都をお発ちになって伊勢の大神宮におもむかれ、ついで神武天皇以下、四人の先帝［神武・仁孝・孝明・明治］の御廟に詣でて祖先の霊に即位のご報告をなさった。こうして、即位の儀式を規定する一千年来の典礼にしたがわれたのである。

両陛下が東京に帰着されたのは十一月二十七日で、国民多数の熱狂的な歓迎をお受けになったのである。

先帝大正天皇は一九二六年十二月二十五日に崩御になった。したがって、天皇が帝権を得られたときから、百二十四代におよぶ天皇が占めておられた玉座への登位を祝う、すばらしい大祝典が終わったときまでに、すでに二年近くの年月が経過したことになるのである。

訳者あとがき

一九七〇年の夏、日本＝ベルギー関係史料を求めてブリュッセルの外務省文書館にしばらく通っていた頃、当時の日本大使小田部謙一氏のご紹介で、フランソワ・バッソンピエール男爵にお会いすることができた。そのとき男爵は、ご尊父の元駐日大使バッソンピエール男爵の私的なメモワールを見せようと約束してくださった。数日後、日本大使館を通じて手にしたのが、本訳書の原本 Le Baron de Bassompierre, *Dix-huit ans d'Ambassade au Japon*, Collection Armentor Libris, Bruxelles, 1945 であった。

バッソンピエール大使が在任した一九二一年から一九三九年（大正十年〜昭和十四年）に至る十八年間は、言うまでもなく日本現代史上きわめて重大な時期にあたっている。それは、いわば日本の将来を決する致命的な諸契機が、歴史のページにつぎつぎに刻みこまれていった時代である。原敬に始まる諸要人の暗殺、満洲国の成立と国際問題への発展、ワシントン、ロンドン両条約にみる軍縮問題、五・一五、二・二六事件を通じて明らかになる軍部の抬頭、国際連盟脱退、大陸における戦争、いずれをとっても日本の国際的孤立化と、太平洋戦争への暗い序曲と言わざるを得ない。明治の日本は、日清、日露の戦役を経験したとはいえ、国際的にはなお極東の一後進国家として受け身の立場にあった。しかし、大正から昭和にかけては、日本の存在そのものが、逆に世界に対して直接の、また重大な利害関係をうみ出すようになる。それを日本の大国家化として捉えるのは容易であるにしても、巨視的な歴史的展望を欠いた国際的視野の狭さを否定することは困難であろう。

本書に日本の外交、経済、政治その他あらゆる分野における体系的理解分析を求めることは、著者自身がプロローグで告白しているように、その性格上、過度の要求というべきである。そのためには、大使のメモワールはあまりに私的で、楽天的で、あえて言えば常識的に過ぎる。しかし、訳筆をすすめながら訳者の眼前にほうふつとして現われたのは、まぎれもなく誠実な一外交官の姿であった。それは同時に、外交官とは一体何か、という素朴な疑問に結びつくものであった。一国を代表して他国に駐在する大使は、単なる政府の代弁者として職責を果すだけではなく、個性あるひとりの人格として、その国に生きることが望まれていいのではないか。外交官があまりにも機械的、あまりにも官僚的であると非難される現在、バッソンピエール大使の私的メモワールは期せずしてひとつの痛烈な批判にさえなっている。その絶対的な前提条件は、赴任した国を愛することである。現在、多くの大公使のうち何人が、大使が日本を愛したほど、その駐在国を愛すると断言できるであろうか。大使を、古きよき時代――では決してなかったが――の保守的な外交官ときめつけることはやさしい。しかし、ときに面映ゆいばかりの日本びいきの大使をもったことを、日本は誇りに思うべきである。愛してくれる人のことばほど身にしみるものはないからである。賢明な読者には大使が日本をかばいながら、そのことばのはしばしにみられる心からの忠告を発見することができるであろう。

訳をはじめて、あらためて驚かされたのは、バッソンピエール大使を識り、愛する人の多いことであった。その人びとは例外なく大使のことを懐し気に語るのである。訳者はこれにどれほど励まされたかわからない。本訳書が大正、昭和の興味ある記録として読まれると同時に、大使が結んだベルギー・日本両国の信頼と友情の絆を強めるよすがとなれば、訳者の幸せはこれに過ぎるものはない。

訳にあたっては実に多くの方々のお世話になった。まず直接出版の仲介の労をとられた日本・ベルギー協会会長、大屋晋三氏に心からの感謝を捧げたい。前記小田部大使のご厚意と、序言を寄せられたフランソワ・バッソンピエール男爵のご協力も忘れることはできない。團美智子夫人および本書にも登場するベルギー大使館の飯高幸雄氏からは不明な点について数々のご教示を得た。中国の人名、地名に関しては上智大学の陳永昌教授および湘南白百合学園の中村真一氏が明確な知識を与えてくださった。また、もとデヴィス・カップ選手故熊谷一彌氏夫人からはテニス界の人名を教えていただいた。ここに心からお礼を申し上げたい。さらに、重野安繹の原文をさがし出してくれた鳥井裕美子、翻訳の一部を助けてくれた本田啓子、佐伯まゆみ、葉賀洋子、原稿の整理その他の事務を引き受けてくれた高橋律子の諸嬢にも深く感謝したい。

それにしても本書刊行の機会を与えられた鹿島平和研究所の蓑田不二夫常務理事および鹿

島研究所出版会の佐藤弘一常務取締役のご厚意は忘れ難い。また直接出版の面倒を快くみてくださった加藤英男氏に心からお礼申し上げたいと思う。

なお以上の方々のご協力にも拘わらず、訳語、固有名詞の表記等に誤りがあれば、それはすべて訳者の責任である。読者のご叱正をいただければ幸いである。

一九七一年　十一月

鎌倉にて

磯見辰典

学術文庫版　訳者あとがき

ベルギーで、バッソンピエールの長男フランソワから父・アルベールの手になる〝在日十八年〟のメモワールの翻訳を頼まれてから五十年近くになる。その訳書（『在日十八年』）が鹿島研究所出版会から世に出てからも、すでに四十年が経過した。

ここ数年間、日本国内に数々の災害が起こった。そこではからずも大使が詳細に描いた関東大震災の記述が注目を惹いた。ここに講談社が改題のうえ文庫化を引き受けてくださったのは、望外の喜びであった。

しかも、今年は日本とベルギーの国交が樹立されて百五十年という記念すべき年である。一八六六年八月一日（慶応二年六月二十一日）、江戸は伊《い》皿子《さらご》長応寺で修好通商及び航海条約が締結された。以来、日本とベルギーは、例を見ない国民的レベルにおける友好関係を保ってきた。第一次世界大戦でドイツの侵攻を受けたベルギー国民に対する日本国民の救援活動、関東大震災におけるベルギー国民の日本罹災者救援の活動は、本訳書の伝えるとおりである。

国交開始以来、両国が派遣した駐在大使や駐在員は例外なく駐在国を愛し、その文化や伝統を理解し愛した。その多くは私自身が見聞したところでもある。現在、ベルギー大使館に赴任しておられるバッソンピエール公使参事官は本書の著者の四人の子どものうち、末子ジャンの孫にあたる。公使参事官とともに本訳書の文庫化をきわめて意義深いと信じ、黒沢文貴東京女子大学教授のご尽力、そしてなにより講談社、とりわけ再編集の労をいとわれなかった学芸部次長の横山建城氏の決断に感謝するものである。

さらに、新進の研究者が、ブリュッセルの外務省文書館をはじめ、多くの機関になお存在する膨大な日本関係史料を基に新たな研究がおこなわれることを期待して文庫化の辞としたい。

鎌倉にて

二〇一六年　六月

磯見辰典

本書は『在日十八年――バッソンピエール大使回想録』（鹿島研究所出版会、一九七二年）を底本とし、再編集のうえ改題、文庫化したものです。

アルベール・ド・バッソンピエール
(Count Albert de Bassompierre)
1873－1956。ベルギーの外交官。1920年に日本公使に任命され，翌年大使昇格。18年にわたりその任にあり，在日外交団首席を務める。

磯見辰典（いそみ・たつのり）
1928年生まれ。上智大学文学部卒。同大大学院西洋文化研究科修士課程修了。上智大学名誉教授。『永遠なる結婚』『三六五日事典』，ストフェール『宗教改革』など著書・訳書多数。

講談社学術文庫

定価はカバーに表示してあります。

ベルギー大使《たいし》の見《み》た戦前日本《せんぜんにっぽん》
バッソンピエール回想録《かいそうろく》

アルベール・ド・バッソンピエール
磯《いそ》見《み》辰典《たつのり》 訳

2016年8月10日　第1刷発行

発行者　鈴木　哲
発行所　株式会社講談社
東京都文京区音羽2-12-21 〒112-8001
電話　編集（03）5395-3512
販売（03）5395-4415
業務（03）5395-3615
装　幀　蟹江征治
印　刷　株式会社廣済堂
製　本　株式会社国宝社
本文データ制作　講談社デジタル製作

ISBN978-4-06-292380-4

「講談社学術文庫」の刊行に当たって

これは、学術をポケットに入れることをモットーとして生まれた文庫である。学術は少年の心を養い、成年の心を満たす。その学術がポケットにはいる形で、万人のものになることは、生涯教育をうたう現代の理想である。

こうした考え方は、学術を巨大な城のように見る世間の常識に反するかもしれない。また、一部の人たちからは、学術の権威をおとすものと非難されるかもしれない。しかし、それはいずれも学術の新しい在り方を解しないものといわざるをえない。

学術は、まず魔術への挑戦から始まった。やがて、いわゆる常識をつぎつぎに改めていった。学術の権威は、幾百年、幾千年にわたる、苦しい戦いの成果である。こうしてきずきあげられた城が、一見して近づきがたいものにうつるのは、そのためである。しかし、学術の権威を、その形の上だけで判断してはならない。その生成のあとをかえりみれば、その根は常に人々の生活の中にあった。学術が大きな力たりうるのはそのためであって、生活をはなれた学術は、どこにもない。

開かれた社会といわれる現代にとって、これはまったく自明である。生活と学術との間に、もし距離があるとすれば、何をおいてもこれを埋めねばならない。もしこの距離が形の上の迷信からきているとすれば、その迷信をうち破らねばならぬ。

学術文庫は、内外の迷信を打破し、学術のために新しい天地をひらく意図をもって生まれた。文庫という小さい形と、学術という壮大な城とが、完全に両立するためには、なおいくらかの時を必要とするであろう。しかし、学術をポケットにした社会が、人間の生活にとってより豊かな社会であることは、たしかである。そうした社会の実現のために、文庫の世界に新しいジャンルを加えることができれば幸いである。

一九七六年六月　　　　野間省一

日本人論・日本文化論

小池喜明著
葉隠《はがくれ》 武士と「奉公」

泰平の世における武士の存在を問い直した書。「葉隠」は武士の心得について、元佐賀鍋島藩士山本常朝の語りをまとめたもの。儒教思想を否定し、武士の奉公は主君への忠誠と献身の態度で尽くすことと主張した。

1386

ドナルド・キーン著／足立 康訳
果てしなく美しい日本

若き日の著者が瑞々しい感覚で描く日本の姿。緑あふれ、伝統の息づく日本に思いを寄せて描き出した昭和三十年代の日本。時代が大きく変化しても依然として変わらない日本文化の本質を見つめ、見事に剔り出す。

1562

R・ベネディクト著／長谷川松治訳
菊と刀 日本文化の型

菊の優美と刀の殺伐——。日本人の精神生活と文化を通し、その行動の根底にある独特な思考と気質を抉剔する、不朽の日本論。「恥の文化」を鋭く分析し、日本人とは何者なのかを鮮やかに描き出した古典的名著。

1708

李御寧《イーオリョン》著（解説・高階秀爾）
「縮み」志向の日本人

小さいものに美を認め、あらゆるものを「縮める」ところに日本文化の特徴がある。入れ子型、扇子型、折詰め弁当型、能面型など「縮み」の類型に拠って日本文化を分析、「日本人論中の最高傑作」と言われる名著。

1816

中島義道・加賀野井秀一著
「音漬け社会」と日本文化

注意・案内・お願いなど公共空間に撒き散らされる音は、親切なのか暴力なのか。音の洪水が私たちに苦痛を与えるのは何故か。また苦情が理解されない背景とは。日本人の言語・コミュニケーション観を考察。

1939

船曳建夫著
「日本人論」再考

明治以降、夥しい数の日本人論が刊行されてきた。『武士道』『菊と刀』『「甘え」の構造』などの本はなぜ書かれ、読まれ、好評を博すのか。２０００超の日本人論の構造を剔出し、近代日本人の「不安」の在処を探る。

1990

武士道
相良 亨著
侍とはいかなる精神構造を持っていたのか？主従とは、死とは、名と恥とは……『葉隠』『甲陽軍鑑』『武道初心集』『山鹿語類』など武士道にかかわる書を読み解き、日本人の死生観を明らかにした、日本思想史研究の名作。
2012

自死の日本史
モーリス・パンゲ著／竹内信夫訳
意志的に選び取られた死＝自死。古代人の殉死、武士道精神、近松、西鶴の愛欲と心中、いじめ自殺……その根底にあるものは何か？ 古代から現代まで連綿と脈打つ日本精神を、西欧最高の知性が論理と慈愛で描く。
2054

本居宣長
相良 亨著
物のあわれ論と神道論を展開した宣長の思想を追うことは、今日のわれわれ自身を知り、未来に生かすべきものと、同時に克服すべきものも見出すこと。日本思想史に決定的な影響を与えた宣長の本質を描く名著！
2056

百代《はくたい》の過客 日記にみる日本人
ドナルド・キーン著／金関寿夫訳
日本人にとって日記とはなにか？ 八十編におよぶ日記文学作品の精緻な読解を通し、千年におよぶ日本人像を活写。日本文学の系譜が日記文学にあることを看破し、その独自性と豊かさを探究した不朽の名著！
2078

百代の過客〈続〉 日記に見る日本人
ドナルド・キーン著／金関寿夫訳
西洋との鮮烈な邂逅で幕を開けた日本の近代。論吉、鷗外、漱石、子規、啄木、蘆花、荷風――。幕末・明治に有名無名の人々が遺した三十二篇の日記に描かれる近代日本の光と陰。日記にみる日本人論・近代篇。
2106

日本人の「戦争」 古典と死生の間で
河原 宏著（解説・堀切和雅）
正成、信長、二・二六、そして「あの戦争」。日本人にとって戦争とは何だったのか。「戦中派」思想史家は同年代の死者たちの中断された問いに答えるため死者と対話し古典と対話する。痛恨の論考。鎮魂の賦。
2134

外国人の日本旅行記

ニコライ著／中村健之介訳
ニコライの見た幕末日本
幕末・維新時代、わが国で布教につとめたロシアの宣教師ニコライの日本人論。歴史・宗教・風習を深くさぐり、鋭く分析して、日本人の精神の特質を見事に浮き彫りにした刮目すべき書である。本邦初訳。
393

B・タウト著／森 儁郎《としお》訳（解説・持田季未子）
ニッポン
憧れの日本で、著者は伊勢神宮や桂離宮に清純な美の極致を発見して感動する。他方、日光陽明門の華美を拒みその後の日本文化の評価に大きな影響を与えた。世界的な建築家タウトの手になる最初の日本印象記。
1005

B・タウト著／森 儁郎《としお》訳（解説・佐渡谷重信）
日本文化私観
世界的建築家タウトが、鋭敏な芸術家的直観と秀徹した哲学的瞑想とにより、神道や絵画、彫刻や建築など日本の芸術と文化を考察し、真の日本文化の将来を説く。名著『ニッポン』に続くタウトの日本文化論。
1048

R・フォーチュン著／三宅 馨訳（解説・白幡洋三郎）
幕末日本探訪記 江戸と北京
世界的プラントハンターの幕末日本探訪記。英国生まれの著名な園芸学者が幕末の長崎、江戸、北京を訪問。珍しい植物や風俗を旺盛な好奇心で紹介し、桜田門外の変や生麦事件の見聞も詳細に記した貴重な書。
1308

H・シュリーマン著／石井和子訳
シュリーマン旅行記 清国・日本
シュリーマンが見た興味尽きない幕末日本。世界的に知られるトロイア遺跡の発掘に先立つ世界旅行の途中で、日本を訪れたシュリーマン。執拗なまでの探究心と旺盛な情熱で幕末日本を活写した貴重な見聞記。
1325

A・B・ミットフォード著／長岡祥三訳
英国外交官の見た幕末維新 リーズデイル卿回想録
激動の時代を見たイギリス人の貴重な回想録。アーネスト・サトウと共に江戸の寺で生活をしながら、数々の事件を体験したイギリス公使館員の記録。徳川幕府崩壊の過程を見すえ、様々な要人と交った冒険の物語。
1349

外国人の日本旅行記

ザビエルの見た日本
ピーター・ミルワード著／松本たま訳
ザビエルの目に映った素晴しき日本と日本人。一五四九年ザビエルは「知識に飢えた異教徒の国」へ勇躍上陸し精力的に布教活動を行った。果して日本人はキリスト教を受け入れるのか。書簡で読むザビエルの心境。
1354

ビゴーが見た日本人 諷刺画に描かれた明治
清水 勲著
在留フランス人画家が描く百年前の日本の姿。文明開化の嵐の中で、急激に変わりゆく社会を戸惑いつつもたくましく生きた明治の人々。愛着と諷刺をこめてビゴーが描いた百点の作品から〈日本人〉の本質を読む。
1499

シドモア日本紀行 明治の人力車ツアー
エリザ・R・シドモア著／外崎克久訳
女性紀行作家が描いた明治中期の日本の姿。ポトマック河畔の桜の植樹の立役者、シドモアは日本各地を人力車で駆け巡り、明治半ばの日本の世相と花を愛する日本人の優しい心を鋭い観察眼で見事に描き出す。
1537

バーナード・リーチ日本絵日記
バーナード・リーチ著／柳 宗悦訳／水尾比呂志補訳
イギリス人陶芸家の興趣溢れる心の旅日記。独自の美の世界を創造したリーチ。日本各地を巡り、また、濱田庄司・棟方志功らと交遊を重ね、自らの日本観や芸術観を盛り込み綴る日記。味のある素描を多数掲載。
1569

江戸幕末滞在記 若き海軍士官の見た日本
エドゥアルド・スエンソン著／長島要一訳
若い海軍士官の好奇心から覗き見た幕末日本。慶喜との謁見の模様や舞台裏も紹介、ロッシュ公使の近辺で貴重な体験をしたデンマーク人の見聞記。旺盛な好奇心、鋭い観察眼が王政復古前の日本を生き生きと描く。
1625

絵で見る幕末日本
A・アンベール著／茂森唯士訳
スイス商人が描く幕末の江戸や長崎の姿。鋭敏な観察力、才能豊かな筆の運び。日本各地、特に、幕末江戸の町を自分の足で歩き、床屋・魚屋・本屋等庶民の生活の様子を生き生きと描く。細密な挿画百四十点掲載。
1673

《講談社学術文庫　既刊より》

外国人の日本旅行記

H・G・ポンティング著／長岡祥三訳
英国人写真家の見た明治日本 この世の楽園・日本
明治を愛した写真家の見聞録。写真百枚掲載。日本の美しい風景、精巧な工芸品、優雅な女性への愛情こもる叙述。浅間山噴火や富士登山の迫力満点の描写。スコット南極探検隊の様子を撮影した写真家の日本賛歌。
1710

A・アンベール著／高橋邦太郎訳
続・絵で見る幕末日本
該博な知識、卓越した識見、また人間味豊かなスイス人の目に、幕末の日本はどのように映ったか。大君の居城、江戸の正月、浅草の祭り、江戸の町と生活など。好評を博した見聞記の続編。挿画も多数掲載。
1771

清水　勲著
ビゴーが見た明治ニッポン
西欧文化の流入により急激に変化する社会、時代の波にもまれる人びとの生活を、フランス人画家ビゴーは愛情と諷刺を込めて赤裸々に描いた。百点の作品を通して、近代化する日本の活況を明らかにする。
1794

イザベラ・バード著／時岡敬子訳
イザベラ・バードの日本紀行（上）（下）
一八七八年に行われた欧米人未踏の内陸ルートによる東京―函館間の旅の見聞録。大旅行家の冷徹な眼を通じ、維新後間もない北海道・東北の文化・自然等を活写。関西方面への旅も収載した、原典初版本の完訳。
1871・1872

清水　勲著
ビゴーが見た明治職業事情
激動の明治期、人々はどんな仕事をして生活していたのか。洋服屋、鹿鳴館職員など西洋化により登場した職業を始め、超富裕層から庶民まで、仏人画家ビゴーが描いた百点超の作品を紹介、その背景を解説する。
1933

オットマール・フォン・モール著／金森誠也訳
ドイツ貴族の明治宮廷記
威厳ある若き天皇への謁見、知性と品位を備えた皇后への賞讃、「宮中衣裳問題」での伊藤博文との衝突。宮中近代化のために招聘された「お雇い外国人」の日本滞在記。立憲国家成立期の宮廷社会を知る必読文献。
2088